U0723611

盾构工程施工技术与实践探索

王文灿　著

东北林业大学出版社
Northeast Forestry University Press
·哈尔滨·

版权专有　侵权必究

举报电话：0451-82113295

图书在版编目（CIP）数据

盾构工程施工技术与实践探索／王文灿著. — 哈尔滨：
东北林业大学出版社，2023.9

ISBN 978 - 7 - 5674 - 3323 - 6

Ⅰ.①盾…　Ⅱ.①王…　Ⅲ.①隧道施工-盾构法-研究
Ⅳ.①U455.43

中国国家版本馆 CIP 数据核字（2023）第 176474 号

责任编辑：刘剑秋

封面设计：文　亮

出版发行：东北林业大学出版社

　　　　　（哈尔滨市香坊区哈平六道街 6 号　邮编：150040）

印　　装：河北创联印刷有限公司

开　　本：787 mm×1092 mm　1/16

印　　张：16.25

字　　数：215 千字

版　　次：2023 年 9 月第 1 版

印　　次：2023 年 9 月第 1 次印刷

书　　号：ISBN 978 - 7 - 5674 - 3323 - 6

定　　价：68.00 元

如发现印装质量问题，请与出版社联系调换。（电话：0451-82113296　82191620）

前　言

我国经济的快速发展极大地加快了城市化进程，城市规模化发展，给城市居民出行、交通等带来了前所未有的挑战，从而促进了城市地下交通地铁隧道的发展。盾构法施工具有自动化程度高，掘进速度快，不受气候影响，开挖时可控制地面沉降、减少对地面建筑物的影响，施工安全性相对较高等一系列优点，因此越来越多地被世界各国建筑工程界所关注，并在隧道工程、管道工程中得到越来越大规模的应用。目前我国盾构及其应用技术已跻身世界前列。

虽然我国在盾构隧道施工方面已有了一定的成功经验和技术积累，但仍然存在大量的技术问题。除盾构机械制造和施工控制管理等综合技术问题以外，在岩土工程的领域内也存在许多尚待解决的理论和技术问题，比如，盾构隧道管片设计理论的统一、系统化问题，隧道开挖面稳定机理和控制问题，相邻或叠交隧道相互影响的评价问题，等等，都还需要人们进行不断的研究。

本书主要研究盾构工程施工技术方面的问题，涉及丰富的盾构工程施工知识。本书主要内容包括盾构工程概述、盾构隧道施工技术研究、上软下硬复合地层盾构处理技术、大粒径卵石地层盾构处理技术、大直径盾构连续穿越风井关键技术、盾构隧道施工管理研究等。本书在内容选取上既兼顾知识的系统性，又考虑其可接受性，同时强调盾构工程施工技术的应用性。本书涉及面广，技术新，实用性强，理论结合实践，使读者获得知识的同时掌握技能。本书兼具理论与实际应用价值，可供相关教育工作者参考和借鉴。

由于作者水平有限，本书难免存在不妥之处，敬请广大学界同仁与读者朋友批评指正。

王文灿

2023 年 7 月

目　录

第一章 盾构工程概述

第一节 盾构的工作原理与分类

一、盾构及其工作原理

盾构,其英文名称为"shield machine",是一种用于隧道暗挖施工,具有金属外壳,壳内装有整机及辅助设备在其掩护下进行土体开挖、土渣排运、整机推进和管片安装等作业,而使隧道一次成型的机械。

盾构是一种隧道掘进的专用工程机械。现代盾构集机、电、液、传感、信息技术于一体,具有开挖切削土体、输送土渣、拼装隧道衬砌、测量导向纠偏等功能。盾构已广泛用于地铁、铁路、公路、市政、水电隧道工程。

盾构的工作原理就是一个钢结构组件沿隧道轴线边向前推进边对土壤进行掘进。这个钢结构组件的壳体称"盾壳"。盾壳对挖掘出的还未衬砌的隧道段起着临时支护的作用,承受周围土层的土压、地下水的水压,将地下水挡在盾壳外面。掘进、排土、衬砌等作业在盾壳的掩护下进行。

"盾"——"保护",指盾壳。

"构"——"构筑",指管片拼装。

开挖面的稳定方法是盾构工作原理的主要方面,也是盾构区别于岩石掘进机的主要方面。岩石掘进机在我国一般被称为TBM。TBM是"tunnel boring machine"的缩写,通常定义中,TBM是指全断面岩石隧道掘进机,是以岩石地层为掘进对象。岩石掘进机与盾构的主要区别就是不具备承受泥水压、土压等维护掌子面稳定的功能，而盾构施工主要由稳定开挖面、掘进及排土、管片衬砌及壁后注浆三大要素组成。

二、盾构分类

（一）按断面形状分类

根据其断面形状的不同，盾构可分为单圆盾构、复圆盾构（多圆盾构）、非圆盾构。其中复圆盾构可分为双圆盾构和三圆盾构；非圆盾构可分为圆形盾构、矩形盾构、类矩形盾构、马蹄形盾构、半圆形盾构；复圆盾构和非圆盾构统称为"异形盾构"。

（三）按直径不同分类

根据直径的不同，盾构可分为以下几类：盾构直径 0.2 ～ 2.0 m，称为微型盾构；盾构直径 2.0 ～ 4.2 m，称为小型盾构；盾构直径 4.2 ～ 7.0 m，称为中型盾构；盾构直径 7.0 ～ 12.0 m，称为大型盾构；盾构直径 12.0 m以上，称为超大型盾构。

（三）按支护地层的形式分类

按支护地层的形式不同，盾构主要分为自然支护式、机械支护式、压缩空气支护式、泥浆支护式、土压平衡支护式五种类型。

（四）按开挖面与作业室之间隔板的构造分类

按开挖面与作业室之间隔板构造的不同，盾构两种可分为敞开式和闭胸式，具体划分见图 1-1。

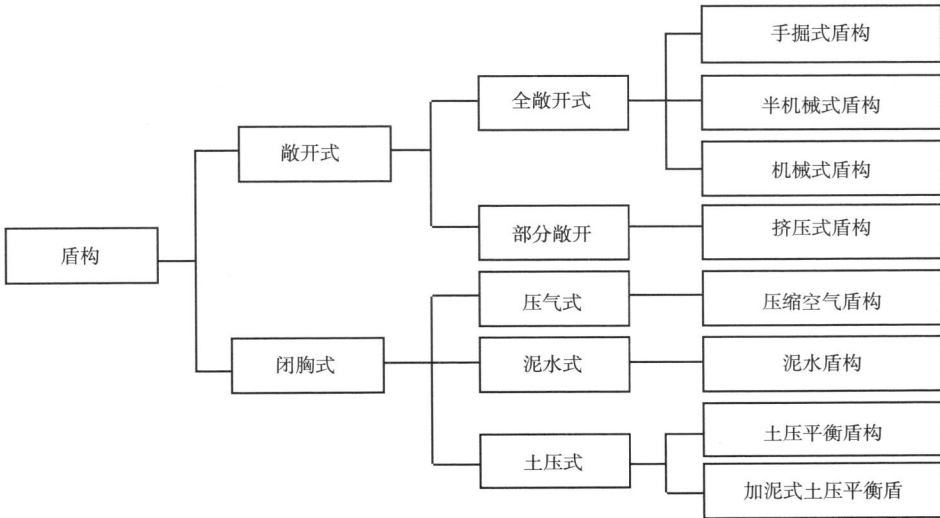

图 1-1 盾构的分类

第二节 典型盾构分析

按支护地层的形式，盾构可分为敞开式盾构（自然支护式、机械支护式）、压缩空气盾构（压缩空气支护式）、泥水盾构（泥浆支护式）、土压平衡盾构（土压平衡支护式）和复合盾构，它们分别适用于相应的土层结构。

一、敞开式盾构

（一）概述

敞开式盾构分为全敞开式和部分敞开式。全敞开式盾构在隧道工作面上没有封闭的压力补偿系统，不能抵抗土压和地下水压。根据开挖方法的不同，全敞开式盾构分为以下几种类型：

（1）手掘式盾构；

（2）半机械式（部分断面开挖）盾构；

（3）机械式（全断面开挖）盾构。

全敞开式盾构也称为尚开工作面盾构，其英文名称为"open face shield"，简称OF盾构。全敞开式盾构一般适用于开挖面自稳性强的围岩。如果施工地层的自然稳定性不足，就必须采用机械手段使地层稳定。全敞开式盾构在地下水位以下的地层或渗漏地层掘进时，必须用井点法降低地下水位，地基可通过注浆或冻结法处理。全敞开式盾构适用于各种非黏性和黏性地层。其优点是当隧道工作面上有部分或全部由岩石或漂石组成时也可以使用，并且可用手工或半机械化掘进非圆形断面。

部分敞开式盾构也称普通闭胸式盾构（closed face shield，简称CF盾构），或称普通挤压式盾构，主要有两种类型。

（1）正面全部胸板封闭，挤压推进；留有可调节进土孔口的面积，局部挤压推进。

（2）正面网格上覆全部或部分封板，或装有调节开挖面积的闸门，挤压或局部挤压推进。

（二）手掘式盾构

手掘式盾构是指采用人工开挖隧道工作面的盾构。手掘式盾构是盾构的基本形式，其正面是敞开式的，开挖采用铁嵌、风镐、碎石机等开挖工具人工进行。对开挖面一般采取自然的堆土压力支护及利用机械挡板支护。按不同的地质条件，开挖面可全部敞开人工开挖；也可用全部或部分的正面支撑，根据开挖面土体自立性适当分层开挖，随挖土随支撑。开挖土方量为全部隧道排土量。这种盾构便于观察地层和清除障碍，易于纠偏，简易价廉，但劳动强度大、效率低，如遇正面坍方，易危及人身及工程安全。在含水地层中需辅以降水、气压或土壤加固。

这种盾构由上而下进行开挖，开挖时按顺序调换正面支撑千斤顶，开挖出来的土从下半部用皮带输送机装入出土车。采用这种盾构的基本条件是：开挖面至少要在挖掘阶段无坍塌现象，因为挖掘地层时盾构前方是敞开的。

手掘式盾构从砂性土到黏性土地层均能适用，因此较适应于复杂的地层。该形式的盾构在开挖面出现障碍物时，由于正面是散开的，较易排除。由于这种盾构造价低廉，发生故障也少，因此是最为经济的盾构。

由于手掘式盾构掘进速度较低，劳动强度大，劳务费用高，因此在发达国家，这种盾构已基本被淘汰，只在个别情况下使用，如短程掘进（因短程隧道采用机械化或半机械化盾构掘进时不经济）、开挖面有障碍物、巨大砾石等场合。

在技术不发达且劳务费用低廉的国家中，手掘式盾构也被应用于长隧道的掘进。

在没有辅助措施时，手掘式盾构只适用于开挖面自稳性强的围岩。对开挖面不能自稳的围岩和渗漏地层，可与气压、降水、化学注浆等稳定地层的辅助施工法同时使用。施工中可根据具体情况采用压缩空气施工法，或采取改良地层、降低地下水位等措施。

手掘式盾构不一定是圆形断面，也可以是矩形或马蹄形断面。

（三）半机械式盾构

由于手掘式盾构开挖速度很慢，且工人的工作条件也极差，因此在此基础上，人们开发了半机械式盾构。半机械式盾构是介于手掘式和机械式盾构之间的一种形式，它更接近于手掘式盾构。它是在敞开式盾构的基础上安装机械挖土和出土装置，以代替人工劳动，因而具有省力和高效等特点。机械挖土装置前后、左右、上下均能活动。它有反铲式、铣削头式，或为反铲和铣削头可互换式，或为反铲和铣削头两者兼有的形式。它的顶部与手掘式盾构相同，装有活动前檐、正面支撑千斤顶等。

半机械式盾构开挖及出土都采用专用机械，配备液压反铲或铣削头等掘进机械，配备皮带输送机或螺旋输送机等出渣机械，或配备具有掘进与出渣双重功能的挖装机械。施工时必须充分确保作业人员的安全，并选用噪声小的设备。为防止开挖面坍塌，盾构装备了活动前檐和半月形千斤顶，经常采用液压操作的胸板，胸板置于单独的区域或在盾壳的周边辅助地支撑隧道工作面。半机械式盾构适用土质以洪积层的沙、沙砾、固结粉砂和黏土为主；也可用于软弱冲积层，但须同时采用压气施工法，或采用降低地下水位、改良地层等辅助措施。

半机械式盾构的开挖装置有如下形式：

（1）盾构工作面下半部分装有铲斗、铣削头等；

（2）盾构工作面上半部分装有铲斗、下半部分装有铣削头；

（3）盾构中心装有铣削头；

（4）盾构中心装有铲斗。

半机械式盾构比手掘式盾构更适用于良好地层。第一种形式适用于开挖面需做支撑的地层，后三种形式适用于能自立的地层。第二种形式大多适用于亚黏土与沙砾的夹层。第三种形式大多适用于固结黏土层、硬质砂土层。第四种形式大多适用于黏土和沙砾混合层。

半机械式盾构也适于掘进非圆形断面的隧道。例如，日本铁道建设公司高崎建设局在北陆新干线施工时使用的 ECL 盾构。ECL 是英文"extruded concrete lining"的缩写，意为挤压混凝土衬砌，即以现浇灌注的混凝土代替传统的管片衬砌。隧道断面为马蹄形，隧道长 3 580 m，土质为软岩和中硬岩。这种盾构机械化程度高，挤压混凝土衬砌与盾构掘进同步进行。

ECL 盾构工法即挤压混凝土衬砌法，掘进与衬砌同时进行施工，不使用常规的管片，而是在掘进的同时将混凝土压入围岩与内模板之间，构筑成与围岩紧密结合的混凝土衬砌。由于用现浇混凝土直接衬砌，所以不需要进行常规盾构施工法的管片安装和壁后同步注浆等施工。

（四）机械式盾构

当地层能够自立，或采用辅助措施后能够自立时，可在盾构的切口部分安装与盾构直径相适应的大刀盘，以进行全断面敞开式机械开挖。机械式盾构是一种采用紧贴着开挖面的旋转刀盘进行全断面开挖的盾构，全称为全敞开式机械式盾构，前面装备有旋转式刀盘，增大了盾构的掘进能力；开挖的土砂通过旋转铲斗和斜槽装入皮带输送机；围岩开挖和排土可以连续进行；适用土质同手掘式盾构及半机械式盾构。

机械式盾构的开挖机构采用最多的是大刀盘形式，它有单轴式、双重转动式、多轴式等，其中单轴式使用得最为广泛。

机械式盾构除改善作业环境和省力外，还能显著提高推进速度，缩短工期。与手掘式盾构和半机械式盾构相比，其造价高；若隧道长度短时，不够经济。

（五）挤压式盾构

挤压式盾构也称为"盲式盾构（blind type shield）"。挤压式盾构在挤压推进时，对地层土体的扰动较大，地面易产生较大的隆陷变化，在地面有建筑物的地区不宜使用。

挤压式盾构仅适用于自稳性很差、流动性很大的软黏土和粉砂质围岩，不适用于含砂率高的围岩和硬质地层。若液性指数过高，则流动性过大，也不能获得稳定的开挖面。这种盾构由于适用地质范围窄，所以目前已很少采用。挤压式盾构主要有盖板式、螺旋排土式、网格挤压式。

1. 盖板式挤压盾构

利用隔板将开挖面全部封闭，只在一部分上设有面积可调的排土盖板。

盾构正面贯入围岩向前推进，使贯入部位土砂呈塑性化流动，由盖板部位进行排土。开挖面的稳定是靠调节盖板开口的大小和排土阻力，使千斤顶推力和开挖面土压达到平衡来实现的。

2. 螺旋排土式挤压盾构

利用封板将开挖面封闭，盾构正面贯入围岩向前推进，使贯入部位土砂呈塑性化流动，由螺旋输送机进行排土。开挖面的稳定是靠调节螺旋输送机的转速和螺旋输送机出土闸门的开度，使千斤顶推力和开挖面土压达到平衡来实现的。

3. 网格挤压式盾构

网格挤压式盾构在软土层中常被采用。它具有的特点是：进土量接近或等于全部隧道出土量，且往往带有局部挤压性质；盾构正面装有钢板网格，在推进中可以切土，而在停止推进时可起稳定开挖面的作用。切入的土体可用转盘、皮带输送机、矿车或水力机械运出。这种盾构如在土质较适当的地层中精心施工，地表沉降可控制到中等或较小的程度。在含水地层中施工，需要辅以疏干地层的措施。

网格挤压式盾构是利用盾构切口的网格将正面土体挤压，切削成为小块，并以切口、封板及网格板侧向面积与土体间的摩擦阻力平衡正面地层侧向压力，以使开挖面稳定。其具有结构简单、操作方便、便于排除正面障碍物等特点。

网格挤压式盾构正面网格开孔出土面积较小，适宜在软弱黏土层中施工，当处在局部粉砂层时，可在盾构土仓内采用局部气压法来稳定正面土体。根据出土方式的不同，网格挤压式盾构可分为干出土与水力出土两种类型。

二、压缩空气盾构

使用压缩空气抑制地下水侵入已经有很长的历史了。早在 1828 年，在泰晤士河隧道的建造中，当 Brunel 遇到了大量水侵入时，Callodan 就已经提出了使用压缩空气的建议。1886 年，Greathead 首次在盾构施工中引入了这种工法。

压缩空气盾构的原理是空气压力与地下水的静水压力保持平衡，因此也被称为"气压平衡（air pressure balance）盾构"，简称 APB 盾构。但空气压力不能直接抵抗土压，土压由自然或机械的支撑承受。

压缩空气盾构适用于黏土、黏砂土及多水松软地层。该盾构包括所有采取以压缩空气为支护材料的盾构，开挖可以是手掘式、机械式，断面可为部分或全断面。早期的压缩空气盾构施工时要在隧道工作面和止水隧道之间封闭一个相对较长的工作仓，大部分工人经常处于压缩空气下。后来开发的压缩空气盾构只是开挖仓承压，称为局部气压盾构，日本称为"限量压缩空气盾构"。这类盾构装有密封隔板，可将经过加压的工作面密封起来，使其与完成的隧道断面隔离，能在大气压下安全地操作设备。

压缩空气的压力应大于或等于隧道工作面底部的水压，由于水压是有明显的梯度的，因此顶部过剩的压力会使空气进入地层。当土壤颗粒由于气流失去平衡时，覆土层较浅的隧道工作面就有可能泄露而引起"喷发"，造成灾难性的后果。由于压缩空气盾构有"喷发"的危险，且工作条件极差，现已被泥水盾构所取代。

三、泥水盾构

（一）泥水盾构的构成

泥水盾构也称泥水加压平衡盾构（slurry pressure balance shield），简称 SPB 盾构。泥水盾构是在机械式盾构的前部设置隔板，装备刀盘及输送泥浆的送排泥管和推进盾构的推进油缸。地面上还配有泥水处理设备。

泥水盾构由以下五大系统构成：

（1）一边利用刀盘挖掘整个开挖面一边推进的盾构掘进系统；

（2）可调整泥浆物性，并将其送至开挖面，保持开挖面稳定的泥水循环系统；

（3）综合管理排泥状态、泥水压力及泥水处理设备运转状况的综合管理系统；

（4）泥水分离处理系统；

（5）壁后同步注浆系统。

泥水盾构利用循环悬浮液的体积对泥浆压力进行调节和控制，采用膨润土悬浮液（俗称泥浆）作为支护材料。开挖面的稳定是将泥浆送入泥水室内，在开挖面上用泥浆形成不透水的泥膜，通过该泥膜的张力保持水压力，以平衡作用于开挖面的土压力和水压力。开挖的土砂以泥浆形式输送到地面，通过泥水处理设备进行分离，对分离后的泥水进行质量调整，再输送到开挖面。

泥水盾构的发展有三个技术发展体系，即日本、英国和德国技术体系。到目前则只有日本和德国两个主要的发展体系。以日本的泥水盾构为基础开发出土压平衡盾构，而德国的泥水盾构则促使混合型盾构的开发。德国和日本体系的主要区别是，德国体系的泥水盾构在泥水仓中设置了气压仓，而日本体系的泥水盾构的泥水仓全是泥水。

1. 日本体系

日本一般采用直接控制型泥水盾构。直接控制型泥水盾构的泥水系统采用泥水平衡模式，其流程如下：送泥泵从地面泥浆调整槽将新鲜泥浆输入盾构泥水仓，与开挖泥土进行混合，形成稠泥浆，然后由排泥泵输送到地面泥水分离站，经分离后排除渣土，而稀泥浆流向调整槽，再对泥浆密度和浓度进行调整后，重新输入盾构循环使用。泥水仓中泥浆压力可通过调节送泥泵转速或调节控制阀开度来进行调节。由于送泥泵安装在地面上，控制距离长而产生延迟效应，不便于控制泥浆压力，因此常用调节控制阀的开度来进行泥浆压力调节。

2. 德国体系

德国采用间接控制型泥水盾构，其泥水系统的工作特征是由泥浆和空气双重回路组成，因此也被称为"D"模式或气压复合模式。

气压复合模式泥水盾构在泥水仓内插装一道半隔板，在半隔板前充以压力泥浆，在半隔板后面盾构轴心线以上部分充以压缩空气，形成空气缓冲层，气压作用在半隔板后面与泥浆的接触面上。由于接触面上气、液具有相同压力，因此只要调节空气压力就可以确定和保持在开挖面上相应的泥浆支护压力。当盾构掘进时，有时由于泥浆的流失，或推进速度的变化，送、排泥浆量将会失去平衡，气、液接触面就会出现上下波动现象。这时通过液位传感器，根据液位的高低变化来操纵送泥泵转速，使液位恢复到设定位置以保持开挖面支护液压的稳定。也就是说，送泥泵输出量随液位下降而增加，随液位上升而减小。另外，在液位最高和最低处设有限位器，当液位达到最高位时，停止送泥泵；当液位降到最低位时，则停止排泥泵。由于空气缓冲层的弹性作用，当液位波动时，对支护泥浆压力变化无明显影响。

间接控制型泥水盾构与直接控制型泥水盾构相比，操作控制更为简化，对开挖面土层支护更为稳定，对地表变形控制也更为有利。

（二）开挖面稳定机理

1.泥膜形成机理

在泥水平衡的理论中，泥膜的形成是至关重要的，当泥水压力大于地下水压力时，泥水按达西定律深入土壤，形成与土壤间隙成一定比例的悬浮颗粒，被捕获并积聚于土壤与泥水的接触表面，泥膜就此形成。随着时间的推移，泥膜的厚度不断增加，渗透抵抗力逐渐增强。当泥膜抵抗力远大于正面土压时，就会取得泥水平衡的效果。

2.泥膜形成的基本要素

泥水盾构施工时稳定开挖面的机理为：以泥水压力来抵抗开挖面的土压力和水压力以保持开挖面的稳定，同时控制开挖面变形和地基沉降；在开挖面形成不透水性泥膜，保持泥水压力有效作用于开挖面。

从泥水平衡理论中可以看出，在泥水盾构施工中，尽快形成不透水的泥膜是一个相当关键的环节。

在开挖面，随着加压后的泥水不断渗入土体，泥水中的砂土颗粒填入土体孔隙中，可形成不透水的泥膜。而且由于泥膜形成后减小了开挖面的压力损失，泥水压力可有效作用于开挖面，从而可防止开挖面的变形和崩塌，并确保开挖面的稳定。因此，在泥水盾构施工中，控制泥水压力和控制泥水质量是两个重要的课题。

为了保持开挖面稳定，必须可靠而迅速地形成泥膜，以使压力有效作用于开挖面。因此，泥水应具有以下特性。

（1）泥水的密度。为保持开挖面的稳定，即把开挖面的变形控制到最小限度，泥水密度应比较高。从理论上讲，泥水密度的提高，能使泥水屈服值升高，同时使泥膜的稳定性增强。试验证明，高密度的泥水可以产生高质量的泥膜，泥水密度最好能达到开挖土体的密度。但是，大密度的泥水会引起泥浆泵超负荷运转以及泥水处理困难；而小密度的泥水虽可减轻泥浆泵的负荷，但因泥粒渗水量增加，泥膜形成慢，对开挖面稳定不利。因此，在选定泥水密度时，必须充分考虑土体的地层结构，在保证开挖面稳定的同时，也要考虑设备能力。

（2）含砂量。在强透水性土体中，泥膜形成速度与掺入泥水中砂粒的最大粒径以及含砂量（砂粒重／黏土颗粒重）有密切关系，这是因为砂粒具有填堵土体孔隙的作用。为了充分发挥这一作用，砂粒的粒径应比土体孔隙大，而且含量适中。

（3）泥水的黏性。泥水必须具有适当的黏性，以起到以下效果：防止泥水中的黏土、砂粒在泥水仓底部沉积，保持开挖面稳定；提高黏性，增大阻力，防止逸泥；使开挖下来的弃土以流体输送，经泥水处理设备，将泥水分离。

（4）泥水压力。土体一经盾构开挖，其原有的应力即被释放，并将产生向应力释放面的变形。此时，为控制地基沉降，保持开挖面稳定，必须向开挖面施加一个相当于释放应力大小的力。泥水盾构中由泥水压力抵消开挖面的释放应力。

虽然渗透体积随着泥水压力上升而上升，但它的增加量远小于压力的增加量；而增加泥水压力，将提高作用于开挖面的有效支撑压力。因此，在高质量泥水条件下，增加泥水压力会提高开挖面的稳定性。在决定泥水压力时，主要应考虑开挖面的水压力、土压力及预留压力。

3. 掘进速度与泥膜的关系

泥水盾构处于正常掘进状态时，刀具并不直接切削土体，而是对刀盘正面已形成的泥膜进行切削。在切削后的一瞬间又形成了下一层泥膜。由于盾构刀盘转速是一定值，而且盾构推进速度最大能力受到一定限制，因此掘进速度只与切入土体的深度有关，而和泥膜无关。但是，当泥水盾构处于不正常掘进状态时，特别是当泥水质量和泥水压力达不到设计要求时，泥膜需经过较长时间才能形成，这样就制约了掘进速度。高质量泥水形成泥膜的时间为 1 ~ 2 s。

（三）地质适应范围

泥水盾构最初是在冲积黏土和洪积砂土交错出现的特殊地层中使用的，由于泥水对开挖面的作用明显，因此在软弱的游泥质土层、松动的砂土层、沙砾层、卵石沙砾层、沙砾和坚硬土的互层等地层中均适用。

目前，泥水加压盾构工法对地层的适用范围不断扩大，即使处于恶化的施工环境和存在地下水等的不良条件下，由于有相应的处理方法，因而这种方法几乎能适应所有的地层。

1.黏性土层

黏土矿物经相互间电化学结合而形成的黏性土层，近似变质了的琼胶块状体，由泥水比重和加压带来的力对开挖面有稳定作用，无论黏性土层的软弱状态如何，都适合于用泥水盾构施工。泥水盾构也适用于粉砂土地层施工。

2.砂层

不含水的砂层由于漏浆，不能保持对开挖面的加压和稳定。通常，在含有某一数量的粉砂土、黏土的冲积层中，几乎都有一定的含水量，全部都是细砂的地层是少见的，干燥的松弛砂也很少有，由于砂层内摩擦角有许多是在28°左右，所以大部分可用泥水加压来保持开挖面的稳定。松弛的含水量多的砂层，在其他盾构工法中很难保持土层稳定，可采用泥水盾构，并提高其泥水密度、黏度和压力。

3．砾石层

对于水分多、不含有作为黏合剂的粉砂土及黏土等的砾石层和有大直径的砾石层，可采用泥水盾构施工，并在泥水仓内安装砾石破碎装置。

4．贝壳层

贝壳层大多含有水并存在于土体中，相对于砾石层更加坚硬，开挖面较难稳定，但使用大直径泥水盾构能较好地适应这种地层。

泥水盾构能适用于各类地质的土层，对开挖面难以稳定的土质特别有效，还能克服地面条件和其他地下条件的因素所造成的种种困难，如上部是河或海等有水体的地方、有道路和建筑物的地方，以及适合于要减少沉降的地方等。在这些场所采用泥水加压盾构，无论是在工法上还是经济上都是有效的。

四、土压平衡盾构

（一）概述

土压平衡（earth pressure balance）盾构，简称 EPB 盾构。土压平衡盾构是在机械式盾构的前部设置隔板，使土仓和排土用的螺旋输送机内充满切削下来的泥土，依靠推进油缸的推力给土仓内的开挖渣土加压，使土压作用于开挖面以使其稳定。土压平衡盾构的支护材料是土壤本身。土压平衡盾构由盾壳、刀盘、刀盘驱动、螺旋输送机、皮带输送机、管片安装机、土仓、液压系统等组成。

土压平衡盾构的工作原理如下：刀盘旋转切削开挖面的泥土，破碎的泥土通过刀盘开口进入土仓，泥土落到土仓底部后，通过螺旋输送机运到皮带输送机上，然后输送到停在轨道上的渣车上。盾构在推进油缸的推力作用下向前推进。盾壳对挖掘出的还未衬砌的隧道起着临时支护作用，承受周围土层的土压、地下水的水压,并将地下水挡在盾壳外面。掘进、排土、衬砌等作业均在盾壳的掩护下进行。

(二)基本配置

1. 刀盘

刀盘是机械化盾构的掘削机构,刀盘结构应根据地质适应性的要求进行设计,必须能适合围岩条件,在确保开挖面稳定的情况下,提高掘进速度。刀盘设计时,应充分考虑刀盘的结构形式、刀盘支撑方式、刀盘开口率、刀具的布置等因素。

刀盘具有以下三大功能。

(1)开挖功能。刀盘旋转时,刀具切削隧道掌子面的土体,对掌子面的地层进行开挖,开挖后的渣土通过刀盘的开口进入土仓。

(2)稳定功能。支撑掌子面,具有稳定掌子面的功能。

(3)搅拌功能。对于土压平衡盾构,刀盘对土仓内的渣土进行搅拌使渣土具有一定的塑性,然后通过螺旋输送机将渣土排出。

盾构的刀盘结构形式与工程地质情况有着密切的关系,不同的地层应采用不同的刀盘结构形式。土压平衡盾构的刀盘有两种形式,即面板式和辐条式。

面板式刀盘在中途换刀时安全可靠,但开挖土体进入土仓时易黏结、堵塞,在刀盘上易形成泥饼。

辐条式刀盘开口率大,辐条后设有搅拌叶片,土砂流动顺畅,不易堵塞,但不能安装滚刀,且中途换刀安全性差,需加固土体,费用高。

辐条式刀盘对砂、土等单一软土地层的适应性比面板式刀盘较强;但辐条式刀盘不能安装滚刀,在风化岩及软硬不均地层或硬岩地层掘进时,宜采用面板式刀盘。

2. 刀盘驱动

刀盘驱动方式有三种，一是变频电机驱动，二是液压驱动，三是定速电机驱动。由于定速电机驱动，刀盘转速不能调节，一般不采用。现将变频电机驱动与液压驱动加以比较，具体见表1-1。

表 1-1　刀盘驱动方式比较

项目	①变频驱动	②液压驱动	备注
驱动部外形尺寸	大	小	一般情况下，①∶②为（1.5~2）∶1
后续设备	少	多	②需要液压泵、邮箱、冷却装置等
效率 / %	95	65	液压系统效率低
启动电流	小	小	①变频启动电流小；②无负荷启动电流小
启动力矩	大	小	①启动力矩可达到额定力矩的120%
启动冲击	小	较小	①利用变频软启动，冲击小；②控制液压泵排量，可缓慢启动，冲击较小
转速控制、微调	好	好	①变频调速；②控制液压泵排量，可以控制转速和进行微调
噪声	小	大	液压系统噪声大
隧道内温度	低	高	液压系统传动效率低、功率损耗大、温度高
维护保养	容易	较困难	液压系统维护保养要求高，保养较为复杂

3. 刀盘支撑

刀盘的支撑方式有中心支撑方式、中间支撑方式和周边支撑方式（图1-2）三种。在设计时，应考虑盾构直径、土质条件、排土装置等因素。

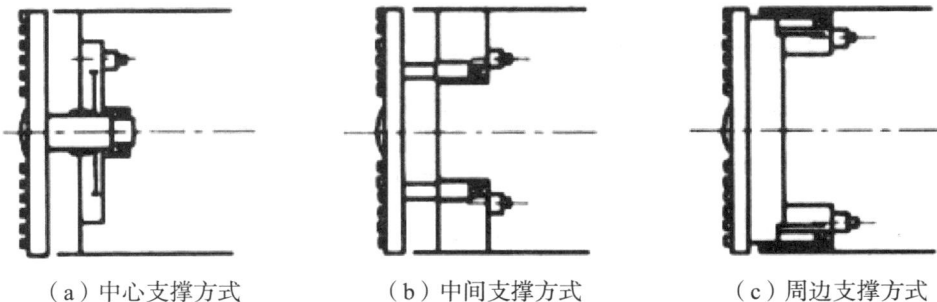

（a）中心支撑方式　　　　（b）中间支撑方式　　　　（c）周边支撑方式

图 1-2　刀盘的支撑方式

（1）中心支撑方式。这种方式一般用于中小型直径的盾构。该方式刀盘旋转切削土体时，土仓内土体的流动空间和被直接搅拌的范围大，土体流动顺畅，土体搅拌混合效果良好，黏土附着的可能性少，不易引起堵塞，开挖面压力较稳定，因而盾构掘进效果较好，改善了盾构控制地面沉降的性能。但由于机内空间狭小，处理大石块、卵石比较困难。

（2）中间支撑方式。这种方式结构上较为平衡，主要用于中大型直径的盾构。当用于小直径盾构时，应认真考虑防止中心部位黏结泥饼等问题。由于中间支撑的存在，盾构土被分隔成两个区域，中心区域占土仓内相当大的空间。当刀盘旋转切削土体时，中心区域以外部分的土体流动顺畅，易于搅拌；中心区域内的土体流动较差，当切削土体黏性较大并长期积聚于中心区域时，中心区域土体逐渐增多并最终形成泥饼，会完全丧失流动性。内外两个区域的土体流动性差异较大，土体搅拌混合的效果难以确保。刀盘采用中间支撑方式的盾构在黏性土（包括粉细砂）中施工时，若处理不好，土仓内切削土体搅拌效果不易满足要求，并可能会因黏附堵塞形成泥饼，造成出土不畅，阻力增大，开挖面压力控制不稳定。因而，盾构掘进效果会受到影响，且对控制地面沉降不利。

（3）周边支撑方式。这种方式一般用于小直径盾构，机内空间较大，砾石处理较为容易。该方式易在刀盘的外周部分黏结泥土，在黏性土中使用时，应充分研究如何防止黏附的问题。

4.膨润土添加系统及泡沫系统

膨润土添加系统和泡沫系统是盾构掘进的调节媒介。采用该系统，对于不同的地质条件，通过添加塑流化改性材料，改善盾构土仓内切削土体的塑流性，既可实现平衡开挖面水土压力，又能向外顺畅排土，拓宽了土压平衡盾构的适应范围。

5.螺旋输送机

螺旋输送机由伸缩筒、出渣筒、液压马达、螺旋轴、出渣闸门组成，是土压平衡盾构的排土装置。其主要有以下三个功能：

（1）将盾构土仓内的土体向外连续排出；

（2）土体在螺旋输送机内向外排出的过程中形成密封土塞，阻止土体中的水分散失，保持土仓内土压的稳定；

（3）将盾构土仓内的土压值自动与设定土压值进行比较，随时调整向外排土的速度，控制盾构土仓内实现连续的动态土压平衡过程，确保盾构连续正常向前掘进。

6. 皮带输送机

皮带输送机将渣土从螺旋输送机的出渣口转运到停在轨道上的渣车内。

7. 同步注浆系统

同步注浆的目的主要有以下三个方面：

（1）及时填充盾尾建筑空隙，支撑管片周围岩体，有效地控制地表沉降；

（2）凝结的浆液作为盾构施工隧道的第一道防水屏障，防止地下水或地层的裂隙水向管片内泄漏，增强盾构隧道的防水能力；

（3）为管片提供早期的稳定并使管片与周围岩体一体化，限制隧道结构蛇行，有利于盾构姿态的控制，并能确保盾构隧道的最终稳定。

8. 盾尾密封系统

盾尾密封系统是盾构正常掘进的关键系统，盾构法隧道施工所发生的安全事故常常在盾尾。铰接式盾构的盾尾密封系统包括铰接密封和盾尾密封。

（1）铰接密封。铰接密封一般有三种形式：第一种是采用一道或多道橡胶唇口式密封；第二种是采用石墨石棉或橡胶材料的盘根加气囊式密封；第三种是双排气囊式密封。

（2）盾尾密封。盾尾止水采用钢丝刷密封装置（图1-3），是集弹簧钢、钢丝刷及不锈钢金属网于一体的结构。盾尾油脂泵向每道钢丝刷密封之间供应油脂，以提高止水性能。

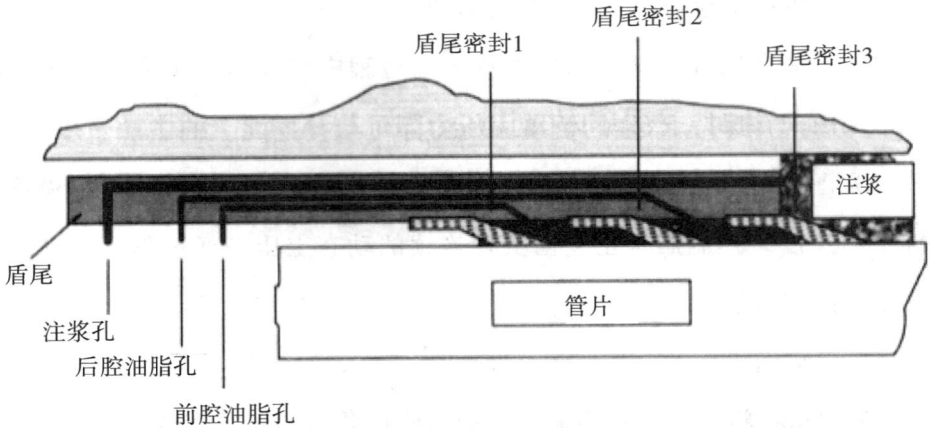

图 1–3　采用三道钢丝刷的盾尾密封装置

9. 管片安装机

管片安装机有两种形式，即机械抓取式和真空吸盘式。

10. 数据采集系统

数据采集系统具有采集、处理、储存、显示、评估出现的与盾构有关的数据功能。采用该系统，可输出环报、日报、周报等数据；有各种参数的设定、测量、掘进、报警，以及历史曲线和动态曲线。所有采集数据均能保存下来，供日后分析、判断和参考。

11. 导向系统

导向系统随时掌握和分析盾构在掘进过程的各种参数，是指导盾构正常掘进不可缺少的配置。导向系统由经纬仪、ELS 靶、后视棱镜、计算机等组成，能连续不断地提供关于盾构姿态的最新信息。导向系统通过适当的转向控制，可将盾构控制在设计隧道线路允许的公差范围内。导向系统的主要基准点是由一个从激光经纬仪发射出的激光束，经纬仪安装在盾构后方的管片上。目前较先进的导向系统是 VMT 导向系统和 PPS 导向系统。

（三）开挖面稳定机理

开挖土仓由刀盘、切口环、隔板及螺旋输送机组成。土压平衡盾构就是将刀盘开挖下来的土渣填满土仓，在切削刀盘后面及隔板上各焊有能使土仓内土渣强制混合的搅拌棒。借助盾构推进油缸的推力通过隔板进行加压，产生泥土压力，这一压力作用于整个作业面，可以使作业面稳定，刀盘切削下来的土渣量与螺旋输送机向外输送量相平衡，维持土仓内压力稳定在预定的范围内。

土仓内的土压力通过土压传感器进行测量，并通过控制推进力、推进速度、螺旋输送机转速来控制。盾构在粉质黏土、粉质砂土和砂质粉土等黏性土层中掘进时，由刀盘切削下来的土体进入密封土仓后，可对开挖面地层形成被动土压力，与开挖面上的主动土压力相平衡。在密封土仓和螺旋输送机内有足够多的切削土体时，产生的被动土压力即可与开挖面上的主动土压力大致相等，使开挖面的土层处于稳定状态。在密封土仓的土压与开挖面的土压保持平衡的状态下，盾构向前推进的同时，启动螺旋输送机排土，使排土量等于开挖量，即可使开挖面的地层始终保持稳定。排土量一般通过调节螺旋输送机的转速和出土闸门的开度予以控制。

在黏性土层推进时，当含砂量超过某一限度时，泥土的塑流性明显变差，土仓内的土体因固结作用而被压密，导致渣土难以排送，可向土仓内注水或泡沫、泥浆等，以改善土体的塑流性。

在砂性土层施工时，由于砂性土流动性差，砂土的摩擦力大、渗透系数高、地下水丰富等原因，土仓室内压力不易稳定，所以需进行土渣改良。向开挖的土仓里注入膨润土或泡沫剂，然后进行强制搅拌，使砂质土泥土化，具有塑性和不透水性，使土仓内的压力维持稳定。

土压平衡盾构开挖面的稳定由下列各因素的综合作用而维持。

（1）土仓内的土压力平衡地层压力和水压力；

（2）螺旋输送机调节排土量；

（3）适当保持泥土的流动性，根据需要调节添加剂的注入量。

开挖面稳定系统必须保持填充在土仓内的泥土压力，调节排土量，以便能平衡开挖面的地层土压力和水压力。

当土仓内的土压力大于地层土压力和水压力时，地表将隆起，见图1-4。

当土仓内的土压力小于地层土压力和水压力时，地表将下沉，见图1-5。

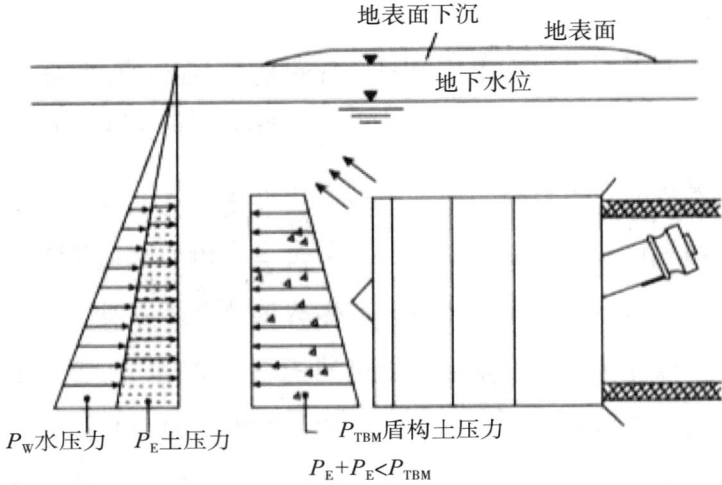

P_W水压力　P_E土压力　P_{TBM}盾构土压力

$$P_E+P_E<P_{TBM}$$

图1-4　土仓压力大于水压力及地层土压力之和（地面隆起）

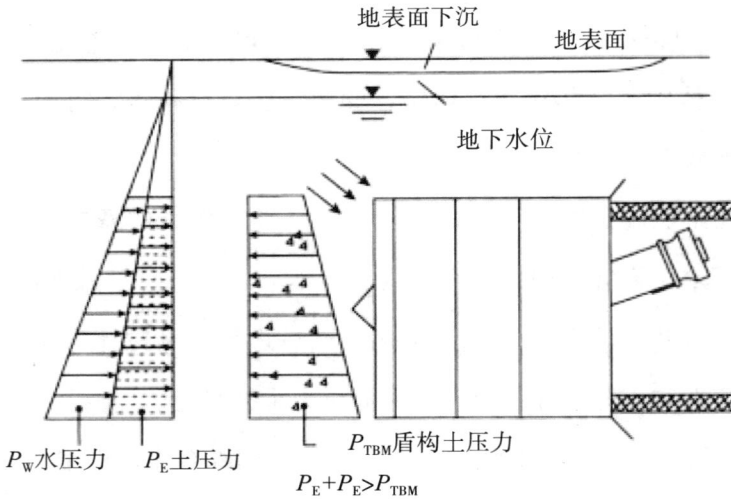

P_W水压力　P_E土压力　P_{TBM}盾构土压力

$$P_E+P_E>P_{TBM}$$

图1-5　土仓压力小于水压力及地层土压力之和（地面下陷）

（四）地质适应范围

土压平衡盾构主要应用在黏稠土壤中，该类型土壤富含黏土、亚黏土或淤土，具有低渗透性。这种土质在螺旋输送机内压缩形成防水土塞，使土仓和螺旋输送机内部产生土压力，来平衡掌子面的土压力和水压力。

土压平衡盾构用开挖出的土料作为支撑开挖面稳定的介质，对作为支撑介质的土料，要求其具有良好的塑性变形、软稠度、内摩擦角小及渗透率小。一般土壤不完全具有这些特性，需进行改良。改良的方法通常为加水、膨润土、黏土、羧甲基纤维素钠（CMC）、聚合物或泡沫等，应根据土质情况选用。

有软稠度的黏质粉土和粉砂是最适合使用土压平衡盾构的土层。根据土层的稠度，有时不需要水或只需要加很少量的水。通过搅拌装置在土仓内的搅拌，十分黏着的土层也能变成塑性的泥浆。

随着含砂率的增加，加水就显得不够，因为它不能减小内摩擦角。增大的渗水性必须解决好螺旋输送机的密封问题。细土粒含量的缺乏可以通过加入黏土和膨润土悬浮液来补偿。非黏透水性土层可以通过注射泡沫进行改良处理。粒状结构中的气泡可以降低土浆密度，减小颗粒摩擦，使土浆混合物在较宽的形变范围内有最理想的弹性，以利于控制开挖面的支撑压力。

泡沫是用特殊发泡剂、泡沫添加剂和压缩空气通过泡沫发生器制成的 $30 \sim 400\,\mu m$ 的细小齿状气泡。特殊发泡剂由各种表面活性剂经过特别调配制成，泡沫添加剂是以矿浆为主要原料的高分子水溶液。特殊发泡剂的水溶液称为 A 型特殊发泡材料；如果将特殊发泡剂的比例降低，代之以泡沫添加剂，所形成的水溶液称为 B 型特殊发泡材料。泡沫剂的主要技术特点如下。

（1）在砂土及砂卵石地层中，泡沫的支撑作用使切削土体的流动性增强，土仓内的渣土不会因压密而固结，不会产生堵塞，刀盘或螺旋输送机的驱动扭矩减小，刀具磨损减小；

（2）微细泡沫置换土颗粒中的孔隙水，增强了土体的止水性，能较容易地开挖强渗透性或地下水位较高的砂卵石地层，有效防止螺旋输送机喷涌；

（3）在黏性土地层中，泡沫起着界面活性剂的作用，可有效防止切削下来的黏性土附着于刀盘和土仓内壁，防止结泥饼现象；

（4）泡沫的可压缩性，使开挖面的土压力波动减小，有利于开挖面的稳定；

（5）泡沫的90%是空气，排出的渣土中的泡沫在短时间内会逐渐消除，很快就可以恢复到注入泡沫前的状态，不会造成环境污染。

泡沫剂的适用范围见图1-6。图中Ⅰ区为A型特殊发泡材料的适用范围；Ⅲ区为B型特殊发泡材料的适用范围；Ⅱ区既可使用A型特殊发泡材料，也可使用B型特殊发泡材料。A型特殊发泡材料主要用于黏性土及含水量较少的砂质土；B型特殊发泡材料制成的泡沫比A型特殊发泡材料制成的泡沫更稳定，尤其是止水性能更佳，主要用于含水沙砾地层及地下水位较高的砂质土。

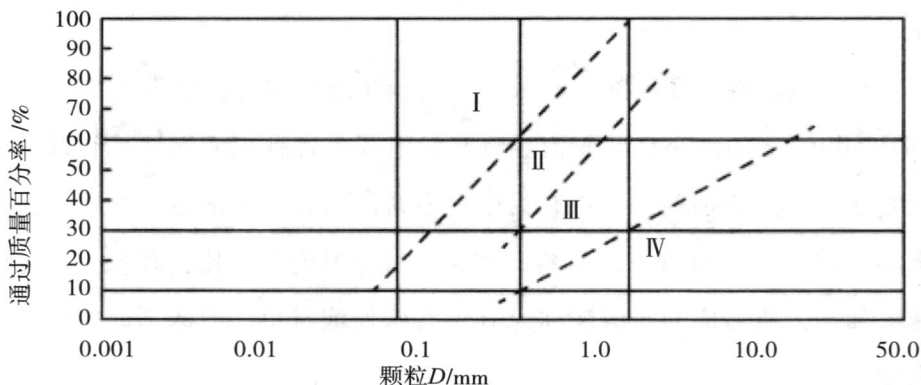

Ⅰ—A型特殊发泡材料适用范围；Ⅱ—A或B型特殊发泡材料适用范围；Ⅲ—B型特殊发泡材料适用范围；
Ⅳ—泡沫剂与聚合物混合适用范围

图1-6　泡沫剂适用范围

五、复合盾构

（一）概述

当某一段隧道穿越不同地层结构时，用以上任一形式的盾构都不适于单独将此段隧道掘进贯通，而根据相应土层情况要用两台或多台盾构，在隧道掘进长度较短时很不经济；或由于条件限制，布置多台盾构非常困难，需将以上不同形式的盾构进行组合。在结构空间允许的情况下，将不同形式盾构的功能部件同时布置在一台盾构上，掘进过程中可根据地质情况进行功能或工作方式的切换和调整；或对不同形式盾构的功能部件进行类似模块化设计，掘进时根据土层情况进行部件调整和更换。这样一台盾构在不同的地层经转换后可以以不同的工作原理和方式运行，这类盾构称为复合盾构，也称混合盾构。

复合盾构可以根据土层地质和水文条件做出调整，其本质上是对开挖面支撑方式以及刀具、出渣运输系统和其他设备的调整。复合盾构的组合模式有压缩空气／敞开式盾构、泥水式／敞开式盾构、土压平衡／敞开式盾构、泥水式／土压平衡盾构、敞开式／泥水式／土压平衡盾构、敞开式／压缩空气／土压平衡盾构等。

（二）结构特点

复合盾构是指既适用于软土又适用于硬岩的一类盾构，主要用于既有软土又有硬岩的复杂地层施工。复合盾构的主要特点是刀盘上既安装切刀和刮刀等软土刀具，又安装滚刀等硬岩刀具。

复合盾构的一个主要特点是一般具有两套出渣系统。从开挖仓内输出开挖土渣，泥水盾构、土压平衡盾构、敞开式盾构是完全不同的，一般泥水模式使用泥浆管，土压平衡模式使用螺旋输料机，敞开式使用皮带输送机。因此，在混合式盾构中至少装有两套出渣系统。

对于泥水式／土压平衡盾构，当转换到泥水模式时，必须安装一台碎石机或靠人工去除大砾石。设计在泥水式和土压平衡模式下都可以使用的刀盘是完全可能的，即使要更换刀盘也不存在问题，只要有竖井即可。沉潜墙是德国体系泥水式盾构的一个特征，在土压平衡模式下，沉潜墙可转化成压力隔板，因此必须设计成可以承受较大的负载。沉潜墙下部的开口可关闭，使用伸缩式螺旋输送机，螺旋输送机在泥水模式下缩回。

第二章　盾构隧道施工技术研究

第一节　盾构始发技术

几十年来，随着科学技术的不断发展，盾构设备机械性能也得到了不断的优化，设备对地质的适应性不再唯一（比如复合式盾构的发展），并且对于各类复杂地层均有相应的解决方案。盾构机的发展使得地下隧道的施工更加安全、高效，但盾构施工过程中的始发技术仍是重点及难点，需在始发前做好充足的准备和应急措施。始发施工中可能会出现很多问题，诸如因端头加固不良引起的沉降、渗水甚至涌水、涌沙而造成地面塌陷，因洞门密封失效而造成掌子面失压，因始发基座或反力架定位不准而造成盾构始发姿态不良甚至损坏洞门密封，因操作不当而造成反力架失稳、盾构主机翻转等事故。

一、始发端头加固

始发端头加固是盾构机始发、到达技术的一个重要组成部分，是指对盾构机进出盾构工作井部位的地层进行加固。洞门塌方在盾构施工事故中最为常见，加固的成功与失败直接影响盾构机能否安全始发、到达。因此，必须十分重视加固方案的研究和加固质量的控制，合理选择加固施工方法。

端头加固可提高洞门外土体强度，有效控制始发时地表沉降，防止端头坍塌，保障周边建筑物的安全；端头加固能有效控制涌水、涌沙等水土流失；可提高盾构组装时重型机械作用在地面的承载力；有利于盾构机始发和到达的姿态控制。

端头加固的方法有高压旋喷桩法、水泥搅拌桩法、SMW 桩法、冷冻法、注浆法和降水法等。

二、始发基座及反力架设计、制作及安装、测量、定位

始发基座的作用是给盾构主机提供支撑、定位，为盾构始发提供正确的姿态。因此始发基座设计与制作必须保证有足够的强度和刚度，（安装）必须保证盾构机的轴线与隧道设计轴线重合。同时考虑盾构主机重量大，始发时离开基座易下沉，一般均将基座坡度略小于设计，人为地给盾构机一个向上的始发姿态趋势（抬高始发）。

中小盾构多采用钢结构始发基座，安装时需注意以下两点：

（1）始发基座水平和垂直参数严格按工程师交底进行控制；

（2）延伸轨道至洞门，防始发时栽头。

反力架为盾构机始发提供推进反力，并为负环安装提供连接基准面。与始发基座一样，大直径盾构多采用钢筋混凝土结构，中小盾构多采用钢结构。从理论上讲，反力架中心线应与盾构中心线重合，但若为曲线或坡度始发，混凝土反力架斜面结构施工起来较为困难，一般采用钢管及钢负环来调整；对于钢结构反力架，在安装时精确测量保证其前端面中垂线与盾构中心线重合即可。

钢结构反力架安装注意事项：

（1）在盾构机组装之前，先将反力架底部安装定位；其余部分在盾构吊装结束后即可安装。

（2）反力架钢环中心必须与负环中心吻合，且反力架前端面必须与隧道设计轴线垂直。

（3）反力架经测量定位后，底部与预埋钢板牢固焊接；其他部位尽量紧靠混凝土结构，若不能紧靠，则需用足够强度的钢支撑牢固支撑并焊接。

（4）反力架纵向位置须考虑负环的数量。

三、洞门密封装置设计、制作及安装

盾构在始发过程中，为防止地下及掌子面泥水从洞门内通过开挖建筑空隙外泄，影响始发阶段泥水压力的建立和开挖面土体的稳定，甚至造成地表沉降坍塌，必须在始发洞门施作性能良好的密封止水装置。

洞门密封装置的设计必须考虑始发井的深度、外部水土压力和始发地层地质条件。一般情况下，城市地铁盾构施工时采用单道橡胶帘布密封；中、大直径泥水盾构施工采用多道橡胶帘布或橡胶帘布与钢丝刷结合的密封方式，并在帘布之间或帘布与钢丝刷之间的空腔设计注浆孔，在盾壳进入形成密封腔体时注入浆液或油脂，确保密封效果。

洞门密封安装注意事项：

（1）因该环尺寸较大，吊装定位困难，并且整体吊装密封箱体形变不容易控制，因此对于大直径密封装置来说常采用分块吊装方式。

（2）在密封装置安装前，在洞门预埋钢环上测量位置并用红色油漆标出，以便于观察定位。

（3）在底部翻板应用弹簧钢板或其他装置固定，防止钢板外翻。

（4）提前在预埋钢环内焊接多个临时吊耳，便于纵向用手拉葫芦牵引密封环进行安装定位。

（5）安装橡胶帘布前用工具将所有螺栓孔检查一遍，保证每个螺栓都能正常安装坚固。

（6）帘布安装宜自上而下进行，利用自身重力，便于安装。

（7）底部翻板应设置挡块，防止刀盘接近前外翻。

（8）将橡胶帘布根部（尤其是下部）清理干净，不得有混凝土渣或钢筋头，以防刀盘进入时损坏帘布和翻板，造成密封失效。

四、洞门凿除

（1）洞门凿除是盾构施工期间的关键环节，是具有重大风险的一道工序。因此在洞门凿除前应根据加固方案进行钻孔检查，发现异常应进行二次加固，直到达到设计要求。

（2）洞门凿除，应当在盾构机始发条件验收完成后进行。

（3）洞门凿除基本以人工作业为主，工作量大，施工周期长。为节约工期，尽量同步施工，可安排分两次或多次完成。

（4）若采用冷冻加固，则需进行探孔测温，确保冷冻效果后方可进行最后一层凿除。

（5）最后一层凿除之前，必须保证盾构机系统已组装调试完毕，并已拼装 1 ~ 2 环负环。刀盘与密封装置间留尽量小的距离（60 cm），确保在凿除过程中万一发生坍塌，盾构机能及时顶推进去，减小事故损失。

（6）若洞门为钢筋混凝土结构，为安全起见，最后一层钢筋割除时应自下而上进行。

（7）因此时洞门密封装置已经安装，在凿除过程中需对橡胶帘布及压板采取必要的保护。

因新技术的应用，一些地区也将新型材料应用到盾构施工中。在始发和接受井的围护结构中，用玻璃纤维筋代替钢筋，盾构机直接切削围护结构的混凝土和玻璃纤维筋，实现盾构机进出洞。

注意事项：玻璃纤维筋与钢筋的搭接位置应在洞门外 1 m 以上，防止钢筋笼下沉不到位，钢筋侵入隧道界限内。

五、盾构始发

当盾构机整机组装调试完成以后，即可进入始发状态。始发工序包括盾尾油脂涂抹、负环管片拼装、刀盘进入洞门密封钢环后泥水平衡的建立以及盾尾进入洞门后的密封加固等主要工作。

（一）盾尾刷 WR90 油脂涂抹

WR90 油脂应在负环管片拼装前涂抹于盾尾刷中，该种油脂黏性较大，涂抹于钢丝刷中不易流失，具有良好的密封性能。但其泵送性能较差，需人工涂抹。WR90 油脂涂抹时必须保证饱满、均匀、密实，充满全部的钢丝刷及钢丝刷背后锐角处。该项工作完成后质量工程师应仔细检查，不合格处重新补充；一般情况下，涂抹于盾尾刷中 WR90 油脂的量每米不少于 10 kg（6 m 盾构 3 道尾刷应不小于 650 kg）。

（二）负环管片数量的确定

根据盾构机的长度，设定洞门内衬墙至反力架之间的距离。该距离度为管片环宽和整数倍。考虑隧道贯通后洞门的施工，洞门密封装置宜在 0 环管片中间位置。

（三）负环管片安装

在安装负环管片之前，为保证负环管片不破坏尾盾刷、保证负环管片在拼装好以后能顺利向后推进，可在盾壳内安设厚度略小于盾尾间隙的钢条或钢筋，以使管片在盾壳内的位置得到保证；在安装两侧及上部管片时，在管片安装机脱出管片前，需用 L 形型钢将管片固定在盾壳上，L 形型钢一边焊在盾壳内表面，安装好封顶块拧紧连接螺栓后拆除 L 形型钢。

第一环负环管片拼装成圆后，用部分推进油缸完成管片的后移。管片在后移过程中，要严格控制每组推进油缸的行程，保证每组推进油缸的行程差小于10 mm。若第一环管片不能达到与反力架钢环连接的位置，则继续拼装第二环负环管片，用推进油缸向后移管片，直至管片与反力架钢环连接。

管片拼装一般分为通缝拼装和错缝拼装两种形式。通用型管片采用的是错缝拼装。通缝与错缝的差异主要是由管片间接头螺栓刚度和地层软硬决定的。通缝和错缝之间的区别从本质上讲是一个管片环整体刚度上的差异。错缝的存在，使得管片环之间的螺栓可以发挥纵向加强作用，使得管片间接头处的薄弱部位得到加强，从而增加了管片环整体的刚度。

第二节　盾构隧道地表沉降控制技术

一、盾构法施工引起地表沉降的研究概况

随着盾构机的各项性能及自动化程度的不断提高，盾构法已广泛应用于市政管线隧道及地铁隧道建设中，盾构法施工引起地表沉降的理论研究也日趋完善。

（一）Peck二维沉陷槽公式

P.B.Peck观测大量地表沉陷实例，并查阅有关盾构工程记录资料，通过概率推算，归纳出二维沉陷槽断面形状（图2-1）的分布公式：

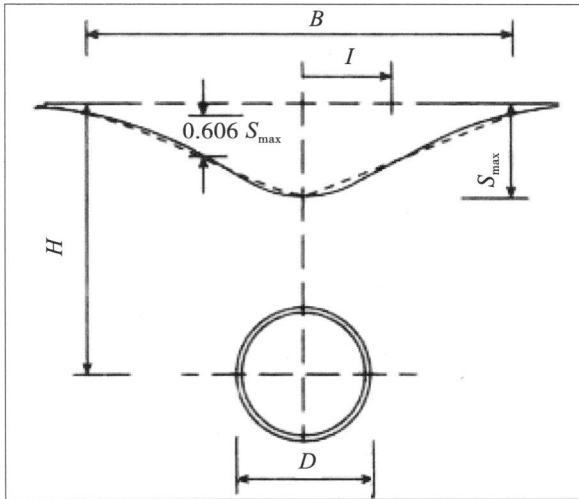

图 2-1　二维沉陷槽断面形状

$$S = S_{max} e^{\frac{x^2}{2i^2}}$$ 　（2-1）

式中：S——距开挖面隧道中心初某点的竖向地表沉降；

S_{max}——地面最大竖向沉降量；

x——某点距开挖面的距离；

i——沉陷槽宽度系数。

同时，还给出计算地面沉陷体积的公式：

$$V_s = \int_{-\infty}^{+\infty} S_{max} \mathrm{d}x = \sqrt{2\pi} \cdot i \cdot S_{max}$$ 　（2-2）

以此为依据，地面沉陷的横向分布公式可以改写为

$$S = \frac{V_s}{\sqrt{2\pi} \cdot i} \cdot e^{\frac{x^2}{2i^2}}$$ 　（2-3）

当 i、V_s 已知时，可计算如下一系列特征值。

隧道地表沉陷槽宽度计算公式：

$$B = 2 \times 2.5i$$ 　（2-4）

最大沉陷量公式：

$$S_{\max} = \frac{V_s}{\sqrt{2\pi} \cdot i} \tag{2-5}$$

（二）软土地层隧道工程中盾构法施工引起地面纵向分布计算公式

上海市政局总工程师刘建航总结了我国多年在上海等地区软土隧道工程的经验，根据 Peck 公式的基本原理，推导出盾构正常施工引起地面沉降的纵向分布（图 2-2）计算公式：

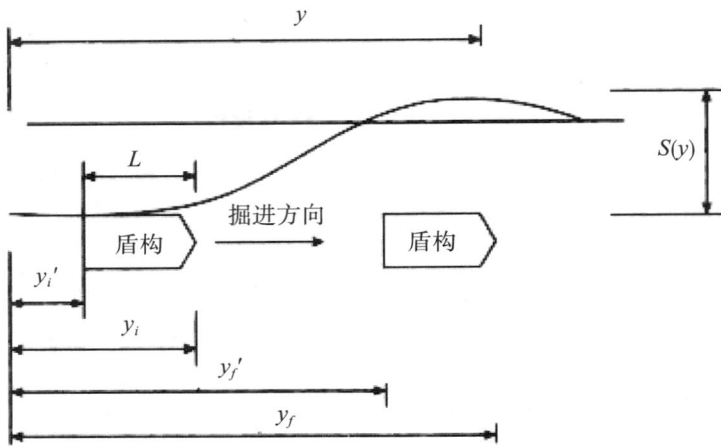

图 2-2　软土隧道地面沉降的纵向分布

$$S(y) = \frac{V_1}{\sqrt{2\pi}} \cdot i \cdot \left[\frac{\phi \cdot (y-y_i)}{i} - \frac{\phi \cdot (y-y_f)}{i} \right] + \frac{V_2}{\sqrt{2\pi}} \cdot i \cdot \left[\frac{\phi \cdot (y-y_i')}{i} - \frac{\phi \cdot (y-y_f')}{i} \right]$$
$$y_i = y_i' - L$$
$$y_f = y_f' - L \tag{2-6}$$

式中：$S(y)$——纵向沉降量，负值为隆起；

V_1——盾构开挖面引起的地层损失量；

V_2——盾尾引起的地层损失量；

L——盾构长度；

y_i——盾构推进起始点处盾构开挖面至原点的距离；

y_f——盾构开挖面至原点 O 的距离。

（三）Peck 公式的沉陷槽宽度系数

横向沉陷槽宽度系数 i，可根据已知地质条件和隧道尺寸按下式求出：

$$i = \frac{H}{\sqrt{2\pi} \tan(45° - \varphi/2)} \qquad (2-7)$$

式中：H——地面至隧道中心的深度；

φ——对各层土取加权平均后的内角。

饱和含水塑性土中沉陷槽宽度系数，可由下式得出：

$$i = R[H/(2R)]^{0.8} \qquad (2-8)$$

式中：R——隧道的半径。

二、既有地表沉降理论在北京地区适用性分析

在国内盾构法隧道施工推广应用的过程中，专家们依据国内的工程实例进行了大量研究，这些研究成果均是建立在具体工程实例的基础上，对所选用的工程适用性较强，同时受地质条件变化的影响很大，因此公式中各系数的正确取值将直接影响这些公式的适用性。

试验段的实际测量监测结果所绘出的沉陷槽与 Peck 理论的沉陷槽假定的正态曲线形态相符，但沉陷槽宽度依据经验可以有更加简洁的取值方法，而且实践证明，这种取值是切实可行的，完全可以满足施工所需的精度要求。而上海软土地层隧道工程中盾构法施工引起地面纵向分布计算公式，在北京地区的应用效果就很难与实际情况相吻合，不宜应用于北京这种地层。

对于北京地区来说，其地质情况与国内已采用过盾构施工的地区有较大的差别。既有地表沉降理论及其他地区相关于地表沉降的研究成果不能完全照搬地使用，而应当使用地表沉降的基础理论来讨论研究。对其参数

进行修正，并参照实际应用效果进一步修正，从而形成一个在北京地区适用性强，而且能有效指导施工的地表沉降预测方法。

（一）盾构隧道施工引起的地表沉降控制主要研究内容

针对北京地区特有地质条件下盾构隧道施工引起的地表沉降进行研究，以现场测试、数值分析及施工控制等为基础，分析北京地区盾构隧道施工沉降机理、沉降发生规律、预测方法和施工控制措施等。其主要包括以下几个方面：

（1）结合试验段地质条件及现场监测数据，分析研究北京地区盾构法施工的地表沉降过程；

（2）结合实际地层特征，依据现场实测数据的分析和有限元数值模拟结果，对北京地区地层条件下盾构施工地铁隧道的地层扰动特征、模式以及地表沉降规律进行分析归纳，提出适合北京地区地层特征的盾构法施工地铁隧道的地表沉降的预测公式；

（3）分析研究各种施工参数对地表沉降的影响，并结合盾构试验段工程地质情况及该工程所使用盾构机的性能制定控制地表沉降的措施。

（二）监测方案及测点布置

为监测盾构施工产生的地表沉降，我们沿隧道方向布置了 G1~G17 共17 条地表沉降监测断面。限于隧道上覆地面楼房林立，难寻布测点之地，所以未能按等间距或特设特殊监测点进行点的布置，只能依据现场实况布设监测断面和监测点，具体布置情况如图 2-3 所示。每个监测断面在隧道走向的垂向方向上又布置 5~7 个不等的监测点，其点间距为 5~7 m（图2-4）。

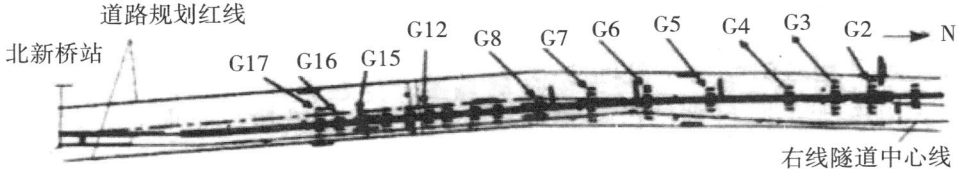

图 2-3 试验段地面沉降观测点平面布置

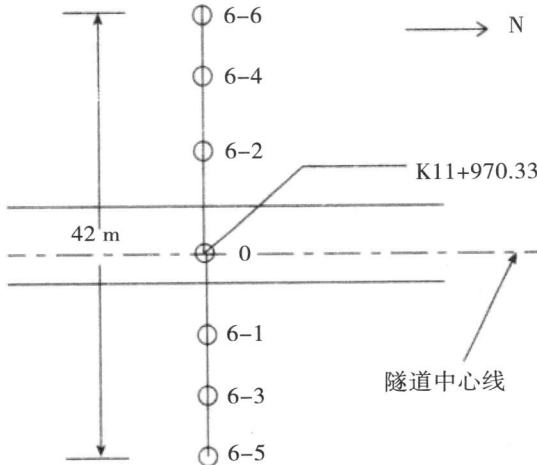

图 2-4 典型监测断面监测点布置

（三）地表沉降监测结果分析

1. 横向沉降监测与分析

选取 G2、G6、G7 和 G12 等典型断面的地表沉降监测结果来进行分析。

（1）G2 断面。

G2 断面位于雍和宫盾构端头井南侧约 12 m 处，里程为 K12+186，盾构隧道所处地层为黏质粉土、粉质黏土夹部分薄层中粗砂。潜水水位标高约 37.02 m，具有一定的承压性，高出含水层顶板 2~3 m。承压水水位 24.42 m，位于隧道底之上约 3 m。地表沉降比较小，最大为 7 mm。

从 G2 断面各监测点不同时刻地表沉降（即地表沉降槽演化）可以看出，发生的沉降槽宽度比较大，曲线缓和，曲率小。G2 断面各监测点历时沉降曲线图也反映了相应的特征。

纵观该断面不同时刻的沉降槽曲线，其 Peck 曲线特色不明显，这主要是由于 Peck 曲线和公式是建立在沉降槽体积与地层损失体积相等的假设基础上，因隧道开挖掘进过程中土体具有较好的自稳性，产生较小的地层损失，地表沉降主要来自后续土体固结沉降，占总沉降量的 50% 以上。

（2）G6 断面。

G6 断面位于里程 K11+970 处，盾构隧道所处地层为黏质粉土、粉质黏土夹部分薄粉细砂层、粉细砂层、圆砾层和中粗砂层。潜水水位标高约 30.52 m，基本无承压性，位于粉细砂中。承压水水位 24.5 m，位于隧道底之上约 2.5 m。从记录的地层沉降曲线来看，不同时刻地表沉降变化比较连续，且沉降值比较大，最大约 10 mm。

G6 断面各监测点不同时刻地表沉降（即地表沉降槽演化）不仅表现在变化连续方面，同时还可以看出，地表横向沉降槽宽度较小，40~45 m[相当于 2（$H+D$）]，曲线较陡，曲率大。G6 断面各监测点不同时刻的沉降槽曲线特征与传统的 Peck 曲线比较接近。地表沉降绝大部分因地层损失引起，且主要发生在盾构通过监测断面期间，占总沉降量的 60% 左右。

（3）G7 断面。

G7 断面位于里程 K11+913 处，盾构隧道所处地层为圆砾、粉细砂以及粉质黏土层。潜水水位标高约 30.5 m，位于粉细砂中。承压水水位 25.98 m，位于隧道底之上约 1.5 m。该监测断面处，盾构开挖面处地层大部分为粉细砂层，地层均一，且有较好的颗粒级配，隧道上部地层为中粗砂层、粉质黏土层，底部为卵砾石层，最大沉降量约 7 mm。

G7 断面地表横向沉降槽宽度较小，约 40 m[相当于 2（$H+D$）]。G6 断面各监测点不同时刻的沉降槽曲线特征，与传统的 Peck 曲线接近程度介于 G2 断面和 G6 断面之间。地表沉降主要发生在盾构通过监测断面和后续沉降期间，其分别占总沉降量的 40% 和 35% 左右。

（4）G12断面。

G12断面位于里程K11+760处，盾构隧道所处地层为圆砾、粉质黏土以及卵砾石层。潜水水位标高约31.0 m，位于粉细砂中。承压水水位25.92 m，位于隧道底之上约2.0 m。该监测断面地层特征与沉降槽形态变化特征与G7断面类似，盾构开挖面处地层大部分为粉细砂层，地层均一，且有较好的颗粒级配，隧道上部地层为中粗砂层、粉质黏土层，底部为卵砾石层，该断面处地表最大沉降量较G7断面要偏大，约9 mm。

G12断面地表横向沉降槽宽度较小，约40 m[相当于2（$H+D$）]。G12断面各监测点不同时刻的沉降槽曲线特征，与传统的Peck曲线接近程度介于G2断面和G6断面之间。地表沉降主要发生在盾构通过监测断面和后续沉降两期间，其分别占总沉降量的40%和35%左右。

2. 地表沉降特征分析

Peck曲线只是对沉降曲线的一般性描述，考虑的因素比较简单。从以上几个典型断面处的监测结果可以看出，地表沉降与地质条件、地表和施工过程等因素密切相关，其中地质条件是决定性因素。

在不同地层条件中施工，地表沉降槽的特征也不同，应结合试验段地层特征，对试验段不同类型地层地表沉降沉陷槽特征进行分析。

黏土层横断面地表沉降原因分析：

第一，盾构隧道在此处埋深较大，盾构直线掘进，超挖较小，最终沉降槽较宽，最大沉降量较小。

第二，隧道范围内土体为黏土层，自稳性较好，因此在掘进过程中，盾构刀盘对开挖面土体不易出现坍塌。另外，黏性土体颗粒的黏结受扰动土体的范围较小，这也是地表沉降不明显的重要原因。

第三，若此阶段地下水位位于隧道顶面以上4 m，虽然水头较高（8~10 m），但在盾构机通过过程中，地下水位变化不明显。究其原因，主要是黏性土土体密实，渗透性小，因而开挖面盾构进行掘进施工时受地下水位的影响小，减小了对地表沉降的影响。

第四，注浆，采取同步注浆效果较好，浆液可以及时地充填入管片与地层之间的间隙。在注浆效果检查过程中发现，壁后注浆密实，浆液与土层间界限明晰，良好的壁后注浆有效地控制了地表沉降的发展。

3.沉降曲线特点分析

最大沉陷量不大，沉降槽形状不明显，个别沉降槽曲线的对称性不好。Peck公式所论述的正态分布曲线形态特征不明显。

（1）砂性土地层地表沉降曲线分析。

砂层是相对于黏土层施工不易控制的地层，它对于土压平衡式盾构来说是一个难点。

第一，在此段施工产生地表沉降比黏性土层大的原因：①砂层的渗透性强，因而在同等条件下，地下水流失量大，引起地表沉降量大；②在盾构机向前推进，盾背的土体因砂土的自稳性能差极易发生塌落，至管片脱出盾尾后充填时，地层的变位已经产生；③盾构机推进，砂层自稳性差，超挖量会变大，从而增大地层损失；④盾构机推进过程中对土体的扰动范围变大，被扰动土体固结时间较长，沉降量也将增大。

第二，沉降曲线特点分析。沉降曲线有以下几个特点：最大沉陷量相对比较大；沉降槽形状明晰，能与正态分布的曲线相符；除个别曲线的对称性差外，总体来看左右对称，能很好地反映沉降特征。同时，通过对不同工况下盾构施工地铁隧道进行三维有限元数值模拟，也得出盾构法施工隧道导致地表沉降的发生规律。①不同地层的隧道开挖，在相同的工况下，随着地层强度的减弱，受隧道施工引起的地层扰动程度和扰动范围呈增大趋势。但是若考虑施工控制因素，则在砂性地层（粗砂、砾砂和砂卵石地层）由盾构施工产生的地层扰动程度和地表沉降量往往要比黏性土层和粉质土层中大。②在盾构隧道的开挖模拟中，随着掘进的进行，隧道受扰动程度和范围不断向前和上下方向发展。隧道衬砌的施加可以有效地约束地层因扰动而产生向隧道方向的收敛变形。当盾构隧道超挖量偏大时，会加大地层移动变形，从而增大地表沉降。

（2）砂卵石层地表沉降曲线分析。

隧道断面范围内，卵石层所占的比例较小。因此，地表沉降量与砂层的地表沉降量基本相同。

4.纵向沉降监测分析及阶段划分

（1）盾构施工地表纵向沉降。

地表纵向沉降槽能反映盾构推进时沿推进方向对地层的扰动情况，同时还能反映盾构推进时不同因素、盾构机的不同部位对地层的作用，包括正面支护力、摩擦力和盾尾空隙等。图2-5中给出了盾构机在一段时间内沿隧道纵向某监测点地沉降历时实测结果。

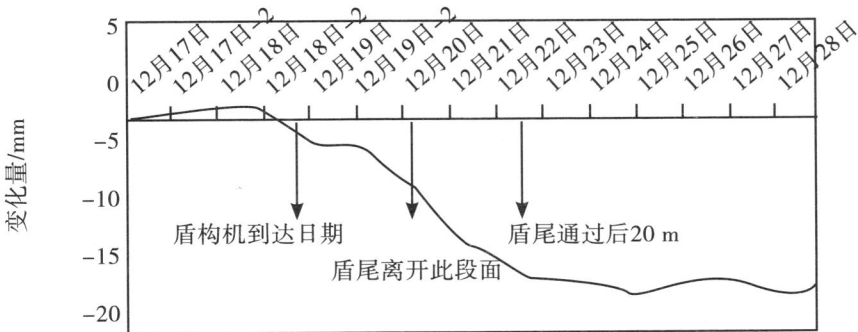

图2-5　监测点沉降量历时变化曲线

（2）地表沉降的阶段划分。

盾构机通过某一断面时，盾构机距离该断面位置不同，其地表沉降量不同。通过分析典型断面处的地表沉降过程，盾构施工引发地表沉降过程可以做如下阶段划分。

第一，预先沉降。当盾构机距离观测断面有数十米时（通常为大于 $2.5D$，D 为隧道直径，下同），因地下水水位降低面产生地表的预先沉降。

第二，地表隆沉。当盾构机距离观测断面极近时（$0\sim2.5D$），由于盾构机推力对土体扰动，地下水位、变化开挖面塌落、施工参数（如土压、推力等）变化等多方面因素影响，地表可能产生沉降或轻微隆起。

第三，盾构机通过。盾构机通过直到盾尾经过观测断面正下方期间（$-2.5D\sim0$），因盾构机主体脱出前，浆液未及时充填引起的沉降及施工中超挖后土体应力状态变化较大，引起地层损失，这是盾构施工中产生地表沉降最主要的组成部分。

第四，后续固结。沉降盾构经过后（盾构后方 $-2.5D$ 之后），盾构推进对地层的影响并未完全消失，所以土体将进一步固结和蠕变残余变形，时间可以长达 2 个月，该阶段沉降才能基本结束，这也是盾构施工中产生地表沉降的主要组成部分。

试验段施工中，各阶段产生的地表沉降量所占的比重分别为：盾构机到达前，地表产生的沉降仅占总沉降量的 5%~15%，盾构机通过过程中产生的沉降占总沉降量的 45%~50%，通过后的后续沉降占 40%~45%。

由此可以看出，北京地区进行的盾构法施工与上海地区软土地层盾构法施工引起的地表沉降组成有较大差别。其主要表现在：上海采用盾构法施工隧道沉降除上述四个阶段外，还有一个明显的长期潜变的沉降过程，其产生的沉降量占总地表沉降量的 35% 左右；而在北京的地质条件下长期潜变并不明显，在以上划分中归到后续固结沉降一起，其所占比重一般小于总沉降量的 5%。

（四）盾构施工产生地表沉降曲线回归分析

选择典型地层代表的 G7、G12、G17 三条监测断面，对它们的沉降数据和沉降槽曲线进行回归处理，回归曲线方程采用如下表达式：

$$S = S_{max} e^{\frac{y^2}{2i^2}} \qquad (2-9)$$

式中：S——距隧道中线横向距离处的沉降量；

　　　S_{max}——隧道中线上的最大沉降量（$y=0$）；

　　　i——曲线的标准偏差点，相当于曲线拐点的值。

实际槽宽可采用 b_i，曲线拐点的坐标为（$y=b_i$，$S=0.606S_{max}$）。

1. G7 断面

由图 2-6 可以看出，当盾构机在距离监测断面 13 m 左右时，地表呈隆起态势，隆起最大位移量为 0.5 mm；当盾构机掘进至断面所在位置，地表下沉明显，下沉位移量为 4.5 mm；随着盾构机远离监测断面，变化趋于稳定，位移量为 7.0 mm。其中虚线代表 K11+927.12 处（距离断面 13 m 左右）的回归曲线，实线代表 K11+886.28 处（离开断面 35 m 左右）的回归曲线，点画线代表 K11+915 处（断面正上方）的回归曲线，黑点代表 K11+886.28 处的实际测量值。

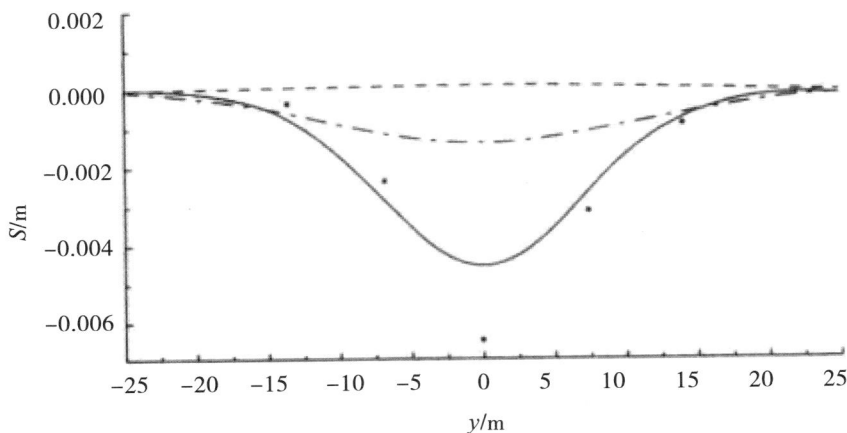

图 2-6　G7 监测断面回归曲线

2. G12 断面

由图 2-7 可以看出，在盾构机距离监测断面 12 m 左右时，地表呈隆起态势，隆起最大位移量为 2 mm 左右；当盾构机掘进至离开断面 8 m 处，地表急剧下沉，下沉位移量为 5.3 mm；随着盾构机远离监测断面，变化趋于稳定，位移量为 8.0 mm 左右。其中虚线代表 K11+768.00 处（距离断面 12 m 左右）的回归曲线，实线代表 K11+710.80 处（离开断面 45 m 左右）的回归曲线，点划线代表 K11+747.42 处（离开断面 8 m 左右）的回归曲线，黑点代表 K11+710.80 处的实际测量值。

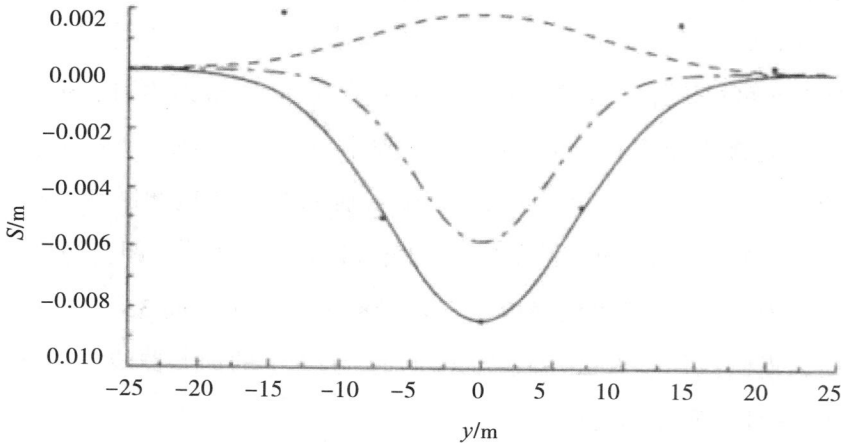

图 2-7 G12 监测断面回归曲线

3. G17 断面

由图 2-8 可以看出，在距离监测断面 10 m 左右，地表呈隆起态势，隆起最大位移量为 3.9 mm；当盾构机掘进至断面所在位置，地表急剧下沉，下沉位移量为 6.7 mm；随着盾构机远离监测断面，变化趋于稳定，位移量为 23.0 mm。其中虚线代表 K11+659.11 处（距离断面 10 m 左右）的回归曲线，实线代表 K11+630.22 处（离开断面 18 m 左右）的回归曲线，点划线代表 K11+648.28 处（断面正上方）的回归曲线，黑点代表 K11+630.22 处的实际测量值。

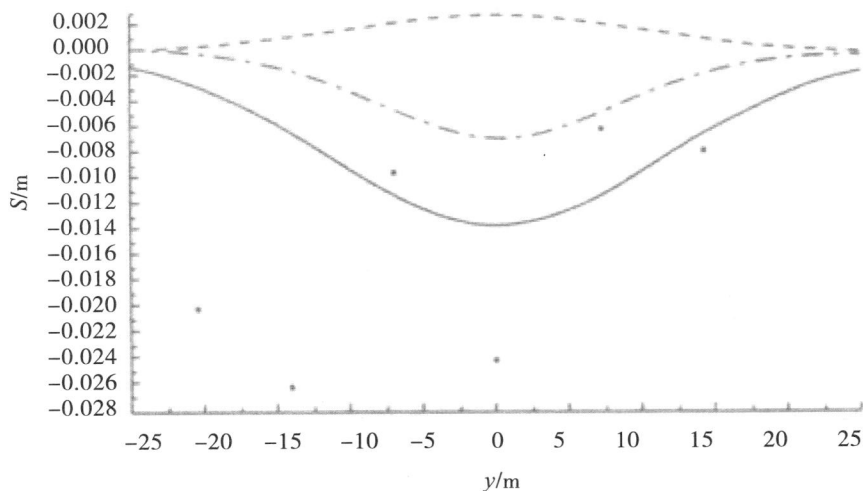

图 2-8　G17 监测断面回归曲线

三个监测断面的曲线回归结果如表 2-1 所示。

表 2-1　G7、G12 和 G17 断面地表沉降监测值回归曲线方程

监测断面	里程	回归方程	相关系数
G7	K11+913	$S=-0.004470e^{-0.01y^2}$	0.971 1
G12	K11+760	$S=-0.008405e^{-0.01554y^2}$	0.993 3
G17	K11+648	$S=-0.006823e^{-0.0075y^2}$	0.802 7

三、盾构施工引起地表沉降的控制

（一）地表沉降与施工参数的关系

在施工中有效地控制施工当中的各种施工参数是控制地表沉降的有效手段，以下将参照实测数据对比分析各种施工参数对地表沉降的影响。

1. 推力

推力是盾构法施工中对周围土体扰动的最主要的原因之一，因此推力的大小即盾构机对正面及四周土体的扰动，在盾构机到达观测断面前，地表的轻微隆起就是盾构机对土体的推力过大形成的，因而推力的大小会对最终地表沉降的大小有较大的影响，如图 2-9 所示。

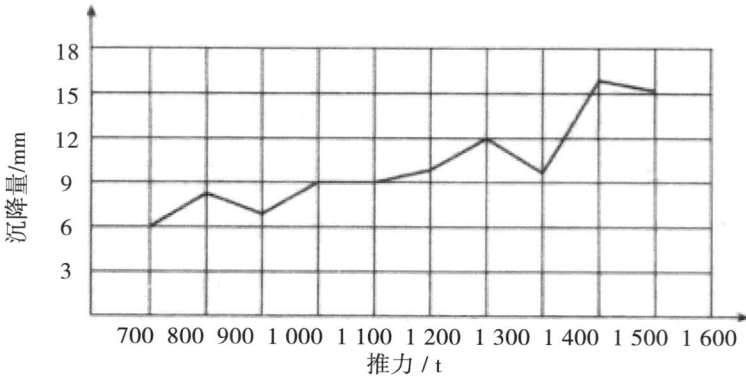

图 2-9　推力与沉降量关系

2. 推进速度

在上海的盾构法地表沉降研究中，推进速度与最终沉降量成正比。但在某地铁试验段某些地段的施工中，推进速度对地表沉降的影响恰好与此相反（图 2-10）。出现这种结果的原因分析如下。

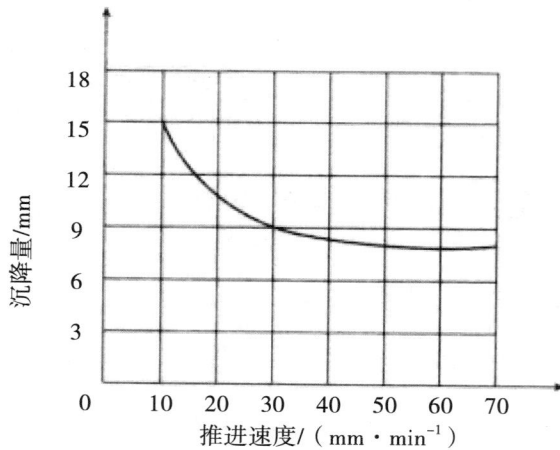

图 2-10　速度与沉降量关系

（1）地层原因。在黏土中施工时，因黏土自稳性能较好，受推进速度的影响相对较小，即便推进速度较慢，开挖面土体也较稳定；推进速度较快时，开挖面变形能力较差，推力的影响的作用范围也较小，因此黏土中地表沉降受推力影响较小。在砂土中推进时，开挖面稳定能力差，很容易出现塌落，隧道外侧土体将向隧道中心处移动，增大扰动的影响范围，推进速度越慢，塌落面积和范围越大，从而使地表沉降也随之增加。

（2）地下水的影响。地下水位下降将会使地表沉降增加，当推进速度较慢时，推进时间较长，地下水流失较多，这将增大它对地表沉降的影响。

（3）超挖量的变化。在正常推进速度下，盾构机的超挖量是一定的；但当推进速度较慢时，超挖量将增大，将加大最终沉降。

（4）刀盘扭矩。刀盘扭矩是盾构施工对周围土体扰动程度的一个间接反映，它与地层变化联系紧密。在黏土层中刀盘扭矩稳定较小，在砂性土层中则扭矩较大，在含砾石层砂层中施工时，砾石或卵石与刀盘撞击常出现扭矩瞬时增大的情况。在盾构机机械性能相同的条件下，刀盘扭矩越大，则说明刀盘转动对周围土体的扰动面积和强度越大，最终形成的地表沉降量也会随之增加，如表2-2所示。

表2-2　刀盘扭矩与地表沉降量关系

地层	刀盘平均扭矩 /（kN·m）	地表平均沉降量 /mm
黏土层	1 600	−4.6
砂卵层	2 200	−11.5
砂层	3 000	−14.3

（5）注浆量。注浆量的多少将直接影响最终沉降量。注浆及时则土体向隧道中心内侧移动将减小，地层变形减小，地表沉降减小；注浆量达到一定程度后，注入的浆液将产生一定的压力抵抗外周土体的移动，从而使地表沉降变小，这也是影响地表沉降的一个因素。注浆量与沉降量关系如图2-11所示。

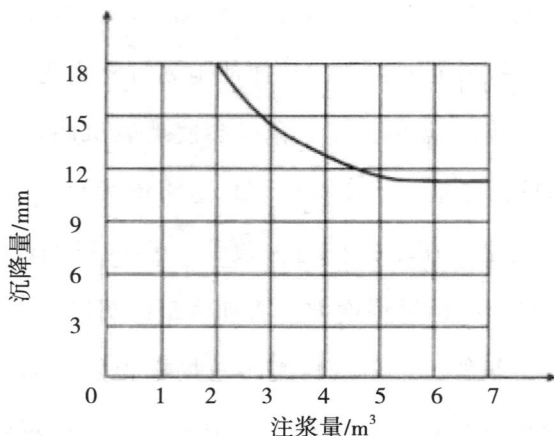

图 2-11　注浆量与沉降量关系图

（二）地表沉降的控制方法

地表沉降的控制可分为一般情况下地表沉降的控制方法和停机前及停机期间的地表沉降控制措施。以下将分别介绍这两个阶段的控制方法，并对比在地铁盾构试验段工程中采用的施工参数。

1. 一般情况下地表沉降的控制方法

通过对地表沉降的原因和地表沉降的过程研究，以及试验段中总结出来的施工参数与地表沉降的关系，可以通过控制施工参数和加强施工管理实现控制地表沉降，在试验段施工中正常施工采用的地表沉降的控制方法如下。

（1）严格控制土压力。为减小开挖土体的移动，必须按要求设定土压力大小。土压力计算已有许多成熟的方法，在施工组织设计过程中预先计算，施工中严格管理，使土压略大于计算值。在试验段施工中掘进过程加强了土压的管理，在停机前还将进行特殊处理，以保证在停机过程中土压维持的时间较长；停机期间还应有专门的值班人员对土压力进行监视，并做好记录。当土压有变化时，应当采取适当的措施使土压恢复，使施工过程中土压得到控制。

（2）减少施工中对地层的扰动。盾构施工对地层的扰动主要是由盾构机千斤顶的推力及刀盘旋转产生的，因而保证盾构机的正常运转、确保盾构机的机械性能就显得十分重要。当土压力突变时，应认真分析变化原因，采取相应措施。在试验段施工的整个过程，根据需要使用了泡沫作为添加剂，在使用中定期检查使用性能，并依据实际使用效果，不断优化泡沫的注入率和膨胀率，以达到最佳的使用状态。

（3）严格控制注浆量。在施工过程中对注浆应加强管理，注浆操作是盾构施工中的一个关键工序。为防止土体挤入盾尾空隙必须严格按照"确保注浆压力，兼顾注浆量"的双重保障原则，紧密结合施工测量的反馈信息，不断优化注浆压力的设定，对注浆量一定要确保超过理论计算值，并且在实际平均注浆量的合理范围内波动。注浆操作必须由专人完成，在每环掘进完成后必须对注浆量进行记录，当发现注浆量变化较大时，应认真进行分析研究，通过加大注浆压力等方法补注，当补注不能进行时必须及时进行二次补浆。在施工中，根据地层不同浆液不同，在黏性土层中注入率为130%~160%，在砂性土层中注入率为150%~200%，注浆压力根据使用效果进行优化调整。

（4）严密观察土质变化状况。地下水位变化是盾构施工必然要产生的，但为保证地下水位变化不大，施工中挖掘出土体的质量应当严格监控。施工过程中应杜绝水土分离现象的出现，当所出土体中因地层中含水量较大时，应提高设定土压力，加大气的加入量，这样在平衡土压力提高的同时，可以疏干开挖面的地下水，保证挖掘出土的质量。在砂层中施工时，尤其应当注意出土的质量，必须保证泡沫的使用效果，注意泡沫质量的检查。

（5）减少盾构推进方向的改变。在盾构机推进过程中应严格执行"勤纠偏、小纠偏"的原则，严禁大幅度纠偏，尽量减少因施工原因产生的盾构推进方向的改变；当盾构机在曲线段行进或仰头、叫头推进过程中必须严格控制超挖方向，保证出土量在合理的范围之内。盾构机的行进方向与盾构操作手的作业水平有直接关系，当盾构操作手熟练程度较高时，能够很好地按照"勤纠偏、小纠偏"的原则进行掘进，否则不能正确实施这一原则，当这种情况出现后，大纠偏将造成施工引起的较大超挖，不仅会造成地面沉降增加，而且会使盾构区间所使用的楔形环管片用量加大。在砂层、砂卵石层、局部软弱地层以及通过重要建（构）筑物及危旧建筑时施工时应特别注意盾构掘进的操作。

（6）保证拼装质量，减小管片变形。隧道管片的变形量与管片拼装的质量有紧密联系。所以在施工过程中，一定要强化拼装施工的管理，保证一次紧固结实，在每环掘进过程中，还应适时对螺栓进行二次紧固。

2.停机前及停机期间的地表沉降控制措施

施工期间，盾构机可能因为各种原因需要停止施工，为控制停机期间的地表沉降，必须采取一定的措施。

（1）停机前采取措施。在盾构机停机前，为加强开挖面的气密性，减少因土仓内漏气而造成的土压力降低，必须对开挖面进行改良处理。采取相应的维持土压力措施，在停机前建立的土压应比正常工作时高，以保证停机期间的土压力。另外，为保证壁后注浆充填密实，在最后一环施工时必须保证注浆用量，在推进完成后，应维持注浆压力在设定压力1 h以上，以确保注浆有效。

（2）停机期间采取措施。停机期间，土压力会随时间的推移而降低，因此，必须有专职人员对盾构机前方的土压力值进行记录，保证土压力在计算土压力以上；当土压力低于计算值时可将盾构机少量前进重新建立土压力，但推进过程中必须进行注浆，或者向土仓内注入膨润土浆液。这两种方法各有优缺点，前者实施较复杂，而土压维持更有效；后者较易实施，但建立的土压力较易再次消散。因此，可根据实际需要选择不同的方案，进行土压力的恢复。一般长时间停机可采取前者，而短时间停机则应当优先选择后者。

另外，长时间停机在许多方面对盾构法施工是不利的，过长时间的停机将造成很大的危害。因此，施工中应尽量避免长时间停机，合理安排工期，保证施工连续。

第三节　盾构隧道壁后注浆技术

一、注浆方式的选择

根据壁后注浆的注入时期，注浆方式主要分为以下两种。

（一）即时注浆

即时注浆是指盾构掘进一环结束，立即对脱离盾尾的管片环进行壁后注浆的注浆方式（图 2-12）。

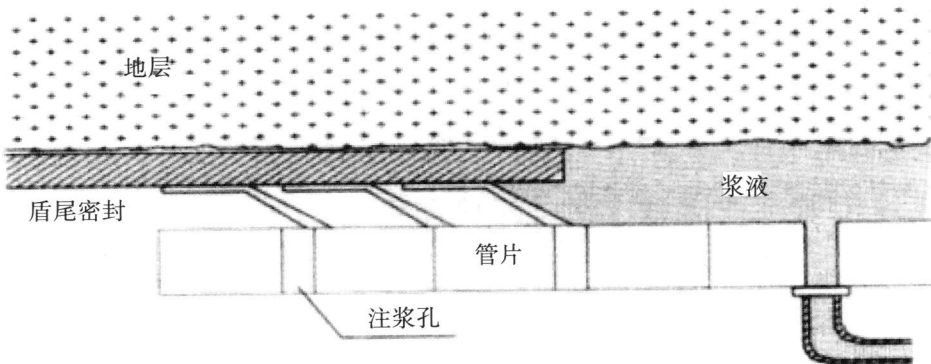

图 2-12　即时注浆原理

（二）同步注浆

在盾构推进过程中，保持一定压力（综合考虑注入量）不间断地从盾尾直接向壁后注浆；当盾构推进结束时，停止注浆。这种方法是在环形空隙形成的同时用浆液将其填充的注浆方式，如图2-13所示。

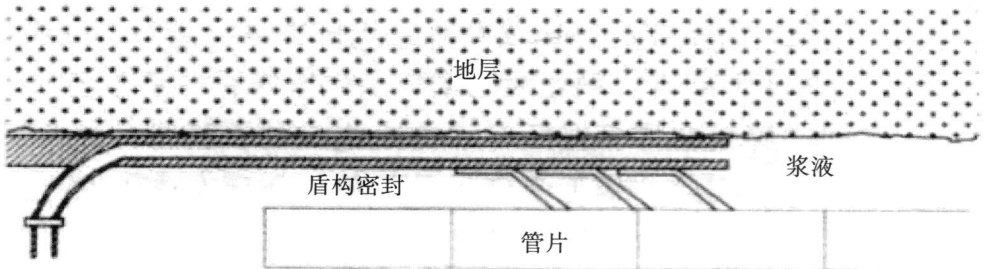

图2-13 同步注浆原理

选择合理的注浆方式需要综合考虑多方面的因素，主要包括地质条件、注浆机理、作业效率、注浆效果等。

地铁盾构试验段工程穿越的地层总体上可分为三段：黏质粉土、粉质黏土层段；粉细砂、沙砾层及卵石层段；粉土层及砂质地层段。区间隧道全部处于潜水位以下。在该施工地区，粉质黏土、黏质粉土段地层稳定性较好，其余两地质段在受扰动时均易坍塌，需要在环行间隙形成的同时对其进行填充注浆。结合该施工地区的地质特点分析，选择同步注浆方式较即时注浆方式更为合理。此外，在注浆机理、作业效率及注浆效果方面，同步注浆均优于即时注浆。因此，地铁盾构试验段工程盾构隧道的施工采取同步注浆方式。

二、注浆材料和配比的选择

（一）注浆材料应具备的基本性能

根据该施工地区的地质条件、工程特点以及现有盾构机的型式，浆液应具备以下性能：

（1）具有良好的长期稳定性及流动性，并能保证适当的初凝时间，以适应盾构施工以及远距离输送的要求；

（2）具有良好的充填性能；

（3）在满足注浆施工的前提下，尽可能早地获得高于地层的早期强度；

（4）浆液在地下水环境中，不易产生稀释现象；

（5）浆液固结后体积收缩小，泌水率小；

（6）原料来源丰富、经济，施工管理方便，并能满足施工自动化技术要求；

（7）浆液无公害，价格便宜。

（二）注浆材料

首先结合现场条件和盾构机自身注浆系统的配置，确定采用单液浆进行壁后注浆，然后初步选取两种单液浆组成以便进行对比优选。

（1）以水泥、粉煤灰为主剂的常规单液浆。成分包括水泥、粉煤灰、细砂、膨润土（钠土）和水。

（2）以生石灰、粉煤灰为主剂的性浆液。成分包括生石灰、粉煤灰、细砂、膨润土（钠土）和水。

浆液组成（1）以水泥作为提供浆液固结强度和调节浆液凝结时间的材料，浆液组成（2）以粉煤灰作为提供浆液固结强度和调节浆液凝结时间的材料。粉煤灰可以改善浆液的和易性（流动性）。生石灰能增加浆液的黏度，并有一定的固结作用。膨润土用以减缓浆液的材料分离，降低泌水率，还具有一定的防渗作用。砂在两种浆液中都作为填充料。

（三）浆液配比及性能测试

在确定浆液配比时，先根据相关资料，确定了两种浆液的各种材料的基本用量，然后结合浆液站调试，每种配比生产一定方量，并对浆液性能进行相关的性能测试，从而对配比单进行筛选，保留能够生产出合格浆液的配比，以便今后用于施工。按测试配比拌制出的浆液送到实验室进行主要性能指标的测试。

与水泥浆液相比，以生石灰、粉煤灰为主剂的浆液的凝结时间较长，为 10~12 h。考虑盾构掘进过程中一些不可避免的停机（如管片拼装、连接电缆、风管、机器维护保养、盾构机临时机、电故障等），若浆液的初凝时间较短，则加大了停机期间发生堵管的可能性，增加了额外的清洗工作，并影响盾构的继续掘进。因此，浆液合理的初凝时间应与盾构掘进施工一个工班的时间接近，这样可以在每班结束时再安排浆液输送管路的清理工作，既不影响盾构连续施工，又保证能及时清理管路，避免堵管现象的发生，因此选用惰性浆液更为可靠。

惰性浆液在主要成分加量不变的情况下，只需调节添加剂的加量就能有效地控制、调节浆液的性能。在施工过程中，可以比较方便地对浆液的性能进行调整，以适应不同地层、不同掘进进度对浆液性能的要求，如图 2-14、图 2-15、图 2-16 所示。

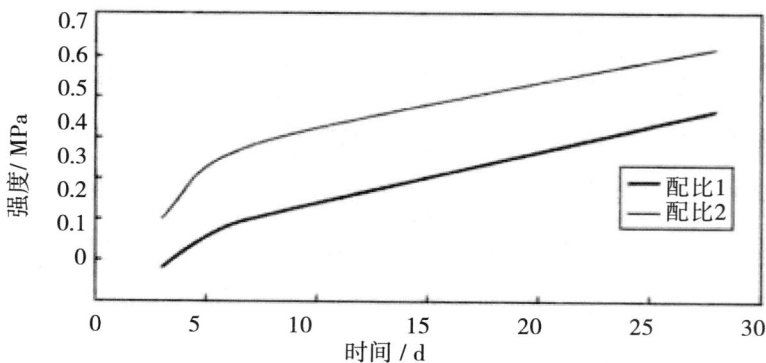

图 2-14　石灰配比强度 – 时间曲线

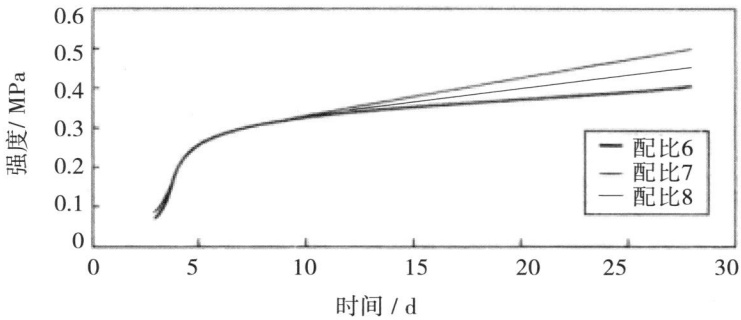

图 2-15　水泥配比强度 – 时间曲线

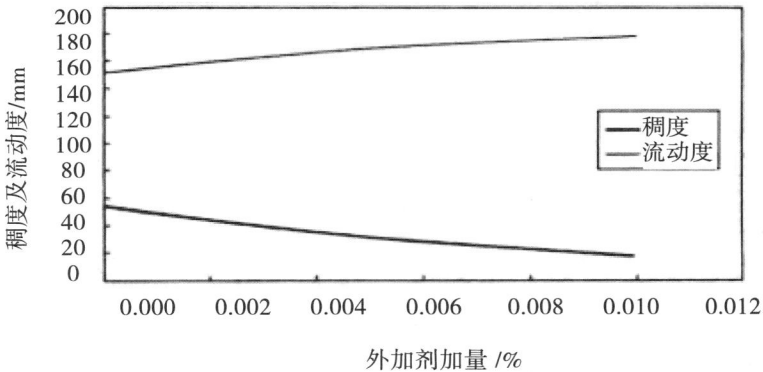

图 2-16　稠度、流动度 – 外加剂加量曲线

通过上面的分析比较，最终选定采用以生石灰、粉煤灰为主剂的惰性液浆作为盾构施工壁后注浆的材料。

三、注浆工艺参数的确定

（一）注浆量的计算

壁后注浆量 Q，通常可按下式估算：

$$Q=Va \qquad （2-10）$$

式中：V——理论空隙量；

a——注入率。

采用的土压平衡盾构机刀盘直径为 6.20 m，而预制钢筋混凝土管片外径为 6.0 m，则理论上每掘进一环，盾构掘削土体形成的空间与管片外壁之间的空隙的理论体积为

$$V=0.25 \times \pi \times (6.2^2-6^2) \times 1.2=2.298 \ \text{m}^3$$

注入率 a 的主要影响因素包括注入压力决定的压密系数 a_1、土质系数 a_2、施工损耗系数 a_3 和超挖系数 a_4。

则
$$a=1+a_1+a_2+a_3+a_4$$

每环实际注浆量可根据地层和施工损耗等情况选取相应的注入率。

（二）注浆压力的确定

该地铁工程土压平衡盾构机在盾尾处设有四个浆液注入点，盾尾同步注浆的压力因浆液注入点位置的不同而不同。盾尾四个注浆点的位置和相互关系如图 2-17 所示（图中尺寸仅为示意）。

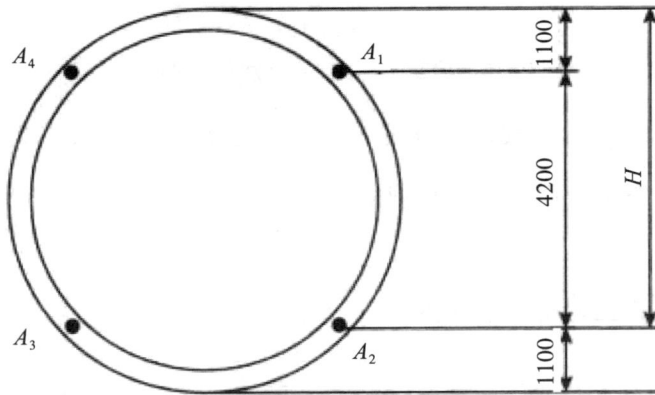

图 2-17　盾尾注浆点的位置关系（单位：cm）

经计算得出盾构拱顶水土压力，管道中的压力损失在盾构机厂内组装时已测定，则 A_1、A_4 点处注浆压力理论计算值为

注浆压力理论计算值＝拱顶水土压力＋管道中的压力损失

最大注入压力为

最大注入压力＝（拱顶水土压力＋管道中的压力损失）×1.25

最小注入压力为

最小注入压力＝（拱顶水土压力＋管道中的压力损失）×0.75

A_2 和 A_3 点处注浆压力理论计算值为

注浆压力理论计算值＝拱顶水土压力＋管道中的压力损失＋侧压力系数×$\gamma'\times H+\gamma_{水}\times H$（$\gamma'$——水的容重，$\gamma_{水}$=9.8 KN/m³）

则最大注入压力为

最大注入压力＝（拱顶水土压力＋管道中的压力损失＋侧压力系数 ×$\gamma'\times H+\gamma_{水}\times H$）×1.25

最小注入压力为

最小注入压力＝（拱顶水土压力＋管道中的压力损失＋侧压力系数 ×$\gamma'\times H+\gamma_{水}\times H$）×0.75

实际操作过程中，可根据以上理论计算所得结果分别设定 A_1、A_2、A_3、A_4 点的注浆压力。

（三）注浆量和注浆压力的控制

壁后注浆的注入量受浆液向土体中的渗透、泄漏损失（浆液流到注入区域之外）、小曲率半径施工、超挖、壁后注浆所用浆液的种类等多种因素的影响。虽然这些因素的影响程度尚在探索，但控制注入量多少的基本原则是不变的，就是要保证有足够的浆液能很好地填充管片与地层之间的空隙。

一般每环浆液注入量为 3~4 m，施工中如果发现注入量持续增多时，必须检查超挖、漏失等因素。而注入量低于预定注入量时，可以考虑是注入浆液的配比、注入时期、盾构推进速度过快或出现故障所致，必须认真检查，以便采取相应的措施。

注入压力要考虑不同地层的多种情况，注入压力一般是 2~4 bar（1 bar=0.1 MPa），由于考虑在砂质或砂卵石地层中浆液的扩散，所以注入压力要比在黏土中的注入压力小一些。

在壁后注浆施工中，为控制注浆效果和质量，应对注入压力和注入量这两个参数进行严格控制，采取的是以设定注入压力为主、兼顾注入量的方法。

四、盾构壁后注浆技术的应用

（一）注浆设备

1. 浆液站

为配合地铁盾构试验段土压平衡盾构机掘进施工，盾构公司从国外引进浆液搅拌及泵送系统。该系统由搅拌和泵送两大部分组成，其中搅拌系统、泵送系统由德国引进，储料罐等钢结构件由国内配套加工制作。搅拌系统的连续生产能力可达到 10 m/h，泵送系统的最长水平泵送距离可达到 1 km，可以满足盾构施工对浆液生产和输送的要求。

搅拌系统由砂料储料、计量及上料装置，3 种各自独立的干粉料的储料、计量及上料装置，水和 1 种液体添加剂的储料、计量及上料装置，还有搅拌机和控制室等组成。该系统的最大优点是采用了连续式计量装置，可以实现连续生产；控制系统采用了可靠性较高的 PLC 控制系统，可以实现自动、手动两种功能，并具有自动采集、存储、打印数据的功能。此外，在两种采用散装罐车加料的储料罐上安装了除尘装置，具有较好的环保性能。

泵送系统由动力包、搅拌罐和柱塞泵等组成，该系统采用的是液压驱动，具有体积小、可靠性高的优点。泵送系统可以单独控制，也可以在搅拌站控制室进行联动控制。

2. 盾尾注浆系统

盾尾注浆系统包括储浆罐、注浆泵和控制面板三部分。储浆罐容积为 5 m，可容纳盾构掘进 1 环注浆所需的浆液。储浆罐带有搅拌轴和叶片，注浆过程中可以对浆液不停地搅拌，保证浆液的流动性，减少材料分离现象。配套设置的 2 台注浆泵，可以同时对 4 个加注口实施同步注浆。该套系统具有自动、手动两种功能，可以根据要求在盾构机控制室内对盾尾注浆的最大和最小压力进行设定，从而实现对注浆量的控制。由于在系统的相应部位安装了传感器和压力表，在控制面板上可显示盾尾的注浆压力、泵的工作压力及注浆泵的冲程数等参数，以方便对注浆泵的操作、控制。

（二）地铁盾构试验段壁后注浆工艺

1. 前 60 m 始发阶段

由于现场条件的限制，此阶段盾构后配套台车位于地表，浆液由浆液站拌制好后直接通过地表管路泵入后配套台车的注浆罐中，再经泵送至盾尾浆液注入点注入地层。盾尾注浆压力设定为 3.0~3.5 bar，采用盾尾上方 A_1、A_2 两点注入。

在此段盾构施工过程中，盾构掘进出土时进行同步注浆，以控制注浆压力为主兼顾注浆量，如图 2-18 所示。由于施工条件所限，盾构每掘进一次只能出土一斗。土斗装满土后需返回竖井口，将土斗吊出倒空再放回平板车上，开至螺旋输送机口下继续掘进下一斗土。在等待土斗的这段时间内，如果注浆压力在掘进结束时未达到要求，那么应持续注浆，直到注浆压力达到要求为止。在拼装管片时应停止注浆，以免拼装时千斤顶部分松开时注浆会造成管片移位、变形。每天在掘进当天最后一斗土时，应将注浆罐中残余的砂浆放掉，由浆液站重新拌制一定方量的膨润土液打入注浆罐，在掘进最后一斗土的过程中用注浆泵泵送，这样从地表台车到盾尾的胶管内以及盾尾注浆管路内即充满了膨润土液，原管路内存留的砂浆被膨润土液挤入地层。停机后，清洗注浆罐、注浆泵，盾尾则在停机 6~7 h 后再用高压清洗设备清洗。通过采用这种方式注浆，避免了停机造成注浆管路和盾尾堵塞，也减少了清洗管路的工作量，保证施工能够连续进行。在此段施工过程中，一方面由于浆液泵送距离较短，另一方面由于采取的注浆工艺比较合理，在施工过程中基本未出现堵管现象。

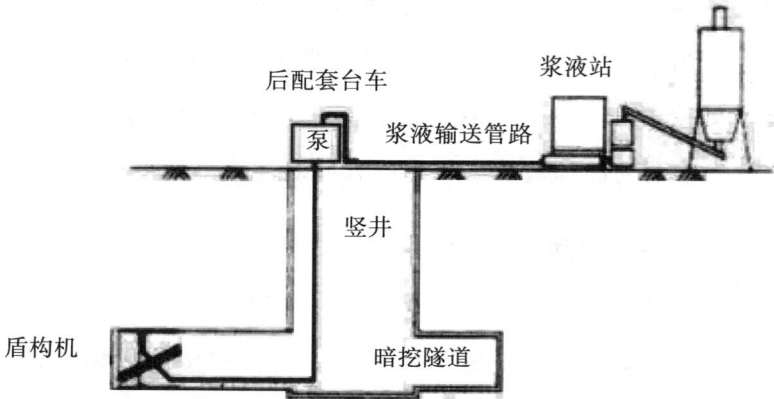

图 2-18　前 60 m 始发阶段同步注浆

2.60~150 m 正常段施工

盾构掘进 60 m 后，盾构后配套台车全部下入隧道，注浆泵与盾尾之间的注浆胶管缩短，但浆液站至注浆罐的浆液输送管路随盾构的推进不断延长，浆液输送阻力日渐增大；同时浆液在输送管路中停留的时间较长，浆液中砂沉积较多，堵管现象逐渐出现，经常出现在管路中的变径处。此时采取的注浆工艺和前 60 m 相同，只是由于盾构推进进度较快，为保证施工进度，常常等不及拌制膨润土液，造成管路清洗工作量加大。盾构掘进 100~150 m 时，浆液罐车暂时未加工完毕，仍采用管路将浆液从浆液站泵送至隧道内盾构后配套台车上的注浆罐中的方式。由于管路较长，浆液较稠，泵送阻力很大。同时由于要降低成本，将浆液配制材料中的钠土改为了钙土，在不加外加剂的条件下，拌制的浆液流动性不好，浆液易发生固液分离现象，砂沉淀较快，造成管路极易堵塞，稍不及时清理就会造成清洗极度困难，有时甚至停机 10 多个小时来清洗管路。此时，可一方面尝试添加适当的添加剂来改善钙土的性能，保证拌制出的浆液的流动性和减少浆液的材料分离，利于泵送；另一方面采取特殊的泵送方式来减少堵管。盾构掘进 60 ~ 150 m 同步注浆示意图如图 2-19 所示。

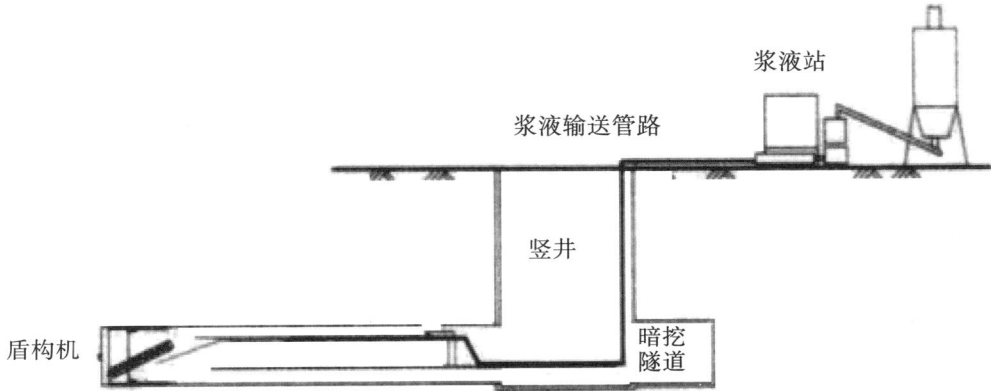

图 2-19　盾构掘进 60~150 m 同步注浆示意图

　　每环开始推进前，先拌制足够一环使用的砂浆打入注浆罐。当开始掘进后，随着砂浆的消耗不断向注浆罐内补充砂浆，即让浆液站基本不间断泵送浆液，保持浆液在管路中处于流动状态。这样在一环掘进结束时，注浆罐内仍还有够一环使用的砂浆。从拼装本环管片到下一环掘进结束这一段时间，浆液站不需再泵送浆液，可以用清洗球和清水进行清洗管路的工作，及时疏通浆液泵送管路，减少堵管的可能。这种方法具有较好的使用效果，即使泵送较稠的浆液，堵管的次数也大大减少，保证了施工的连续性。

　　3.150 m 后的施工

　　盾构掘进 150 m 以后，浆液罐车加工完毕运至现场投入使用，基本解决了堵管问题，施工进度得到保障。此时盾构机逐渐进入砂层，浆液配比进行了调整，以保证注入的砂浆既能充分充填管片与地层之间的空隙，又不至于流失太大。这段时间内有时会在注浆泵与注浆胶管之间的变径处出现堵塞，但一般都能及时排除。此时已开始24 h不间断施工，停机时间很少，基本不再采用最后注入膨润土的方式，只是进行正常的清洗，盾尾在周末停机以后再用高压清洗机清洗，盾构掘进150 m后同步注浆示意图如图2-20所示。

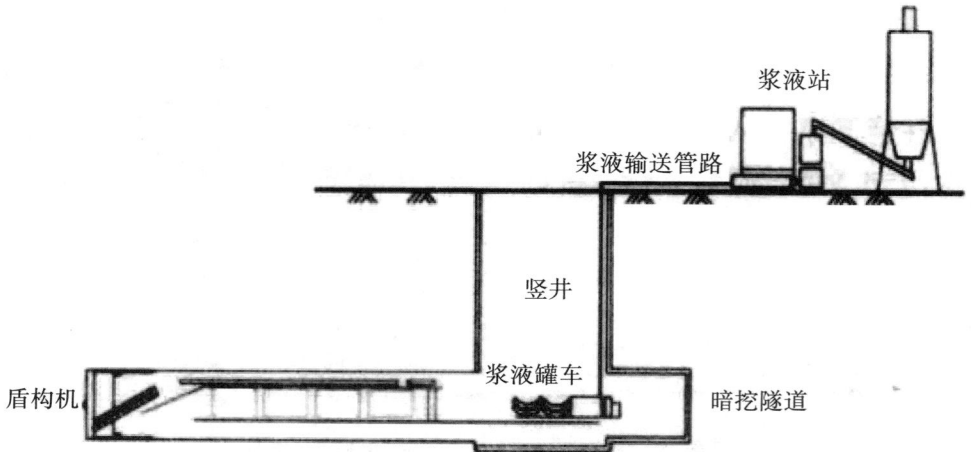

图 2-20　盾构掘进 150 m 后同步注浆示意图

（三）注浆质量控制

1.浆液搅拌

制浆时的注意事项：

（1）对于制浆材料要把好质量关，选用供货质量稳定的供货商。拌制浆液时，不能投入固结的生石灰和膨润土，砂料应是粒径2~4 mm的细砂，含泥量不能超过标准，不得混有杂物和大粒径石子。

（2）浆液搅拌要充分，拌和要连续，不能间断。

（3）定期检查计量系统，保证按配比生产浆液。

（4）根据拌制的第一罐浆液的性能指标，合理调整各骨料和水的加量，保证浆液的性能最终满足要求。

（5）按规定对设备进行日常维护保养，使设备经常处于良好的工作状态。冬季施工，要对浆液搅拌站的关键部位做好保温工作。

（6）缩短供货周期，尽量缩短原料在施工现场的存放时间，减少材料的板结现象；如用含水量较大的细砂，应相应地调节水的加量。

2．浆液运输及注入

浆液运输及注入过程中的注意事项：

（1）若浆液运输距离较长，直接泵送至盾构机浆液罐内容易发生堵管现象，应采用浆液罐车运输，缩短泵送距离，减少堵管现象的发生。

（2）在浆液站向罐车内泵送浆液的过程中，应保证罐车在连续搅拌，防止浆液离析；浆液运送到后配台车后，应及时泵入储浆罐中，由储浆罐继续进行搅拌。

（3）罐车泵送完浆液后，及时进行清洗。

（4）检查从注入孔到泵的输浆管接头的好坏。

（5）注意观察注入压力、注入量。

（6）定期清理注浆管及注浆孔。

第四节　盾构渣土改良技术

一、常见渣土改良难题

结泥饼：这类问题易发生在黏土矿物含量高的土层和风化岩层。盾构渣土一旦饼化，轻则导致盾构推力和扭矩增大，掘进效率降低；重则导致刀盘开口闭塞，刀具偏磨，土仓进排土不畅，盾构被迫停机开仓去除泥饼，更换刀具。为了控制渣土饼化，工程师提出了多种应对措施，如优化刀盘开口布置和刀具配置，采用高压水冲刷刀盘上的泥饼；甚至有学者提出采用电渗法使土颗粒电荷极化，避免渣土黏附刀盘刀具。虽然这些方法发挥了一定作用，但仍然无法有效解决黏性地层盾构长距离掘进情况下刀盘刀具结泥饼的难题。

喷涌：这类问题易出现在高水压强渗透性粗颗粒土地层。螺旋输送机严重喷涌会导致出渣速率难以有效控制，土仓内压力急剧降低，进而引发地层变形过大甚至开挖面失稳。螺旋输送机轻度喷涌虽然不至于威胁地层稳定性，但是频繁地喷涌致使泥水喷射在隧道内，影响施工环境，导致设备污渍不堪，为避免拼装接缝止水效果不佳，需用水冲刷管片，严重影响施工效率，给施工人员带来极大困扰。为了防止喷涌，技术人员现场尝试对螺旋输送机进行改造，如在螺旋输送机出口安装保压泵，在螺旋输送机进口安装双闸门，采用二级螺旋输送机等。这些措施一定程度上缓解了喷涌难题。然而，保压泵的使用会影响盾构出渣效率，双闸门是为了防止喷涌而关上闸门停止盾构掘进，它们均属于应急措施，无法适用于常态盾构掘进。二级螺旋输送机可以在一定程度上降低螺旋输送机内渣土水力梯度，但由于盾构机内空间有限，往往无法安装二级螺旋输送机。

磨损：这类问题易出现在石英含量高的粗颗粒土地层，尤以风化花岗岩和砂卵石等地层为典型。刀具磨损轻则会直接导致盾构掘进效率降低，重则迫使盾构停机换刀。停机换刀少则需要一个星期，多则由于地层降水或加固等措施需要一两个月才能完成，严重影响现场施工进度。此外，由于停机开仓换刀而引发地层失稳的工程事故屡见不鲜。为了降低刀具磨损，除了渣土改良外，可从两方面采取技术措施：①采用耐磨性更强的刀具材料，多以硬质合金为主，硬质合金随着含碳量增加，耐磨性增强，然而过高的含碳量会导致硬质合金延展性降低，盾构刀具易崩裂；②采用土仓辅助气压和欠压模式，减少刀具与渣土的接触面积，降低刀具与渣土之间的摩擦，然而当辅助气压和欠压模式用于孤石爆破预处理地层和近距离穿越建（构）

筑物时，仍面临土仓漏压致使地层失稳等重大风险。因此，以上两种措施均有一定的局限性，而渣土改良不失为降低刀具磨损的一项重要辅助措施。

除了刀盘刀具结泥饼、螺旋输送机喷涌和刀具磨损三类主要问题外，渣土改良不佳还会引发盾构土仓闭塞、出土不畅、土仓压力波动大等问题。盾构机的顺利掘进往往"诉求"于渣土改良，通过向刀盘前方、土仓和螺旋输送机内注入改良剂使渣土达到良好的状态，可防止黏性渣土饼化、富水强渗透性地层发生喷涌和石英含量高地层刀具严重磨损等诸多问题。

二、渣土改良剂类型

（一）水

渣土含水率对其自身性质影响极大，其改良作用主要表现在以下几个方面：①对于粗粒土及岩质地层，通过向盾构刀盘及土仓内注水，可以减小刀具的磨损，降低刀具、刀盘和渣土温度，同时能够改善渣土的流动性；②对于黏性土地层，通过向盾构刀盘及土仓内注水，不仅能改变渣土的塑流状态，便于盾构出渣，还可以降低其黏附性，防止渣土附着于刀盘或土仓隔板；③通过向刀盘和土仓内注水，使渣土具有合适的含水率，进而配合其他改良剂对渣土进行联合改良，达到最佳改良效果，如当渣土含有适量的水分时才能注入泡沫，否则泡沫极易破灭，难以达到理想的改良效果。

（二）泡沫剂

泡沫剂能降低水的表面张力，通过与加压空气混合产生大量均匀而又稳定的泡沫。泡沫剂成分包括表面活性剂、稳泡剂等。表面活性剂分子中含有亲水基和憎水基两个部分，在溶液中趋向集中在液体和气体的分界面，形成薄分子膜，从而降低液体表面张力，使溶液具有发泡功能。稳泡剂的主要作用是降低泡沫的消散性。根据作用效果，泡沫剂可以分为通用型泡沫剂和分散型泡沫剂。通用型泡沫剂主要用于黏性低的地层，分散型泡沫剂主要用于黏性较大的地层。将泡沫剂按一定浓度配制成溶液，通过发泡装置产生大量的泡沫，生成的泡沫与渣土混合后即可改善渣土性能。泡沫对渣土的改良作用主要表现在以下几个方面：①泡沫注入渣土后，能起到润滑作用，可以显著降低渣土的内摩擦角，提高渣土的塑流性，使盾构排土顺畅，便于有效地建立土仓压力平衡开挖面，同时能够减小盾构能耗；②由于泡沫填充于土颗粒间孔隙，可以显著提高改良渣土的抗渗性；③经泡沫改良后的渣土可在土仓内形成一个缓冲垫层，类似于一块不透水但具有可压缩性的"海绵垫"，能提高渣土的压缩性，当掌子面压力发生突然变化时，盾构机相应的敏感度降低，起到缓冲作用，有利于保持开挖面的稳定；④分散型泡沫剂还可以使微粒间的黏合力降低，从而防止渣土絮凝或附聚的发生，降低刀盘、土仓等结泥饼现象的发生概率。

（三）分散剂

分散剂是指使物质分散于水等介质中而形成胶体溶液的物质，主要作用是使微粒间的黏合力降低，防止絮凝或附聚的发生。分散剂一般分为无机分散剂和有机分散剂两大类。常用的无机分散剂有硅酸盐类和碱金属磷酸盐类（如三聚磷酸钠、六偏磷酸钠和焦磷酸钠等），有机分散剂包括纤维素衍生物、聚羧酸盐类、古尔胶等。目前，盾构渣土改良常用的分散剂包括纤维素衍生物、聚羧酸盐等。分散剂可以减弱黏土颗粒间的连接，释放黏土颗粒间的结合水，从而减小黏性渣土的黏附性，降低盾构发生结泥饼现象的概率。

（四）黏土矿物

黏土矿物主要指以天然黏土矿物作为主要成分的改良剂。该类改良剂通过增加土体的细颗粒土含量，减小土颗粒间的内摩擦角，并产生一定的黏聚力，从而增加土颗粒的塑流性，提高其抗渗性。目前常用的黏土矿物类改良剂主要是膨润土。膨润土是以蒙脱石为主要成分的非金属黏土类矿物，蒙脱石具有很强的吸附功能，使得膨润土具有很强的膨胀能力。从微观结构来看，膨润土是粒径小于 2 μm 的无机质，当膨润土中 Na^+ 或 Ca^{2+} 含量占其可交换阳离子总量的 50% 以上时，分别称之为钠基膨润土或钙基膨润土。其中钠基膨润土的吸水率和膨胀倍数更大，阳离子交换容量更高，水分散性更好，其胶体悬浮液的触变性、黏度、润滑性、热稳定性等都更好。

膨润土水化后形成不透水的可塑性胶体，同时挤占与之接触的土颗粒之间的孔隙，形成致密的不透水层，从而达到降低渗透性的目的。膨润土对渣土的改良作用主要表现在以下几个方面：①在土仓内及刀盘前方注入的膨润土泥浆，在土仓压力作用下会向开挖面地层进行渗透，泥浆中细小的颗粒在渗透过程中会在开挖面前方形成由胶结和固结膨润土组成的"滤饼"或"泥膜"，形成了一层低渗透性的薄膜，达到正水的目的，从而确保了开挖面前方的稳定性，控制了地表沉降；②膨润土泥浆在土仓内与开挖下来的渣土混合，增加了渣土内部细粒的含量，提高了渣土的抗渗性；③由于膨润土泥浆具有一定的黏性，混合在渣土内会使其产生一定的黏聚力，提高了渣土的和易性，便于渣土的排出。

（五）絮凝剂

絮凝剂是能使悬浮在溶液中的微细粒级和亚微细粒级固体物质通过桥联作用形成大的松散絮团，从而实现固－液分离的药剂。盾构渣土改良领域最常用的絮凝剂有聚丙烯酰胺（PAM）、羧甲基纤维素（CMC）、聚阴离子纤维素（PAC）等。絮凝剂主要针对富水地层的渣土改良，当地层渗透性较大时，螺旋输送机口处极易发生喷涌，通过向土仓和螺旋输送机内注入絮凝剂，可以将渣土内颗粒聚团，改善渣土的塑流性状，便于在螺旋输送机内形成"土塞"以达到止水的目的。另外，当地层中的孔隙较大时，单独采用膨润土或絮凝剂难以取得理想的改良效果，可考虑同时添加絮凝剂和膨润土，两者反应后生成更大的絮状物填充渣土孔隙，从而达到止水的效果。

三、渣土改良评价指标及确定方法

为了测定渣土改良是否满足掘进需求，需要明确评价指标，开展试验对渣土改良效果进行评价。本书将从渣土的塑流性、渗透性、磨损性、黏附性和掘进参数五个方面阐述渣土的评价指标和评价方法。

（一）塑流性评价

1. 坍落度试验

坍落度试验原本为测试新搅混凝土和易性的重要手段，近年来，国内外众多学者将此方法引入盾构渣土改良领域，用坍落度值评价改良渣土的塑流性。

除了室内物理试验外，Azimi 将改良渣土视作宾汉姆流体，对坍落度试验进行数值模拟，通过对改良渣土进行形态分析，采用概化模型计算改良渣土的屈服应力，以此评价渣土的流塑性。

尽管坍落度试验已经广泛应用于渣土塑流性评价，但是理想渣土的坍落度范围值尚未统一，且差别较大。这主要是因为理想渣土状态受地层类型、土仓压力、掘进模式等因素影响，如当盾构采用满仓模式掘进时，其理想渣土状态与半仓模式掘进时的理想渣土状态就可能差别较大；另外，坍落度试验也有一定的局限性，如要求试验土样的最大粒径不超过 40 mm。此外，在运用坍落度试验评价渣土塑流性时，具有一定的主观性，如需要观察试验渣土是否析水、析泡沫，渣土与改良剂是否混合均匀等。

2. 黏稠指数评价

一般来说，用黏稠指数来表征黏土的黏稠状态，进而评价其塑流性，黏稠指数按照式（2-11）计算：

$$I_c = \frac{W_L - W}{W_L - W_P} \tag{2-11}$$

式中：I_c——黏稠指数；

　　　W_L——土样的液限；

　　　W——土样的含水率；

　　　W_P——土样的塑限。

一般认为，黏土的黏稠指数需控制在 0.40~0.75，相应地，不排水抗剪强度为 10~25 kPa。稠度指数在此区间的渣土具有较好的塑流性，能够较好地满足盾构排土的要求。

3. 流动度试验

李培楠等和 Oliveira 等应用水泥胶砂流动度测定仪评价粗细颗粒混合的黏性渣土塑流性。该仪器由锥形筒和可以上下振动的玻璃底板组成，根据《水泥胶砂流动度测定方法》（GB/T 2419—2005）规定，将土样分层填满锥形筒后将筒提起，然后将玻璃板上下振动 25 次，测定试样的上表面直径，依此评价渣土的塑流性。Oliveira 等提出在提起锥形筒后首先测定试样上表面的直径 m，然后将玻璃板上下振动 40 次，再次测定试样上表面直径 m_{40}，由式（2-12）计算得到 F_{40} 以评价渣土的塑流性，即

$$F_{40} = (m_{40} - m_0)/m_0 \tag{2-12}$$

式中：F_{40}——玻璃板上下振动 40 次后试样直径变化率；

　　　m_0——试验初始上表面直径；

　　　m_{40}——玻璃板上下振动 40 次后试样上表面直径。

4. 稠度试验

Langmaack 和李培楠等提出通过稠度试验评价渣土的塑流性。试验

仪器主要由带滑杆的圆锥体 [（高 145 mm，锥底直径为 75 mm，质量为（300±2）g）] 和圆锥形金属筒容器组成。将搅拌均匀的渣土装入试验容器内，至距容器上口约 1 cm 时按测试规定测试土样，然后使圆锥体自砂浆表面中心处自由下沉，经 10 s 后测读下降距离，即为该砂浆的稠度值，又称为沉入度，依此评价渣土的塑流性。

5. 搅拌试验

为了研究土与泡沫的混合情况，Quebaud 等和刘大鹏在室内砂浆搅拌机的基础上增加了功率表，当搅拌机转动搅拌渣土时，功率表可实时测定搅拌渣土所消耗的能量。通过记录小型搅拌机搅拌消耗的能量，对比有无添加改良剂情况下的渣土能耗，即可得到渣土的流动性评价指标——能量消耗减小量 G_p，从而评价泡沫改良土的塑流性。

综上所述，评价渣土塑流性的方法主要有坍落度评价法、黏稠指数评价法、流动度评价法、稠度评价法和搅拌试验评价法。其中坍落度评价法试验简便，在建筑材料领域已有较为完备的应用基础，可为渣土塑流性的评价提供借鉴，但对于渣土坍落度的合理范围仍然没有定论，同时该试验要求土颗粒最大不能超过 40 mm；黏稠指数评价法通过分析渣土的界限含水率和自然含水率得到黏稠指数，评价渣土的塑流性，简单易行，但仅适用于粒径小于 0.5 mm 的黏性渣土；流动度评价法借用水泥砂浆的测试方法，测量渣土在振动规定次数后的扩展率，相比于坍落度试验可更好地测定黏性渣土的流动性；稠度评价法通过测量标准圆锥体在渣土中的沉入量来表征渣土的塑流性，试验操作比较简单，直接以圆锥下沉量表示渣土的流动性，但不能进行粗粒渣土的稠度测试；搅拌试验评价法通过测定搅动改良土时的扭矩，评价改良土塑流性，由于其采用电动机械测量渣土的流动性，减小了测量误差，结果更加准确，但试验设备比较复杂，需要专门定制，目前尚未形成标准，难以在施工现场推广应用。

（二）渗透性评价

为了防止螺旋输送机喷涌、开挖面失稳等问题，盾构土仓内的渣土需要具有较好的止水性。将泡沫等改良剂注入粗颗粒地层中，能够有效填充渣土内孔隙，切断水的渗透通道，减小渣土的渗透性。渗透试验是测定渣土渗透性最直接的方法。为了满足盾构掘进的需要，国内外众多学者对改良渣土的渗透性提出了要求。渣土改良目标一般是将土的渗透系数至少控制在 10 m/s 以下，由于地下水位、盾构型式等差异，渗透系数取值有一定差别。另外，考虑盾构停机等情况下土仓里渣土滞留时间，渣土渗透系数维持在规定值以下的时间至少需达到 90 min。

测定渣土渗透性的主要仪器是渗透仪，学者们根据测量渣土的最大粒径设计出了不同尺寸的渗透仪，并对各类土在不同改良工况下的渗透性进行了探究，明确了改良土渗透性随改良剂添加量的变化规律。

（三）磨损性评价

当盾构穿越高硬度矿物（如石英等）含量较大的地层时，渣土往往容易对盾构刀具等造成过量的磨损，进而引起掘进效率低下、换刀频繁等工程问题。渣土改良是提高盾构刀具耐磨能力的有效途径之一，SATTM、LCPC、SGAT、SATC 等是目前研究岩石对刀盘刀具磨损性比较经典的试验评价指标，但这类指标的测定往往需要依托大型试验设备。针对此问题，Peila 等和 Kupferle 等分别研制了测定渣土磨损性的小型仪器。采用旋转金属盘或刀具的磨损率 a_0 表征改良渣土的磨蚀性，计算如下：

$$a_0 = \frac{\Delta m}{m} \tag{2-13}$$

式中：Δm——受磨前后刀盘或刀具金属材料的质量变化；

　　　m——刀盘或刀具的原质量。

（四）黏附性评价

在盾构掘进过程中时常需要穿越黏性地层，渣土易黏附在盾构刀盘、刀具等金属材料上，在高温高压下极易在金属材料上形成泥饼，并造成刀具偏磨等问题，严重影响掘进效率。添加改良剂能够显著降低土与金属界面间的黏附强度，进而避免渣土的饼化。目前学界对于渣土黏附性主要有如下几种评价方法。

1. 液塑限试验

通过液限表征土由流动状态转入可塑状态的界限含水率，塑限表征土由可塑状态转变为坚硬状态的界限含水率，结合土的实际含水率，可判定土的黏附性。目前，测定渣土液塑限最常用的仪器是液塑限联合测定仪，该仪器适应于粒径不大于 0.5 mm、有机质含量不大于试样总质量 5% 的渣土。海尔曼（Hollmann）等基于土的界限含水率、实际含水率等提出黏性地层盾构结泥饼风险的评价方法。通过对渣土的液限、塑限和含水率测量，进而计算黏稠指数。

2. 滑动试验

如图 2-21 所示的试验装置，取一定量土样置于金属活动板上，转动缓慢抬高金属板活动端，直至土样开始在金属板上滑动，此时所对应的斜面角度即为该土样所对应的 θ 角。θ 越大，土对金属界面的黏附性越强。

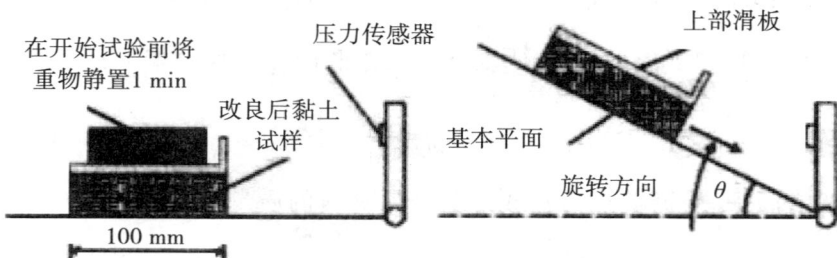

图 2-21 改良土 θ 角测定装置

3. 搅拌黏附试验

将一定土样装于置样器内，将搅拌器伸入试样中搅拌一定时间，最终测定黏附于搅拌器上土的比例，即为土样的黏附率 λ。λ 越大，代表土样的黏附性越强。λ 计算式为

$$\lambda = \frac{G_{\text{MT}}}{G_{\text{TOT}}} \quad\quad\quad (2-14)$$

式中：G_{MT}——黏附在搅拌扇叶上面的土的质量；

　　　G_{TOT}——搅拌土样的总质量。

4. 拉拔试验

刘大鹏通过在桶中装入一定质量的土样，桶上方连接拉力计，竖向拉动拉力计带动桶壁缓缓提升，当桶刚要提起时，记录此时拉力计的示数，依此拉力评价土样的黏附性。该测试方法存在如下两种情况。

（1）忽略桶自身的重力，假设桶内的土将从桶下部滑出，阻止桶内土体下坠的力即为土体与桶内壁间的黏附力。在桶体刚要被提起时，桶体所受拉力计的拉力等于土与桶内壁间的黏附力，则拉力计的示数 F 即为土的黏附力，可以此表征土与侧壁的黏附性。

（2）若桶提起后桶内的土体并不下坠而是依旧黏附于桶内，桶刚要被提起时的拉力与桶提起后拉力间的差值即为土与下平面板之间的抗拔力。

法伊嫩德根（Feinendegen）等提出一种评价黏土黏附性的试验装置，该装置由锥形金属块、试样腔和拉拔系统组成。试验时首先将试样腔内填满渣土，然后将锥形金属块压入土样一段时间，再缓慢提起锥形金属块，以金属块所受拉力和黏附土样质量评价渣土的黏附性。另外，萨斯（Sass）等研制了一套测定黏土—金属界面法向黏附力的装置，该仪器上方的金属块为圆柱体，与 Feinendegen 等设计的仪器试验步骤基本相同，其用拉力评价黏土的黏附性。

5．旋转剪切试验

旋转剪切仪能够测定黏土与金属界面的切向黏附强度。将金属剪切圆盘埋于土样之中，对试样腔施加一定压力，使金属剪切圆盘在一定土压下进行旋转剪切，并记录剪切所需的扭矩 T，按照式（2-15）即可换算为土－金属界面黏附强度：

$$a_{c} = \frac{6T}{\pi D^{3}} \qquad (2-15)$$

式中：a_c——土－金属界面黏附强度；

T——旋转扭矩；

D——圆金属板的直径。

此装置可模拟盾构开挖过程中在不同压力、转速条件下土－金属界面的黏附强度，通过对比改良前后渣土的黏附强度，评价改良剂对土样黏附强度的影响。

综上所述，评价渣土黏附性的试验方法主要有液塑限试验、滑动试验、搅拌黏附试验、拉拔试验和旋转剪切试验。液塑限试验通过测定改良渣土的界限含水率，计算渣土黏稠指数来评价其黏附性，试验简单，方法直观，但常用的数显式联合测定仪仅适用于粒径不大于 0.5 mm、有机质含量不大于试样总质量 5% 的渣土，对于含粗颗粒的黏性渣土不再适用；滑动试验通过测定土样在金属板上开始滑动时金属板的最小倾角来评价土的黏附性，试验方法简单，易于操作，但试验方法不够精确，受环境影响太大，且以滑动角评价渣土的黏附性，并不能直接得到黏附强度；搅拌黏附试验通过测定黏附在搅拌器上渣土的比例衡量其黏附性，指标简单直观，但实际操作中很难保证对土样每一部分进行充分的搅拌黏附，黏附量受搅拌器形状的影响较大，黏附率与本身容器内置土量也有关，且黏附率不能明确反映渣土与金属界面的切向或法向黏附强度；拉拔试验通过对填满土的圆筒进行竖向拉拔，当圆筒与内部的土相对滑动时记录拉拔力，以此评价土的黏附性，操作简单，以拉力表征黏附力比较直观，但试验结果存在多种情况，即桶内的土有可能从桶下部漏出，也有可能一直黏附在桶壁内，因此试验结果能否反映土真实的黏附性需要视情况而定，当土样含水率过高或者过低时，进行拉拔试验时破坏面将有可能位于土样内部，此时测得的将不再是黏附强度，并且试验仅能在大气压环境下进行，不能真实反映渣土在盾构土仓内的受力状态；旋转剪切试验利用金属圆盘在改良土中进行旋转剪切，测定剪切扭矩，评价土的黏附性，能够比较真实地反映土的黏附性能，且能够实现对土的加压剪切，但试验对仪器设备要求较高。

（五）掘进参数评价

渣土改良最终目的是保证盾构安全高效掘进，因此几乎所有渣土改良技术效果最终都要经受盾构掘进参数的"考验"。渣土改良效果的成功与否，将直接影响盾构机的掘进安全、效率和工程造价。在掘进过程中要求螺旋输送机排出的渣土具有较好的塑流性，出土连续且包裹大颗粒。通过采用泡沫、膨润土泥浆、分散剂、絮凝剂及其相互组合体系，改良盾构掘进过程中产生的渣土，通过监测改良前后刀盘扭矩、盾构推力、掘进速度、土仓压力、渣温等掘进参数的变化情况，结合对渣土出渣状态的观察，可合理评价盾构掘进过程中渣土改良效果。此评价方法比较适用于工程现场，能够直接反映改良效果，但由于现场影响因素较多，难以对渣土改良的影响规律进行探讨。

四、改良黏性渣土力学行为

黏性地层中盾构渣土改良的主要作用是防止盾构结泥饼，并保证渣土顺利排出。盾构渣土在进行改良后，其塑流性、液塑性、黏附性和压缩性等将会发生明显的变化，国内外学者对此进行了研究。

（一）塑流性

为确保渣土能够顺利排出，渣土需要具有合适的塑流性，目前评价黏性渣土塑流性的主要方法有坍落度法、黏稠指数法、流动度法和稠度法。由于试验方法简便，坍落度常用于评价渣土的塑流性。已有研究表明，黏性渣土中加入泡沫后，其坍落度值明显增加，即渣土的塑流性增强。叶新宇等对大量坍落度试验数据拟合，进一步指出泡沫改良泥质粉砂岩地层盾构渣土的坍落度值与泡沫注入比和含水率成二次函数关系。由土样液限、塑限和含水率确定的黏稠指数 I_C 也被用于评价渣土的塑流状态。梅德尔（Maidl）等指出当改良后渣土的稠度指数 I_C 为 0.40~0.75 时，渣土的塑流性比较合适，此种状态的渣土能够有效地传递土仓压力，保持掌子面的稳定。作为一种评价水泥砂浆塑流性的仪器，水泥胶砂流动度测定仪也可用于评价黏性渣土塑流性。李培楠等根据《水泥胶砂流动度测定方法》相关规定测定振动 25 次后试样上表面的直径，试验结果表明随着泡沫注入比的增加，振动后渣土的上表面直径越大，渣土的塑流性越好。奥利维瑞（Oliveira）等对水泥胶砂流动度仪的试验方法进行了改进，采用由式（2-12）计算得到的 F 评价渣土的塑流性。对于同一种土样，黏稠指数 I_C 越小（含水率越大），F 越大，但相同黏稠指数的不同土样间，由于黏粒含量不同，F 有一定的差异。由于试验数量有限，且影响因素较多，奥利维瑞未能给出理想渣土的 F 值。李培楠等采用砂浆稠度仪测定渣土的塑流性，结果表明随着分散剂或泡沫添加比的增加，圆锥的插入深度越大，渣土的塑流性越好。

综上可知，目前的研究主要是通过坍落度试验、黏稠指数法、流动度试验和稠度试验等定性对比渣土改良前后塑流性变化，然后根据渣土的理想状态，确定渣土改良参数。但是也存在一定的局限性，如由于缺乏统一的评价渣土塑流性的方法，对理想渣土的评价具有太强的主观性；对改良后渣土塑流性的规律探讨缺乏定量研究，虽然叶新宇等建立了泥质粉砂岩地层渣土的坍落度与含水率、泡沫注入比间的关系式，但是由于此公式中没有以土的物理力学参数作为自变量，显然不能适用于所有黏性渣土。

（二）液塑限

渣土中加入改良剂能够显著改变其液塑限。关于絮凝剂对黏土液塑限的影响，刘朋飞等分别测定了黏土中加入不同质量的絮凝剂后土样液塑限变化，研究表明随着絮凝剂的增加，黏土的液塑限和塑性指数逐渐增加，但是液限的增加量明显大于塑限增加量，因此塑性指数也逐渐增大。由于絮凝剂呈长链状结构，能够将土颗粒连接起来，增加渣土的塑性，进而使渣土的液塑限增加，但是在土样含水率较大时，溶于土样中的絮凝剂量相对较多，絮凝剂的作用效果较强，因此土样的液限增加量大于塑限增加量。由于絮凝剂能够增大渣土的塑性，主要应用于塑性较小的地层，可通过减小渣土的渗透系数，防止渣土从螺旋输送机中挤出或者发生喷涌。另外，絮凝剂还可与黏土矿物混合使用，增大黏土矿物的颗粒，更有利于填充粗颗粒渣土颗粒间的孔隙，增加渣土的抗渗性，有利于盾构保压。

关于泡沫对渣土液塑限的影响，叶新宇等和刘朋飞等分别测定了泥质粉砂岩地层盾构渣土和蒙脱土中加入泡沫后液塑限变化情况，研究表明随着泡沫注入比逐渐增加，土样的液塑限逐渐减小，但总体来说变化不大。这主要是因为泡沫剂的有效成分主要是表面活性剂，经过发泡系统变成泡沫后注入渣土中，一方面，泡沫能够增大渣土的孔隙率；另一方面，泡沫剂中的表面活性剂能够增加颗粒的分散性，因此泡沫能够减小渣土的液塑限。但是由于在黏性较大的地层中泡沫易破灭，且泡沫剂中表面活性剂的含量较低，泡沫对黏性渣土的液塑限影响较小。分散剂是黏性地层最主要的改良剂之一，既可单独使用，又可与泡沫剂混合使用。关于分散剂对渣土液塑限的影响，刘朋飞等研究了不同土样中加入不同类型分散剂后黏土的液塑限变化特征，研究表明随着分散剂含量增加，黏土的液塑限先逐渐减小，然后基本不再变化。这主要是因为分散剂溶于水后的阴离子能够吸附在黏土颗粒的表面，增强黏土颗粒的 Zeta 电位，进一步显著增加颗粒间的排斥力，进而使黏土的分散性增加，将土颗粒周围的部分结合水变成自由水，以致渣土的液塑限减小；但当分散剂的添加比达到一定值后，黏土颗粒表面被分散剂的阴离子占满，此时增加分散剂添加量对黏土颗粒的 Zeta 电位不再产生影响，颗粒间的排斥力也基本不再增强，因此土样的液塑限不再发生变化。

渣土改良的实质就是改变渣土的微细观结构和液体环境，进而改变渣土的性质。关于液体环境对渣土液塑限的影响，一些学者也进行了创造性的工作。有学者研究了土样中介电常数对黏土液塑限的影响，研究表明随着介电常数的增加，钠基和钙基蒙脱土的液限和塑性指数逐渐增大，但钠基蒙脱土的增加量明显大于钙基蒙脱土。

已有的研究表明，当黏土含水量等于液限和塑限时，不排水抗剪强度分别为 1.6~1.7 kPa 和 110~120 kPa，因此液塑限本质是反映土样的抗剪强度。测定不同改良剂对渣土液塑限的影响，可以对比不同改良剂的作用效果，用于现场改良剂的选型和改良参数的确定。然而，此种方法也有一定的局限性，主要是液塑限仅能适用于粒径小于 0.5 mm 的渣土，而对于含有粗颗粒的黏性渣土，此种方法不再适用。

（三）黏附性

为评价黏土与金属界面的黏附性，国内外学者进行了许多创新性的研究。有学者提出将土样放置在倾斜的金属板上测定黏土与金属界面的内摩擦角。还有学者采用类似装置测定了不同改良剂对黏土黏附性的影响，结果表明，加入泡沫和分散剂能够有效地减小黏土对金属界面的黏附性。乔国刚采用类似装置得到了相似的结论。奥利维瑞（Oliveira）等将搅拌过土样的叶片放置在一定高度后，使其自由落下，反复几次后再测定黏附在叶片上的土样质量，其认为叶片落下 7 次后留在其上的黏土质量最能够反映土样的黏附性，并提出黏性理想渣土的黏稠指数为 0.4~0.5，与 Hollmann 等依托现场经验得到的结果相符。

有学者设计了一个旋转剪切装置，测定在一定法向压力和旋转速度下黏土 – 金属界面的黏附强度，研究表明在高岭土和伊利土中加入泡沫或分散剂后，渣土的黏附强度明显减小，钠基蒙脱土中加入泡沫后其黏附强度也会减小，但是当蒙脱土中加入改性聚酸酸盐分散剂后，黏附强度明显增加。传统分散剂在减小渣土黏附强度的同时，也减小了渣土自身的抗剪强度，不利于预防泥饼的形成。该学者提出一种新的渣土改良思路，即保持渣土的抗剪强度不变，同时减小渣土的黏附强度，基于此思路提出了一种新的渣土改良剂。萨斯（Sass）等通过自制的黏附性测定仪研究了粗糙度、金属材料对黏土与金属界面的黏附强度影响，结果表明金属板的材料对黏附性的影响不大，随着粗糙度的增加，黏附强度先增大然后逐渐减小。Basmenj 等采用与 Sass 等相似的仪器测定黏土与金属界面的法向黏附力，采用直剪仪并将剪切盒的下半部分塞入金属块来测定黏土与金属界面的切向黏附强度，研究了不同黏土含量土样的黏附强度随黏稠指数的变化规律，试验结果表明在测定含水率内，随着黏稠指数的增加，不同黏土含量渣土的黏附强度逐渐增大。也有学者将锥形金属头插入土样中，然后以一定速度拔出，记录拉力并依此评价黏土的黏附力，研究表明黏附力随着黏稠指数的变化曲线基本呈抛物线型。基于以上研究，又有学者提出采用电渗法预防和处理盾构中的结泥饼问题。

黏土与金属界面的黏附强度过大是引起盾构结泥饼的最重要原因，当黏土－金属界面的黏附强度大于土样自身的抗剪强度时，盾构结泥饼的可能性就较大；反之，盾构结泥饼的可能性就相对较小。因此，建立黏土－金属界面的黏附强度、渣土抗剪强度与各影响因素间的关系，通过对比黏土－金属界面的黏附强度和抗剪强度，指出盾构掘进过程中不发生结泥饼时的理想渣土状态，是今后值得研究的方向。盾构在结泥饼过程中，由于摩擦作用将会使渣土温度升高，温度的变化将会对渣土改良效果产生影响，目前关于此方面的文献相对匮乏，还须深入研究。另外，防止结泥饼的另一个方法是采用多胺类改良剂封闭黏性渣土的表面，防止其因吸水降低抗剪强度。此外，改良剂还能够润滑渣土表面，减小黏土－金属界面的黏附强度，因此达到了既减小黏土－金属界面的黏附强度，又保持渣土的抗剪强度不发生变化的目的，能够有效防止盾构泥饼的产生。尽管其提出的多胺类改良剂含有轻微的毒性，难以在工程现场应用，但是可利用此渣土改良思路寻找一种新型无毒害改良剂，这对盾构结泥饼的防治具有重要意义。

（四）压缩性

当渣土的压缩性较小时，盾构机的掘进速度和螺旋输送机的转速一旦出现较小的变化，就会引起土仓压力较大的波动；当渣土的压缩性过大时，则渣土的流动性较大，螺旋输送机易发生"喷土"，不利于盾构出渣控制。因此，渣土应具有合适的压缩性。乔国刚对泡沫改良渣土进行了压缩试验，研究表明注入泡沫或水均能够增加渣土的压缩系数，且在相同泡沫注入比时，泡沫剂的浓度越高，渣土的压缩系数越大，最后其提出黏性渣土的压缩系数应大于 $0.2\ \mathrm{MPa^{-1}}$。

土压平衡盾构在黏性地层中掘进时，若渣土的压缩性较小，极易因排水固结使盾构发生结"泥饼"现象，减缓盾构掘进速度。但目前国内外针对黏性地层渣土的压缩性研究相对匮乏，理想渣土的压缩系数仍缺乏统一的测定方法和标准，因此建立一种黏性渣土压缩性的测定标准显得尤为紧迫。

五、渣土改良下盾构掘进力学行为

（一）渣土改良下盾构掘进力学效应

渣土改良能够显著改变渣土的力学参数，而渣土力学参数的变化将进一步影响盾构掘进参数和地层响应。

1.渣土改良对盾构掘进参数的影响

在复杂地质条件下，采用泡沫、膨润土等改良渣土能够对掘进参数产生明显的影响。有学者依托多伦多冻结砂土和黏土复合地层中的盾构隧道工程，研究泡沫对盾构机掘进速度和刀具磨损的影响，结果表明，为减小刀具磨损，泡沫注入比不得低于10%，盾构正常掘进时泡沫平均注入比约为72%，但是当地层条件较差时，泡沫注入比需达到100%～200%才能取得理想的改良效果。布恩（Boone）等进一步研究表明提高泡沫注入比可有效提高盾构机掘进速度，当泡沫注入速度为120 L/min时，盾构机的掘进速度达到最大。肖超等依托南昌地铁1号线泥质粉砂岩与砾砂岩复合地层盾构隧道工程，通过试验获得坍落度与含水率、泡沫注入比的函数关系式，提出并实现了渣土改良参数的精细化控制，结果表明优化后的渣土改良参数能有效减小盾构总推力、扭矩以及土仓压力的波动幅度。许恺等针对在高含砂率地层中盾构掘进速度过慢、刀盘扭矩过大等难题，采用肥皂水和泡沫剂分别开展现场试验，研究表明泡沫剂的改良效果较佳，适量浓度的泡沫剂能大幅度提高掘进速度，降低刀盘扭矩，减少刀具磨损。郭彩霞等依托北京地铁9号线无水砂卵石地层中盾构工程，通过泡沫和膨润土混合改良渣土的方式解决了盾构穿越砂卵石地层时出现的刀盘扭矩、盾构推力异常增大等问题。莫振泽等针对富水粉砂地层盾构刀盘扭矩过大的难题，提出采用浓泥改良渣土，研究结果表明，每环在开挖面注入 4 m 泥浆后，可有效减小盾构掘进过程中土压、推力及扭矩的波动变化。威廉姆逊（Williamson）等针对淤泥质砂黏土复合地层盾构机掘进过程中土仓压力过高的问题，采用泡沫和膨润土泥浆混合改良渣土，有效降低了掘进过程中的土仓压力。

当渣土改良达到理想状态时，可有效减小盾构推力、刀盘及螺旋输送机扭矩，减弱刀具的磨损，提高盾构掘进速度，并且能够减小掘进参数的波动幅度。然而，实际上渣土改良对盾构掘进参数影响方面的研究，大多依托于具体工程项目，所制定的渣土改良方案很大程度上仅适用于该种特定地层，研究成果的适用范围有限。

2.渣土改良对地层响应的影响

当盾构隧道下穿交通要道、居民住宅、商业中心等建筑设施时，对于地层变形有极为严格的控制要求。对渣土进行合理改良能够避免螺旋输送机喷涌，有利于控制土仓压力，保证开挖面稳定，使盾构机能顺利掘进，有效减小地层变形。相关研究发现，当渣土改良效果较差时，用于平衡掌子面压力的土仓压力不能保持稳定，容易导致掌子面前方地层变形过大。肖超等以南昌地区泥质粉砂岩和砾砂作为试验材料，采用泡沫剂和膨润土泥浆作为改良剂，基于三维数值模拟，分析了渣土改良对地层响应的影响，研究表明开挖面的地层应力和地层响应受到渣土改良效果的影响，改良效果越好，开挖面支护应力越小，开挖面前方地层沉降越大；与采用膨润土泥浆相比，采用泡沫改良渣土后开挖面支护应力小，但地层沉降较大。赵广资等针对富水沙砾层的渣土改良剂选型、配合比、添加剂注入量等问题进行了研究，研究表明采用泡沫与膨润土泥浆共同改良的方式，可有效改善渣土的塑流性，较好地控制地表沉降。当渣土改良不合理时，盾构出渣量将难以控制，螺旋输送机有可能发生喷涌，造成盾构土仓压力波动较大，开挖面支护力减小，地层变形增大。合理改良的渣土具有较好的压缩性、塑流性及较小的抗剪强度、黏附强度和渗透系数，能够使盾构有效地控制排土，避免螺旋输送机发生喷涌，保持土仓压力稳定，控制开挖面稳定，从而减小地表沉降，保证盾构顺利掘进。

（二）渣土改良下盾构掘进数值仿真

随着数值方法和计算机技术的发展，盾构掘进过程中地层变形和渣土运动的数值仿真可以通过商业软件或自主编程来实现。近年来，也有许多学者建立地层、盾构系统及改良渣土数值模型，对渣土改良条件下盾构系统内渣土动力学行为、机械－渣土相互作用、掘进所处的地层变形等方面做了一系列研究。目前，模拟盾构掘进的方法主要包括有限元法（FEM）、有限差分法（FDM）、离散元法（DEM）和计算流体动力学法（CFD）。

1. 基于连续固体介质的 FEM 法和 FDM 法

非线性 FEM 法和 FDM 法均是将固体域划分为有限个单元后再求解，在岩土工程领域常被用来计算岩土的受力变形。该法用以模拟盾构开挖时，大多忽略盾构动态进排土过程，直接对开挖面施加力学边界。

关于渣土改良下盾构系统内渣土力学行为的研究，上官子昌等先通过三轴压缩试验标定了经泡沫、膨润土泥浆和水改良的砂土的 Duncan-Chang 非线性双曲线本构模型参数，然后采用 FEM 法模拟了盾构土仓内的改良渣土，提出了分析土仓压力分布特性的方法，为土仓压力设定提供了参考模型。贺少辉等采用 FLAC3D 软件建立了地层、盾构系统、充填于土仓和螺旋输送机内改良渣土的渗流计算模型，采用改变土样渗透系数和孔隙比的方式来模拟渣土改良效果，经过计算得到螺旋输送机内的水压分布，对比数值与试验结果，评价了螺旋输送机内不同位置的抗喷涌安全性，指出合理渣土改良能提高防喷涌的可靠性。

关于渣土改良对地层变形的影响研究，胡长明等采用 FEM 法模拟盾构在中密砂卵石地层中的掘进过程，计算中假定土体服从 Drucker-Prager 本构模型，并通过降低掌子面前方一定范围内土体的摩擦角来模拟渣土改良效果，结果表明横向沉降槽的数值模拟结果与实测结果吻合较好，验证了数值计算的正确性；渣土改良后的横向和纵向地表沉降计算值明显小于未进行渣土改良的地表沉降计算值，反映出渣土改良效果显著。肖超等采用 FLAC3D 建立了三维盾构掘进模型，土体采用摩尔－库仑模型，通过改变土仓内渣土的力学参数（弹性模量、泊松比、内摩擦角、黏聚力）以模拟不同改良剂的改良效果，计算结果表明，隧道纵向剖面上开挖面的支护应力呈非线性，且明显小于侧向静止土压力，改良渣土的支护应力明显小于未改良土的支护应力，故渣土经改良后导致开挖面地层沉降增大，渣土越接近理想渣土，地层沉降越大；泡沫改良土的开挖面前方地层沉降大于膨润土泥浆改良土的开挖面前方地层沉降。然而，肖超等的研究仅仅是基于有限改良工况下盾构掘进引起的地层沉降分析，未充分考虑渣土改良参数多样性及盾构动态掘进特征。

虽然基于连续固体介质的数值分析法被广泛应用于土体变形研究，但由于本构关系的限制，FEM 法和 FDM 法在求解具有较高剪切速率的问题时具有很强的局限性，不能模拟盾构掘进和出渣动态过程。

2. 基于非连续介质的 DEM 法

DEM 法是把不连续体分离为具有一定质量和形状的刚性颗粒的集合，使每个颗粒单元满足运动方程和接触本构方程，用时步迭代的方法求解各颗粒单元的运动和相互位置，进而获得整个集合的变形和演化。相较于 FEM 法，DEM 法通过细观参数反映期望的宏观物理力学行为，不需要满足位移连续和变形协调关系，非常适合于求解大变形和非线性问题。

为了确定合适的改良参数，为盾构隧道施工地层变形控制提供依据，Jiang 等采用 PFC2D 建立盾构在无水砂层中开挖的缩尺模型，计算过程中颗粒服从线性本构模型，渣土改良通过减小土仓内和刀盘前方帽状区域的土颗粒间摩擦因数来实现。通过对比不同渣土改良工况下的坍落度值、盾构掘进引起的地表变形、地层纵横向位移和土颗粒间接触力模拟值，得到如下结论：渣土改良能减小开挖面上方和前方土颗粒的接触力，影响渣土流动性、胀缩性和整体抗剪强度，进而影响地层变形；合适的改良能消除掘进引起的地表隆起，而过度改良则增大地表沉降量和沉降范围。为了更真实地模拟改良后渣土的力学行为，武力等在离散元模拟过程中分别采用弹性元件、黏性元件和塑性元件模拟改良土颗粒的弹性接触力、改良剂对土颗粒的黏性作用力和改良土颗粒之间的摩擦力，并利用室内三轴试验来标定细观参数。为了在有限的计算能力下同时实现对大尺度工程问题和渣土运动的三维仿真，肖超提出采用 FLAC3D 来模拟外围地层而用 PEC3D 来模拟盾构附近区域和盾构系统内渣土运动，然后通过耦合面交换数据实现两者间位移和速度的传递；其在耦合分析中通过降低渣土颗粒间的摩擦因数、切向黏结力和法向黏结力来实现渣土改良，研究表明渣土改良能降低土仓压力波动幅度，增大土仓压力的传递系数并降低地层隆起量。有学者采用耦合 DEM 与 FDM 的方法，充分利用两者各自的优势，对土压平衡盾构隧道的掘进过程进行了三维精细化模拟；基于数字化建模方法，盾构的刀盘、土仓和螺旋输送机等关键部件在数值模型中得以高度还原；提出不等压伺服方法生成离散元地层内的初始地应力，使得离散元模拟与有限差分模型的应力状态充分一致；通过控制土仓及刀盘开口前方颗粒单元的摩擦因数，有效表征了渣土改良的流动性提高过程。研究表明：合适的渣土改良有利于降低掌子面土压力，减少盾构的推力和刀盘的扭矩；渣土颗粒在土仓内并非均匀混合，而是呈现固定轨迹，且渣土改良影响渣土颗粒在盾构土仓内的留存时间；土仓内的渣土压力即使在同一高度也存在差别，该压力差的存在与刀盘的旋转方向有关；刀盘前后方的压力梯度在各类渣土改良和进排土工况下普遍存在，此压力梯度是渣土得以顺利从刀盘开口进入土仓的重要动力来源之一，而合适的渣土改良有助于在保证顺利进土的前提下减少此压力梯度，从而减少刀盘前方的土压力。

然而，工程 DEM 模型常常受限于计算机能力，因此往往颗粒尺寸和数量与实际情况不符，使结果缺乏可靠性，较大程度上约束了 DEM 法的使用。

3. 基于连续流体介质的 CFD 法

CFD 法综合了经典流体动力学与数值计算方法，通过计算机求解一系列质量守恒、动量守恒和能量守恒方程组成的偏微分方程组，在时间和空间上定量描述和研究特定边界条件下的流场。在土压平衡盾构施工中，渣土在螺旋输送机内的输送过程伴随着土体剪切破坏和塑性流动两种失效形式，而经泡沫和膨润土改良的渣土主要表现为黏性和塑性，可采用黏塑性流体本构关系来模拟土体的变形。为了更好地描述渣土流动特性及力学行为，孟庆琳把改良渣土视作可压缩的 H–B 流体，其中流变参数由流变试验确定，介质密度方程由三轴试验确定，实现了对土仓和螺旋输送机内改良土塑性挤出过程的模拟，进而分析了掘进时土仓和螺旋输送机内渣土压力场和速度场的分布特性，以及改良土流变参数、螺旋输送机进出口压差和结构参数对排土效率和排土流量的影响。Talebi 等模拟了土压平衡盾构螺旋输送机中的进排土过程，并结合工程使用的改良参数和掘进参数反演得到改良渣土的流变参数，然后通过对比螺旋输送机叶片扭矩和压力梯度的实测值和模拟值来验证模型分析渣土改良对掘进参数影响的可行性。此外，刘书亮提出用流固耦合法分析盾构–渣土相互作用，构建土仓内土体流场与刀盘固体模型的 CFD–FEM 耦合系统模型，渣土被视作黏性牛顿流体（参数包括密度和动力黏度），分析掘进参数、改良参数、盾构形式对土仓压力分布规律、刀盘面板有效应力与扭矩值的影响，对防止盾构结泥饼具有一定的参考价值。

诚然，基于连续流体介质的 CFD 法在模拟土体大变形及塑性流动过程方面具有显著的优势，但只能较好地描述宏观现象，无法应用于孔隙渗流等细观问题的研究。

第五节　盾构隧道施工测量技术

一、盾构隧道施工地面控制测量

地面控制测量包括平面控制网测量和高程控制网测量。

（一）地面平面控制网的布置

全球定位系统（GPS）布设平面控制网已经得到广泛应用。根据盾构机从施工竖井出发、从接收井贯通、中间不设施工竖井的特点，利用 GPS 技术精度高、不需控制点间通视、布网速度快、工作量小等优点布设盾构施工平面控制网。考虑施工需要，在施工竖井和接收井附近各布设 3 个 GPS 近井点，将其中两个点作为坐标起算和起始方向，第三个点作为检核方向。

盾构施工 GPS 平面控制网，起算于地铁 5 号线首级 GPS 控制网，使用高精度的 GPS 接收机，采用规范规定的四等技术要求进行观测。

（二）地面高程控制网的布设

为了方便施工及地面的变形监测，在线路沿线布设一条二等加密水准线路，采取往返等距二等水准的施测方法观测，往返闭合差不大于 $0.6n^{1/2}$（ n 为测站）。

（三）地面控制测量实施

根据现场情况，在始发井和接收井间布设 GPS 控制网，其布网形式如图 2-22 所示。

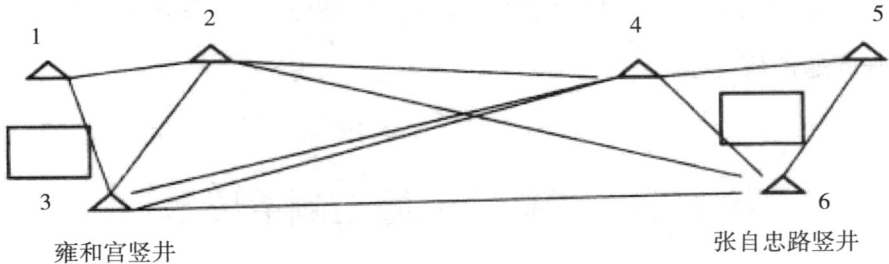

图 2-22　地面控制网布设

上述 GPS 控制网摒弃了以往 GPS 加导线的常规测量方法，既大大减少了工作量，又提高了测量精度。

二、竖井联系测量

竖井联系测量是隧道贯通测量中的一个重要环节，它主要是将地面上控制点的坐标和方位角传递至地下隧道，作为地下导线的起算坐标和起始方位角，工程的联系测量采用了由全站电子经纬仪、1/20 万垂准仪和陀螺经纬仪的联合作业的新方法，使竖井定向测量工作摆脱了传统的悬吊钢丝投点的联系三角形方法。新的竖井定向测量方法不仅克服了受城市地铁施工场地狭窄制约，使测量图形强度不易提高、占用竖井时间过长等缺点，同时也提高了测量精度，缩短了测量时间，为地下铁道的施工提供了快速、准确的测量保障。

（一）竖井定向方法

据地下铁道测量的精度要求和现有测量仪器的现状，在实际工作中利用 LeicaT2000、NL 垂准仪和 GAK-1 陀螺经纬仪组合成竖井定向系统，竖井定向作业方法如图 2-23 所示。

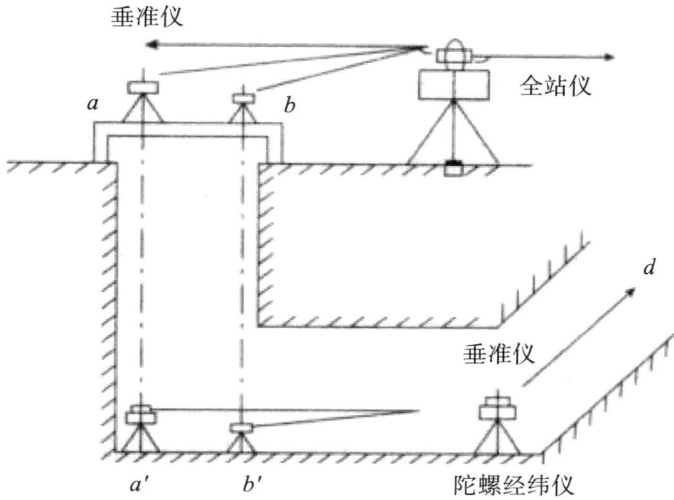

图 2-23 联系测量示意图

振法，既增加了测量检核条件，又提高了定向精度，竖井定向基本形式如图 2-24 所示。

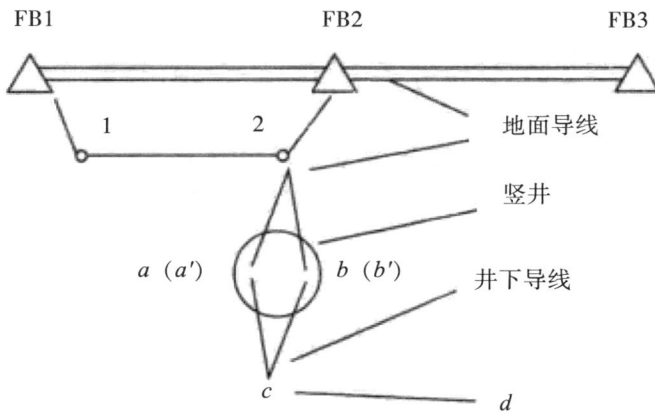

图 2-24 联系测量路径示意图

新的竖井定向系统作业步骤如下：

（1）将 1/20 万垂准仪架设在地面竖井的盖板或架子上，向井下投点，即以井底 a'、b' 的待传递坐标点对中。

（2）将全站仪置于竖井近井点上，测定 1/20 万垂准仪竖轴中心的坐标。由于垂准仪是以井下待测点对中的，因此两个垂准仪竖轴中心的坐标即为井下待测点 a'、b' 的坐标。

（3）在井下 c 点架设陀螺经纬仪测定 $a'c$、cb' 的陀螺方位角。

（4）在井下 c 点安置全站仪测点 $\angle a'cd$ 和 $\angle b'cd$，利用 a'、b' 和 d 间的几何关系，将坐标传算至 c 点，将方位角传算至 cd 边，并以它们作为井下测量的起算点和起算方向。

（二）竖井定向精度分析

为简单起见，用单投点、单定向的方法所构成的单一支导线形式简化原竖井定向方案，并以这种路线形式推算井下待定点 c 的坐标和待定边 cd 的方位角精度。

1. 陀螺经纬仪定向误差

在地下铁道测量中所使用的 GAK-1 陀螺经纬仪标称精度为一次定向中误差 $\pm 20''$，实际作业时待测边的陀螺方位角一般独立定向三次，陀螺方位角改正常数同样使用仪器测前、测后各测定三次。如果不考虑测定改正常数时所测边已知方位角的误差，只顾及陀螺方位角和其改正数测定误差 m_1 和 m_2，则陀螺方位角测定误差 $m_陀$ 为

$$m_陀^2 = m_1^2 + m_2^2 = \left(\frac{\sqrt{20}}{\sqrt{3}}\right)^2 + \left(\frac{\sqrt{20}}{\sqrt{6}}\right)^2 \quad m_陀 = \pm 14.1 \tag{2-16}$$

2. 垂准仪投点误差

虽然 NL 垂准仪标称精度为 1/20 万，但由于受仪器自身竖轴偏心等误差和实际对点误差的影响，地下铁道竖井投点实践证明该仪器在 20 m 深竖井井筒的投点误差一般为 ± 2 mm。

由于采用双投点、双定向方法，上述误差减少 $\frac{1}{\sqrt{2}}$，投点误差为 ± 1.4 mm。根据此两项精度指标不难求出井下坐标起算点 c 的点位误差小于 5 mm，cd 边起算方位角的精度小于 $10''$。

工程采用的竖井定向方法，经过理论探讨和实践证实其为一种较好的竖井定向方法；同时，在地铁定向中采用半自动陀螺定向系统进行定向测量，不仅提高了定向精度和定向的可靠程度，而且大大减少了单纯人工定向时由于误操作造成的返工，提高了工作效率。

三、地下控制测量

联系测量完成之后，在地下应布设施工测量控制导线，以指导盾构机掘进。地下导线随着盾构推进而不断延长，导线点也随着盾构掘进而进行布设。根据盾构施工隧道的特殊性，地下施工控制导线精度将主要受到隧道里的折光差的影响和不稳定的隧道管片环的影响。

为了消除和减弱折光差对横向贯通误差的影响，将施工测量控制导线点埋设在隧道两侧。交叉向前延伸（图 2-25），达到消除或减弱折光差影响的目的。这一做法还能在测量时不影响施工，不占用正常的施工空间，为施工赢得更多的时间。

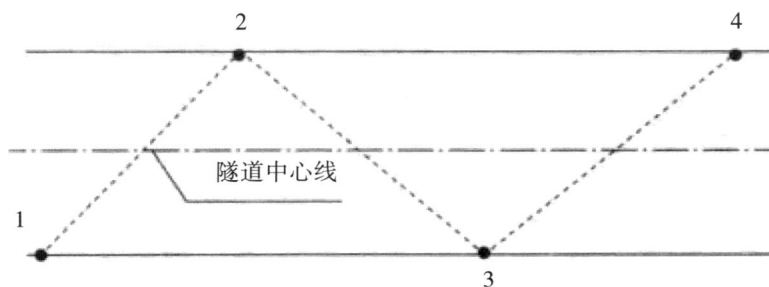

图 2-25　地下导线控制点平面控制

施工测量控制导线点位的稳定，直接影响后续测量工作的精度。由于隧道的结构由衬砌管片环组成，点位只能建立在管片环上，只要管片环不动点位就相对稳定，通过对现场测量控制点的观察和对重复测量数据比较，发现盾构机后 60 m 的管片环基本趋于稳定，所以施工测量控制导线点选在盾构机 60 m 后的管片环上是可靠的。

同时，为提高测量精度，尽量减少不必要的测量精度损失，应建立仪器观测平台，该平台与管片环固定在一起，并保持水平，而且设置强制归心装置，布置如图 2-26 所示。使用这种装置，仪器的对中误差 $s \leqslant 0.089$ mm，这一精度大大高于研究工作对中误差的要求。

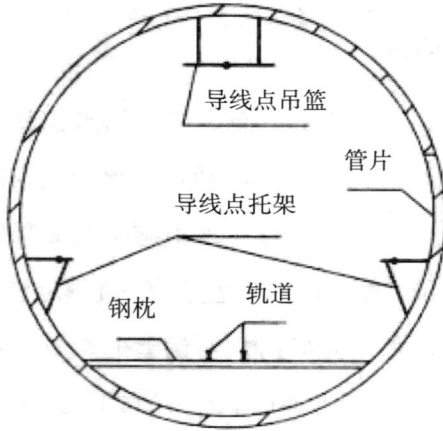

图 2-26　地下导线控制点断面布置

盾构在掘进时，盾构机后面有 50 m 长的后配套，测量控制点位无法做在隧道的两侧，根据现有盾构机的特点，后配套顶至隧道顶有高 500 mm 且通视良好的可用空间，把控制点以吊篮的形式固定在隧道的顶部，仪器及后视棱镜依然采用强制归心。

地下控制测量以支导线形式居多，导线点的横向误差是制约盾构贯通的主要因素，按等边直伸形导线估算，其最远点横向误差可用下式计算：

$$Mq = \pm \frac{m_{\mathrm{a}}}{\rho} \times L \sqrt{\frac{n+1.5}{3}} \qquad （2-17）$$

式中：m_{a}——测角中误差；

　　　L——支导线长度；

　　　n——支导线边数。

根据式（2-17），按边长平均150 m、测角中误差为5″计算，不难计算出地下控制导线任意一点的横向误差。表2-3给出了不同长度和边数的导线最远点横向误差。

表2-3 导线边数及长度与横向误差对照表

导线边数/条	4	6	8	10	12	14
导线长度/m	600	900	1 200	1 500	1 800	2 100
横向误差/mm	11.3	19.9	29.9	41.1	53.4	66.8

由表2-3可以看出，当地下控制采用单一支导线形式，在一定的支导线长度和边数下，其精度很难大幅度提高。当然，由于贯通距离短，研究的测量方案不难满足工程要求。但是，在一些较长隧道控制测量中若想提高地下控制测量精度，归纳起来可以从以下几个方面采取特殊措施和方法。

（1）地下控制测量布设形式可以采用导线网、线形锁等形式。

（2）在地下导线测量中，加测一定数量的陀螺方位角，可以限制测角误差的积累，提高定向精度。同时，在某些受折光影响大的导线边上加测陀螺方位角，还可以消除和减弱系统误差对方位的影响。经有关部门研究，在地下直伸导线中，加测一个陀螺方位时，加测在导线全长2/3处的边上为最优；若加测两个以上的陀螺方位时，以按导线全长均匀分布最好。

（3）从地面向地下钻孔，增加地上和地下联系测量机会。

上述方法可以作为在各种情况下今后盾构施工测量的依据。

四、盾构姿态测量技术

（一）自动导向系统的调研和选型

采用盾构法施工隧道工程，由盾构的位置和姿态的偏差而引起的盾构隧道的偏差是影响和控制隧道精度的关键，也是盾构施工操作水平的主要反映。因此，如何确保运动中的隧道掘进机始终被控制在理想的偏差范围之内，是施工精度控制的关键。

为了加强施工过程中的管理水平和提高工程自动化控制程度，减轻人工测量的劳动强度，提高盾构施工的速度，经过对盾构法施工工艺的研究和试验段盾构操作控制水平进行分析，可以采用德国 VMT 公司生产的 SLS-T 自动导向系统应用于该地铁盾构试验段施工测量，这是当前世界上在地铁盾构法施工领域最为先进的隧道掘进机自动导向系统。在上海地铁施工中，大部分均采用逐环人工测量或简单的机械装置测量的方法，测量需要占用大量的时间；在广州地铁 1 号线的施工中，采用日本的陀螺定向辅以机械装置测量盾构机姿态的方法，由于测量装置不系统，比较分散和单一，测量精度不高，复核测量的频率较大，数据需要进行一定的中间处理才可使用。

国内外地铁盾构掘进机上使用的 SLS-T 激光导向系统、陀螺加机械装置的定向系统及人工测量导向系统在功能应用方面的比较如表 2-4 所示。

表 2-4 国内外地铁盾构使用的几种导向系统的比较

项目	SLS-T 激光导向系统	陀螺加机械装置的定向系统	人工测量导向系统	备注
能实现导向功能	现实盾构机的行进曲线（相对 DTA）实时显示盾构机的位置坐标和相对偏差	可由陀螺得出方位和相对简单的行进曲线；可由设置在盾构机上的机械测量装置测出俯仰和旋转姿态，但不能实时显示	在盾构掘进过程中没有导向的数据	SLS-T 激光导向系统可以方便升级，从技术上可以实现所有的自动导向功能，但价格较昂贵
测量符合频率的要求	一般直线地段 100 m；曲线地段视曲线半径来定	一般每天复核一次	每环	
需要的人员及工作量	除了控制测量和复核测量需专业测量人员外，施工过程中的导向测量只需 1 名工程师；工作量小	很多工作需要多个专业的测量人员完成，而且内外业的工作量较大	几乎所有的导向数据均需专业测量人员提供，工作量极大	
施工控制	施工控制方便，精度高	施工控制较不方便	人工控制很不方便，精度难以掌握，需要非常有经验的操作手段	
其他方面的应用	结合导向功能实现在管片的拼装和管片环测量方面的应用			

从表 2-4 不难看出 SLS-T 激光导向系统优于其他的测量系统，SLS-T 激光导向系统是国际最先进的盾构测量导向系统。

（二）SLS-T 激光导向系统的组成及各部件的功能

SLS-T 自动掘进导向系统主要由以下部件组成。

（1）激光经纬仪（内置激光或结合一个激光发生器）。发射激光，测量水平及竖直方向的角度及距离。

（2）电子激光接收。接收激光，内置倾斜仪，通过其可测出盾构机的俯仰和旋转姿态。

（3）后视棱镜。为导向系统提供后视点。

（4）黄盒子。给激光经纬仪提供电源，同时也实现 PC 机和激光经纬仪之间的通信。

（5）电脑。

（6）网卡。

（7）显示器及电缆卷盘等。

（三）SLS-T 激光导向系统的工作程序与调试

SLS-T 激光导向系统实际上就是一个全自动的监测系统和数据处理系统，激光经纬仪不断量测盾构机的位置和姿态，测得的数据经过相关软件处理后实时在操作室内显示出来，提供给盾构机操作手作为盾构机掘进方位等控制的依据。其基本原理和普通的施工测量的原理是一致的，该系统工作程序和原理可以通过导向依据的建立和取得、导向作业、数据的处理和利用、测量精度的复核这几个方面，下面分别简要说明。

1. 导向依据的建立和取得

将地面控制点通过联系测量引至始发竖井内，并以此作为洞内控制测量的依据，亦是盾构机自动导向测量的依据。导向测量系统激光经纬仪及后视点的初始坐标都是通过人工测量在竖井内控制点的基础上测得的，并输入计算机中，作为下一步施工中盾构机位置及姿态控制的基础。

由于激光经纬仪和后视棱镜的吊篮设置在已建的隧道管片上，因此在施工过程中掌握管片环的变形规律，并以此来确定激光经纬仪吊篮的位置是关键，而对管片变形影响最大的是注浆控制和浆液的凝固时间，通过试验段工程对管片环拱顶下沉的测量结果，可以总结得出当第二天上午对第一天掘进的管片环进行测量时，管片环的变化值较大，一般为 2 cm 左右；第三天上午对第一天掘进的管片环进行测量时，偏差值仍在变动，但变化值变小，水平一般在 5 mm 以内，竖向一般在 10 mm 以内；第四天上午（隔三天）进行测量时，水平变化值很小，竖向拱顶下层值在 2 mm 左右，并趋于稳定。

因此，从以上工程管片环的变形规律可知，在使用类似的惰性浆液的情况下进行盾构法隧道施工时，激光经纬仪吊篮的点应设置在掘进完后 3 d 或 3 d 以上的管片环上。

2. 导向作业

盾构机开始掘进以后，安装在盾构机上的电子激光接收靶不断向前移动，安装在盾构机后方已完成的隧道顶部的激光经纬仪发出的激光光束自动跟踪并射在电子激光接收靶上，由于激光经纬仪的坐标已知，由激光入射点在光上的位置、角度和距离即可推算出盾构机的坐标和方位角，同时由光靶内置的倾斜仪可测出盾构机的转角和俯仰角，从而可确定盾构机位置的六个参数（盾构机位置 X、Y、Z 三维坐标及盾构机方位、俯仰、旋转三向姿态）。

3. 数据的处理和利用

控制盒对取得的各项原始数据进行处理，利用软件进行分析和计算，系统能自动将计算的结果与已输入的设计隧道轴线坐标进行比较，并得出盾构机实际位置和设计隧道轴线位置的偏差，以图文的形式在操作控制室内显示出来，以指导盾构机的掘进施工。

4. 测量精度的复核

为了控制盾构机自动导向系统的精度，确保隧道的准确贯通，需定期利用洞内的控制导线，来校核和调整激光经纬仪的坐标及人工测定盾构机的位置与 VMT 系统显示的盾构机的位置是否一致，从而对盾构机自动导向系统进行调试。调试工作主要是确保测量控制点稳定、可靠，避免因吊篮控制点位移或导向系统本身的误差引起偏差。因此，一般在一个工程项目刚开始或使用新的导向系统的时候，由于没有掌握管片环本身位移的规律和导向系统本身的误差，因此需要增加对导向系统导向精确性的复核频率，待掌握了管片环位移规律及导向系统本身的导向精确性之后，便可减少复核频率。经反复试验研究后的导向系统，可 1~2 个月复核一次。

（四）信息化盾构施工测量与复核测量

准确测定盾构机姿态是隧道贯通的重要环节，如果贯通时盾构机姿态测量超出所匹配的误差范围，则很难使隧道贯通准确。现在盾构机所配备的测量系统——SLS-T 激光导向系统是很先进的，但是，由于制约导向装置本身精度的因素很多，加之外界施工干扰的影响，导向装置提供的数据往往精度不高、数据不可靠。为了使 SLS-T 系统测出的盾构机姿态精准、可靠，必须依靠人工测量方法对盾构机导向系统进行检校，对盾构机姿态进行检核测量。

1. 盾构施工测量数据采集与处理

为保证盾构施工测量要达到信息化施工要求，在数据采集中充分利用全站仪本身的数据存储功能采集测量数据，在工作现场利用便于携带、功能强大的计算器进行现场计算，及时将测量结果反馈给盾构机操作人员。将有关测量数据输入计算机，计算出标准结果。从数据采集到数据处理都实现了计算机化、自动化，及时为施工决策提供测量信息。

2.管片环测量

管片环测量主要是测定管片环安装位置是否符合设计要求。在测量工作中主要是利用全站仪和辅助工具测定管片环上的一些特征点，从而通过几何计算确定管片环安装位置的正确性，并为管片环安装人员提供操作校正参数。衬砌管片环测量内容主要包括环中心偏差、环的椭圆度、环的高程和坡度、环两侧纵向超前量以及环的横向旋转等。

管片环测量一般和盾构机姿态测量同时进行，其所测的管片环状态为管片环背后未注浆前的瞬间状态，随着注浆压力和围岩应力对管片环的作用，管片环的空间位置将发生变化，管片环的变化情况以及最终位置应在隧道变形测量中解决。

3.盾构机姿态复核测量

盾构机姿态测量是难点之一，也是与常规暗挖法施工的不同之处。盾构机姿态复核测量主要是测定盾构机掘进瞬时位置是否符合设计要求，为盾构机操作人员提供操作校正参数。盾构机姿态测量内容主要包括平面偏离、高程偏离纵向坡度、横向旋转、旋切口里程等。盾构机的旋转、俯仰示意图如图2-27所示。

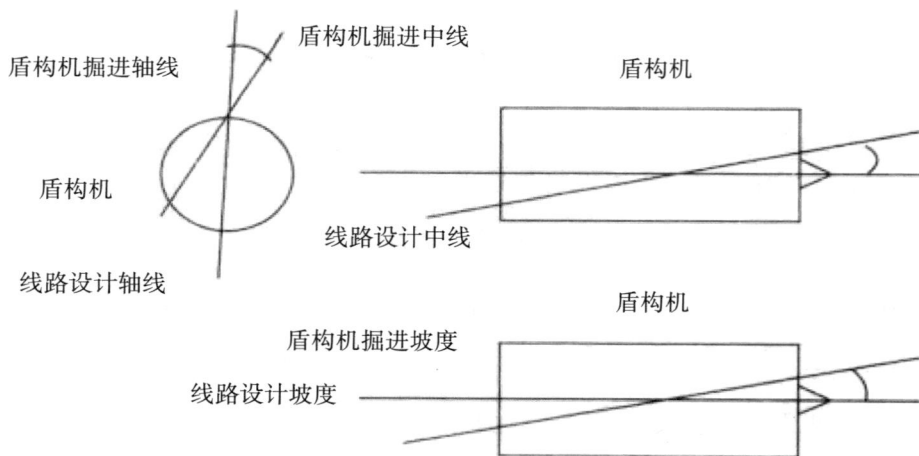

图2-27 旋转、俯仰示意图

采用什么方法检测盾构机姿态，是正确反映盾构机姿态的关键。由于盾构机的主体和盾尾之间是由铰接连在一起的，所以主体和盾尾不一定在同一状态，要想测出盾构机姿态所利用的空间很少。由于这些客观条件的制约，要测出盾构机的姿态有一定的难度，经过分析研究，可以采用如下方法测量和计算盾构机的姿态：①通过测量，计算出盾构机的机头中心三维坐标；②用机头中心的三维坐标，根据设计线路的三维坐标计算出盾构机姿态（里程、左右和上下偏离、俯仰角、旋转角）。

为了得到盾构机的机头中心点的三维坐标，在盾构机的上半部分人闸附近做了 16 个点，这 16 个点与盾构机的几何关系在做好点的第一次就测得（以后的工作不再做）。通过测出人闸附近（通视良好）16 个点中任意几点（至少 3 点）的三维坐标和这些点与盾构机的几何关系，计算出机头中心的三维坐标。测点 N 与盾构机几何关系如图 2-28 所示。

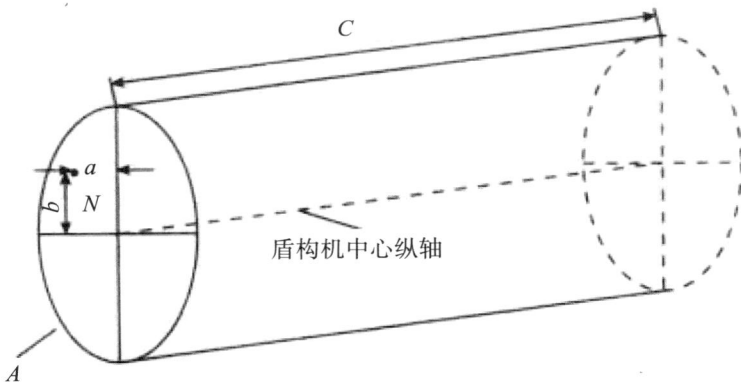

图 2-28　测点与盾构机几何关系

图 2-28 中，a 为点位 N 垂直盾构机中心纵轴的横断面；C 为点位 N 到机头的纵向距离。要得到机头的坐标，还得进行一个坐标转换的过程，先把盾构机布设的测点进行平面投影，如图 2-29 所示。

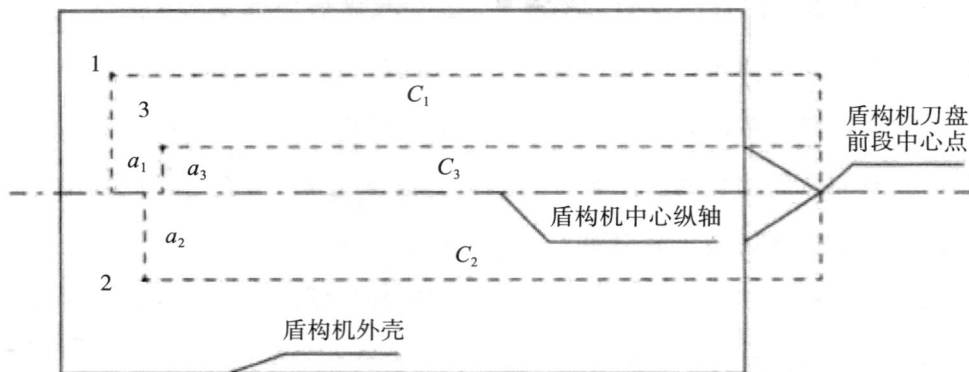

图 2-29 测点与盾构机正投影

由于盾构机的俯仰会影响 C 值，旋转会影响 a 值，都会使 a 和 C 比水平状态小，根据正投影和侧投影，每两点之间的高差为

$$h_{12}=(b_1-b_2) ; h_{23}=(b_2-b_3)$$

实测的高差即为

$$h'_{12}=(h_1-h_2) ; h'_{23}=(h_2-h_3)$$

理论高差与实测高差的差值：

$$\Delta h_{12}=h_{12}-h'_{12} ; \Delta h_{23}=h_{22}-h'_{23}$$

而 Δh_{12}、Δh_{23} 的值包括俯仰和旋转共同引起的，令俯仰为 x（上 + 下 −）旋转为 y（左 − 右 +）即得方程组：

$$\begin{cases} \Delta h_{12}=(c_1-c_2)\times x+(a_1+a_2)\times y \\ \Delta h_{23}=(c_2-c_3)\times x+(a_2+a_3)\times y \end{cases} \quad (2-18)$$

解出方程组得出 x、y。

即得实际：$a'_i=a_i\times\arccos y c'_i=c_i\times\arccos x$

这样可以由实测任意两点的坐标和实际的 a'_i、c'_i 可以推算出盾构机前端中心 O 点的坐标（x_2、y_2）。在测量时尽量多测些点位，以便多组合几组计算得出 O 点的坐标，用几组 O 点坐标的平均值来计算盾构机的姿态，这样大大提高了测量精度。

知道了盾构机头 O 点的三维坐标，要来推算它所对应的线路里程，偏离设计线路的值。直接计算无从下手，在计算之前，我们并不知道 O 点对应线路的具体位置，如直线段、缓和曲线段，还是圆曲线段。首先还得判断盾构机所处线路的大概位置，用 O 点和线路的要素点的坐标进行计算，比较它们的距离和方位角，判断出大概位置后再分段计算。现以在直线段为例进行计算，在直线段时如图 2–30 所示。

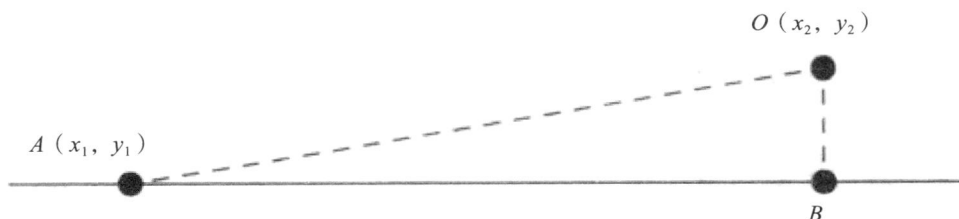

图 2–30　直线段盾构机与线路的关系

注：A 为直线段起点，O 为盾构机机头位置。

由于 A、O 点坐标已知，线路方位角 φ_{AB} 已知，即

A、O 两点的距离：

$$L_{AO} = \left[(x_2 - x_1)^2 + (y_2 - y_1)^2\right]^{\frac{1}{2}}$$

A、O 两点的方位角：

$$\varphi_{AO} = \arctan\left(\frac{y_2 - y_1}{x_2 - x_1}\right)$$

偏离线路距离：

$$L_{OB} = L_{AO} \times \sin(\varphi_{AB} - \varphi_{AO})$$

通过比较 φ_{AB} 和 φ_{AO} 的大小知道偏移方向。

$$L_{AB} = L_{AO} \times \cos(\varphi_{AB} - \varphi_{AO})$$

盾构机头 O 点对应的里程为 A 点里程加 AB 长度即可，通过 O 点的里程可以计算出设计线路在此里程点的高程 H_1；所测实际高程 H_2 与设计高程 H_1 对比便可知 O 点的上下偏移量（上＋下－）：$\Delta H = H_2 - H_1$。

通过以上一系列的计算，已得出盾构机的姿态，便可参与 SLS-T 导向系统进行比较，进行几次检测，其结果如与 SLS-T 导向系统所测的结果一致，则证明所采取的方法和措施是可行的。在整个计算过程中，计算量繁重复杂，进行编程可减少计算量。

针对地铁盾构施工现场的实际情况，研究制定了采用 GPS 平面控制网与二等加密水准线路进行地面控制测量和采用全站电子经纬仪、1/20 万垂准仪和陀螺经纬仪联合作业，双投点双定向进行竖井联系测量的新方法，摆脱了传统的测量方法的束缚，克服了受城市地铁施工场地狭窄制约、测量图形强度不易提高、占用竖井时间过长等缺点，提高了测量精度，缩短了测量时间，为地铁施工提供了快速、准确的测量保障。同时，在盾构隧道内施工测量控制网布设形式、控制点埋设位置控制点样式及埋设形式等方面，密切结合盾构施工的特点，研究和分析了盾构机本身自动导向系统的使用功能、工作原理及应用研究出一套对盾构机自动导向系统的准确性进行复核测量、对盾构机和管片进行实时姿态测量的方法以及盾构施工测量信息数据处理及反馈技术。

第六节　盾构掘进技术

一、盾构掘进施工组织

（一）盾构施工场地与交通疏解

一台盾构始发场地面积需要 3 000 m²，两台盾构始发场地面积需要 5 000 m²，而接收场地只要 1 000 m² 左右。看似合理的施工组织方案，有时因没有合适的施工场地而改变。盾构井一般是沿线路中线设置的，在城市中心区因交通疏解要求往往导致场地较小。过小的场地会影响施工现场合理布置（如弃土场、注浆材料储存管片堆场、施工人员的生产生活安排等），降低劳动生产率。

因交通疏解、管线等条件限制盾构井设置在线路中线一侧时，盾构机始发周期延长，弃土、管片等洞内运输作业效率将明显下降。当场地不满足正常始发要求时，可以采用分体始发等方式解决。

通常设两个渣坑于始发井顶板上，每个渣坑长 15 m、宽 6 m、深 4 m，最大可存渣土 720 m²。渣土坑底板及侧墙采用 C20 混凝土浇筑，厚 30 cm。每个渣土场四周设置挡渣板，防止过稀渣土溢出。40 t 龙门吊采用挂钩侧翻卸渣方式，渣土外运采用勾机装车、汽车运输的方式。

临时管片堆放场地面积 120 m²，管片存放能力为 60 块（10 环）。正式管片堆放场占地面积为 594 m²，管片存放能力为 210 块（30 环），满足 3 d 的平均使用量。

在施工场地出渣位置设洗车槽，出渣车辆必须经过清洗后方可驶出施工场地。洗车槽采用下沉式，宽 4 m、长 8 m、深 0.4 m。洗车槽旁设置沉淀池，洗车所排水经沉淀池三级沉淀后排入市政污水管线。

（二）盾构掘进速度与长度

盾构掘进速度与工程地质条件、盾构机选型、掘进管理水平、地面建（构）筑物保护要求等因素密切相关。地铁区间隧道多采用（加泥）土压平衡盾构，在目前的施工技术水平条件下，正常的平均掘进速度已达到每天 10 m，月进尺达到 300 m。综合考虑始发和到达掘进通过建筑物保护段的沉降控制、地层性质与均质性弃土与材料运输时间限制等因素的影响，施工组织的平均指标一般按照月进尺 180 m 考虑。当地层适于盾构施工且均质性好、环境限制条件少、一次掘进距离长时，掘进指标可按月进尺 240 m 考虑。

当盾构穿越江河段、硬岩段、连续穿过建（构）筑物保护区段、长距离小半径曲线段、多个短区间、超前钻探或超前注浆、长距离砂层段和盾构井不在线路正上方等时，可采用偏低的掘进指标。

盾构隧道土建费用主要由盾构机、掘进、衬砌三部分组成。有效降低造价的手段之一是在满足工期的条件下尽量加大盾构机的掘进长度，降低盾构机摊销费用。考虑土建工期的限制，盾构施工经济长度一般控制在6~8 km。

（三）盾构掘进与车站施工相互影响

盾构机制造时间约需6个月，下井安装调试时间约需1个月。盾构隧道一般会先行招标以方便设备采购，与始发井提供的时间是匹配的，必要时要求始发井提前开工。

盾构井一般设置于线路正上方，不仅影响交通疏解方案，还与车站施工场地有干扰。盾构机采用起吊方案时影响车站封顶时间，采用过站方案时正值车站施工期，站台需过站后施工。不论是采用过站方案还是起吊方案，管片、材料和弃土运输均与车站施工有干扰，特别是盾构后配套需在车站站台层折返作业时。

规模较大的车站（包括换乘站）要对盾构与车站施工干扰进行分析。施工招标时车站与区间合标（即几站几区间一个标），规模过大时也可区间与始发站或第一个过站站合标，这是减少施工干扰、方便施工协调、有利于人员安排的办法之一。

（四）管片生产组织

盾构隧道施工组织应综合考虑管片厂的位置和沿线交通运输条件。全线盾构机若同时开始掘进，管片供应将过于集中。当盾构机数量增加而减少掘进长度时需要增加模板套数或管片堆场面积，直接或间接增加盾构隧道工程造价，也会引起年度工程投资的不均衡。而盾构施工长度增加，盾构机台数减少，模板套数自然会减少，但工期也会相应延长。

根据施工组织确定的盾构机数量及其先后始发，得出合理的管片模板套数和管片生产的均衡性，从而在不影响工期的前提下，降低盾构隧道的总体造价。

二、盾构掘进

（一）盾构操作

在盾构推进前，工程技术人员根据盾构机目前的姿态、地质变化、隧道埋深、地面荷载、地表沉降、刀盘扭矩、千斤顶推力等各种勘探测量数据信息，正确下达每班掘进指令，并及时跟踪调整。

盾构机操作人员执行指令，根据土压平衡的原理，确认土压的设定值，并将其输入土压平衡自动控制系统。

平衡压力的设定是土压平衡式盾构施工的关键，维持和调整设定的压力值又是盾构推进操作中的最重要环节，这里包含推力、推进速度和出土量三者之间的关系，对盾构施工轴线和地层变形量的控制起着主导作用。所以在盾构施工中应根据不同土质和覆土厚度、地面建筑物，配合地面监测信息的分析，及时调整平衡压力值的设定；同时精确控制盾构机姿态，控制每次的纠偏量，减少对土体的扰动，并为管片拼装创造良好的条件。根据推进速度、出土量和地层变形的监测数据，及时调整注浆量，从而将轴线和地层变形控制在允许范围内。

盾构机操作人员根据掘进指令和前一环衬砌的姿态、间隙状况，及时、有效地调整各项掘进参数，如推进速度、千斤顶分区域油压、加注泡沫或膨润土浆液等。对初始出现的小偏差及时纠正，尽量避免盾构机走"蛇"形。盾构机一次纠偏量不能过大，应采用"少量多次"的纠偏原则，以减少对地层的扰动。

盾构掘进应由富有经验的盾构操作手或者参加过培训并且合格的人员操作。间隔半年以上未操作过盾构机的操作手，需再次培训，取得合格认可后才能上机操作。

（二）盾构推进主要参数设定

1. 平衡压力值的设定原则

根据实际地质及隧道埋深情况，按下式计算开挖掌子面理论平衡压力：

$$P = k_0 \gamma h \qquad (2-19)$$

式中：P——平衡压力，kN/m^2；

γ——土体的平均容重，kN/m^3；

h——隧道埋深，m；

k_0——土体的侧向静止压力系数，一般取 0.7。

参照理论计算，结合盾构智能化辅助决策系统预测的方法来确定平衡压力的设定值。具体施工设定值根据盾构埋深、所在位置的土层状况以及检测数据进行不断调整。

2. 出土量控制

盾构掘进每环理论出土量 $=\pi R^2 \times L = 3.14 \times (6.28/2)^2 \times 1.5 = 46.4$ m。式中，R 为刀盘开挖半径，L 为环宽 1.5 m。每环理论出土量乘松散系数 1.2～1.5，最终得出每环的出土量为 55~69 m^3。

3. 掘进速度

不同地层的掘进速度是不相同的，土质快、岩质慢。通常土质掘进速度控制在 4~6 cm/min，而中风化岩层掘进速度控制在 1 cm/min 左右。

4. 盾构轴线以及地面沉降量控制

盾构轴线控制偏离设计轴线不大于 ±50 mm，地面沉降量控制在 −30~+10 mm。

5.盾尾油脂的压注

在盾构掘进施工过程中，盾尾密封用以防止地层中的泥土、泥水、地下水和衬砌外围注浆材料从盾尾间隙中漏入盾构，盾尾油脂通过安装在后配套系统中的一个气控油脂泵压注。

（三）盾构掘进姿态精确控制

1.盾构掘进偏差

盾构机在掘进过程中，由于受地层土质变化、千斤顶推力不均、回填注浆不均、盾尾间隙不均以及已拼管片轴线不准等因素的影响，不可能完全按设计方向推进，走行轨迹犹如蛇行，产生姿态偏差。姿态偏差可分为滚动偏差和方向偏差。

（1）滚动偏差。盾构掘进时，刀盘切削土体的扭矩主要靠盾构壳体与洞壁之间形成的摩擦力矩来平衡。当盾构掘进机壳体与洞壁之间产生的摩擦力不能平衡刀盘切削土体产生的扭矩时，将出现盾构机的滚动。过大的滚动会引起隧道轴线的偏斜，也会影响管片的拼装。

（2）方向偏差。盾构在掘进过程中，由于各种因素的影响，会产生竖直方向和水平方向的偏差：①盾构所受外力不均衡产生的方向偏差。盾构在地层中受多个外力作用，这些外力随地层的土质情况、覆土厚度的变化而变化，若不及时调整掘进参数或参数设置不合理，就会产生轴线偏差。②成环管片轴线对盾构轴线的影响。盾构推进反力支点设在成环管片上，当成环管片轴线控制不理想时，就会对盾构轴线产生影响，产生方向偏差。③盾尾间隙的影响。尚未脱离盾尾的管片外弧面与盾壳内弧面的间隙，称为盾尾间隙。当一侧盾尾间隙为0，盾构需向另一侧纠偏时，就会在该侧盾尾和管片外弧面间产生摩擦阻力，同时因无盾尾间隙纠偏困难，从而对盾构轴线的控制产生影响。④同步注浆产生的反力对盾构轴线的影响。注浆时，由于各种原因而不能保证对称作业或浆液注入量，注入速度控制不得当，则注浆产生的反力将使盾构轴线产生偏差。⑤盾构本身结构的影响。由于盾构各部位结构的影响，其重心位置趋前，扎头现象普遍存在，在松软地层中尤为显著。

2.盾构机掘进姿态监测

通过自动监测和人工监测两种监测方法可对盾构掘进机姿态进行监测。盾构掘进时，自动监测与人工监测同时使用，通过两者的相互配合，可提高盾构姿态监测的精度。

（1）自动监测。采用 VMT 软件导向系统对盾构机的位置和情况进行连续测量。该系统是在一固定基准点发出激光束的基础上，根据盾构机所处位置计算其对设计线路的偏差，并将信息反映在大型显示器上。监测装置安设在主控室内，操作人员通过控制系统进行调整。

用目标装置（激光板）和倾角罗盘仪测量盾构机的位置，用激光板测量激光束的入射点位置和入射角大小，用倾角罗盘仪测量盾构机在两个方向的转角。

（2）人工监测。采用通用的光学测量仪器（如全站仪、水准仪等），对盾构的姿态进行监测。

第一，滚动角的监测。用电子水准仪测量高程差，计算出滚动圆心角。在切口环隔墙后方对称设置两点（测量标志），在 a、b 两点之间拉线并使其长度为一定值，测量两点的高程差，即可算出滚动角，如图 2-31 所示。

图中 A、B 为测量标志，a、b 为盾构机发生滚动后测量标志所处的新位置，H_a、H_b 为 a、b 两点的高程，α 为盾构机的滚动圆心角。

线段 $AB=$ 定值，$OA=OB$，$\alpha=\arcsin[(H_b-H_a)/AB]$。

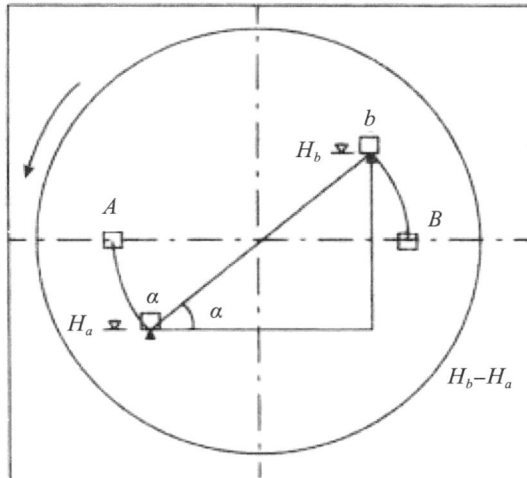

图 2-31　滚动角计算

上式中，如果 $H_b-H_a>0$，表明盾构机逆时针方向滚动；如果 $H_b-H_a<0$，表明盾构机顺时针方向滚动。

第二，竖直方向的监测。采用全站仪直接测量盾构的俯仰角变化，上仰或下俯时其角度增量的变化方向相反。

第三，水平方向角的监测。采用全站仪直接测量盾构的左右摆动，左摆或右摆时其水平方向角的变化方向相反。

（3）盾构机掘进姿态调整。盾构机推进姿态的调整包括纠偏和曲线段施工两种情况。

第一，滚动纠偏。采用使盾构刀盘反转的方法来纠正滚动偏差。允许滚动偏差≤1.5°；当超过1.5°时，盾构机报警，盾构司机通过切换刀盘旋转方向进行反转纠偏。

第二，竖直方向纠偏。控制盾构机方向的主要因素是千斤顶的单侧推力，它与盾构机姿态变化量间的关系比较离散，靠操作人员的经验来控制。当盾构机出现下俯时，加大下端千斤顶的推力进行纠偏；当盾构机出现上仰时，加大上端千斤顶的推力进行纠偏。

第三，水平方向纠偏。与竖直方向纠偏的原理一样，左偏时，加大左侧千斤顶的推力纠偏；右偏时，加大右侧千斤顶的推力纠偏。

第四，特殊地层下的姿态控制。盾构通过复合地层（即作业面土体的抗压强度等力学性能指标存在很大差异的地层）时，根据掌子面的地质情况，对液压推进油缸进行分区操作。

液压推进油缸的分区，采用如下方案：采用一台电液比例调速泵，向所有的推进油缸供油。将全部推进油缸分为 A、B、C、D 四个区域，每个区域的油缸编为一组。每组油缸设一电磁比例减压阀，用来调节该组推进油缸的工作压力，借此控制或纠正盾构掘进机的前进方向。在每组推进油缸中，有一个油缸装有位移传感器，用于标示该区域的行程，从而显示整个盾构机的推进状态。

例如，当盾构机发生上仰偏斜时，可以适当调节 A 区及 C 区油缸压力，即将 A 区油缸压力升高，C 区油缸压力降低，同时观察 A 区及 C 区的行程显示，以达到调节推进方向的目的。

第五，曲线段施工。在曲线地段（包括平面曲线和竖向曲线）施工时，对推进油缸实行分区操作，使盾构机按预期的方向进行调向运动。

（4）纠偏注意事项。

第一，在切换刀盘转动方向时，保留适当时间间隔，切换速度不宜过快。

第二，出现偏差及时根据掌子面地层情况调整掘进参数，调整掘进方向，避免引起更大的偏差。

第三，蛇行的修正以长距离缓慢修正为原则，如修正过急，蛇行反而会更加严重。在直线推进的情况下，选取盾构当时所在位置点与设计线上远方的一点作一直线，然后再以这条线为新的基准进行线形管理。在曲线推进的情况下，使盾构机当时所在位置点与远方点的连线同设计曲线相切。

盾构机掘进纠偏时，平面调差折角 <0.4%、高程调差 ≤ 20 mm，以防止纠偏过激。

第七节　盾构到达技术

一、盾构到达施工内容及工艺流程

盾构到达施工是指从盾构机到达接收井（或矿山法隧道扩大段）之前50 m 到盾构机贯通区间隧道进入车站接收井被推上盾构接收基座的整个施工过程。其工作内容包括盾构机定位及接收洞门位置复核测量、地层加固、洞口处理、安装洞门圈密封设备、安装接收基座等。盾构到达施工工艺流程如图 2-32 所示。

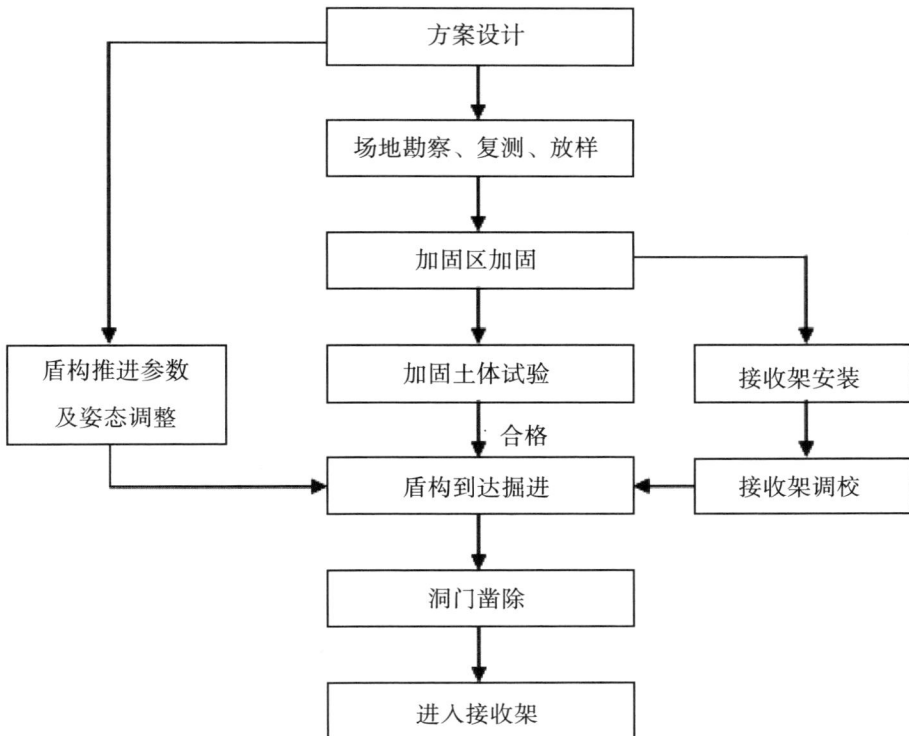

图 2-32　盾构到达施工工艺流程

二、盾构端头地基加固

（一）盾构端头地基加固技术

盾构端头地基加固技术有深层搅拌桩、高压旋喷桩、SMW 工法、降水法、冻结法等。

（1）深层搅拌桩：利用深层搅拌机，将水泥作为固化剂与地基土进行原位的强制粉碎拌和，待固化后形成不同形状的桩、墙体或块体等。

（2）高压旋喷桩：高压旋喷桩法有单管法、二重管法、三重管法，它在地基加固，提高地基承载力，改善土质，进行护壁、挡土、隔水等方面起到了很好的作用。利用工程钻机钻孔到设计深度，将一定压力的水泥浆液和空气通过其端部侧面的特殊喷嘴同时喷射，并强制与喷射出来的浆液混合、胶结、硬化喷射的同时，旋转并以一定速度提升注浆管，即在土体中形成直径明显的拌和加固体。

（2）SMW 工法（深层搅拌桩 +H 型钢）：SMW 工法是指通过深层搅拌机器搅拌，使水泥类悬浊液在原地地层中与土体反复均匀混合，并根据一定的间隔插入 H 钢或板桩等作为加强基材，待水泥土固结后，形成复合的连续挡土墙的技术。

（4）降水法：在软土或砂卵石的含水地层中建造隧道，用降水法排除地下水，稳定开挖面的土体，是防止地下施工流沙产生的有效措施，与其他疏干水方法比较是最经济的。

人工降低地下水位是在施工范围内埋设一定数量的滤水管（井），用抽水设备抽出其井内水，降低地下水位到有利工程施工，而在施工过程中仍保持不断抽水，使工作面土体始终保持干燥，从根本上防止流砂现象发生。同时，抽去土中水后，动水压减少或消除，土体竖直面更为稳定。

采用降水法一般为地面向下打井点，在盾构施工进出洞阶段，这是一个主要方法，经常被使用。

用人工降低地下水位方法有轻型井点、喷射井点、管井井点、深井井点等，而具体采用哪一种方法应根据土的渗透系数、要求降低水位的深度、工程特点、设备条件及现场施工条件而选择。

（5）冻结法：当用其他方法难以达到稳定开挖面土体时，采用冻结法可取得较好的效果。冻结法的主要功能：使不稳定的含水地层能形成强度很高的冻土体；能够形成完整的防水屏蔽，起到隔水作用；能起到良好的挡土墙作用，以承受外来荷载。冻结法依其冷却位置的方式，可以分为水平冻结和垂直冻结两大类。

水平冻结是采用水平圆筒体冻结加固方式，即在盾构进出洞的工作井内，在洞口周围布置一定数量的水平冻结孔，经冻结后，在洞内形成封闭的冻土帷幕，起到盾构破壁时抵御水土压力，防止土层塌落、地表沉降和泥水涌入工作井内的作用。洞口冻结孔一般布置成圆形，也可布置成方形。根据冻土帷幕所需厚度、强度及工期安排，可采用单排孔、双排孔或多排孔冻结，以形成所需要的冻土帷幕厚度和强度。一般设计水平冻结深度为 5~10 cm，冻结孔布置圈位比洞口直径大 1.6~2.0 m，采用水平钻孔机施工。

垂直冻结是采用板状冻结加固理论设计的，对盾构进出洞口上体布置一定数量的垂直冻结孔，经冻结后，在洞门处形成板状冻土帷幕来抵御盾构进出洞破壁时的水土压力，防止土层塌落和泥水涌入工作井内。

（二）盾构端头地基加固范围

常用的盾构进洞地基加固采用深层搅拌桩方案，旋喷桩加固。地基加固范围为洞圈两侧向左右各延伸 3 m，洞圈底部以下 3 m。平面范围为端头井向槽壁以外、沿隧道轴线 3~10 m。为防止基坑开挖时围护结构的位移造成出洞地基加固土体与槽壁外边界形成渗水通道，应进洞前在靠槽壁一侧 30~60 cm 范围内施工，高压旋喷桩宽度超出搅拌桩加固范围，深度与搅拌桩一致。其余加固形式的范围根据设计确定。

（三）盾构端头地基加固要求

在盾构进洞前，需对井外进洞地基加固按照设计图纸进行验收，即加固强度范围满足设计要求，加固后土体应与结构衔接良好，无加固盲区，地基加固无侧限抗压强度 $q_u \geq 0.8$ MPa，渗透系数 $\leq 1 \times 10^{-8}$ cm/s。加固强度达到设计要求后才能进行进洞施工，否则应采取补加固措施。

三、盾构姿态复测

盾构贯通前的测量是复核盾构所处的方位、确认盾构姿态、评估盾构进洞时的姿态和拟定盾构进洞段的施工轴线、推进坡度的控制值和施工方案等的重要依据，以使盾构在此阶段的施工中始终按预定的方案实施，以良好的姿态进洞，准确就位在盾构接收基座上。

在进洞前 100 环，应精确做好轴线贯通测量工作以后根据盾构推进的轴线偏差情况，每推进 20~30 m，复核一次。最后 50 环的推进，盾构轴线与设计轴线的偏差应尽可能控制在 3 cm 内。盾构掘进最后 30 环的推进应增加测量的次数，不断校准盾构机掘进方向，使盾构以最佳姿态进洞。

四、洞门复测

测量进洞处洞门中心实际高程及平面坐标。纵横向每间隔 3 m 测出井底实际高程。在洞门、井底或车站结构段上用红漆做好轴线、高程等标志。

对洞门中心位置复测后，根据实际情况指导盾构进洞姿态。盾构到达姿态调整是盾构能否顺利进洞的关键，根据现场实测车站端头井洞圈尺寸和位置，在确定盾构进洞姿态后，盾构进洞阶段的姿态需做适当调整。

五、盾构接收基座安装

接收基座应在确定盾构机进洞姿态后，根据实际情况调整安装，保证盾构机安全稳妥地进入接收基座。接收基座一般采用钢轨作为直接承载轨道，采用工字钢作为支撑，焊接应按相关规定保证质量。

（一）盾构基座安放

根据洞门的确切方位，对盾构基座安放位置进行准确放样。基座安装时按照测量放样的基线，吊入井下就位拼装、焊接。基座按设计坡度安放，基座就位后，应进行支撑加固，以加强其整体稳定性。

（二）导向轨放置

为了使盾构进洞时有良好的导向，应在洞圈上安放导向轨。导向轨在洞圈底部放置 2 根，延伸至盾构基座上并与基座上的 2 根导向轨连成一体。

（三）钢平台搭设

首先由底层安放（直立)609 钢支撑 12 根（中间用 18# 工字钢支撑），再在钢支撑上安置 70# 工字钢形成框架结构，然后在 70# 工字钢上铺设 20 mm 的钢板，最后在钢板上安放盾构基座。

六、洞口密封装置

（一）洞圈止水装置安装

预先在洞圈上安装一圈弧形插板，作为一道止水屏障。

（二）洞圈注浆球阀的布设

为了防止盾构进洞时漏泥浆，及时在渗漏点压注双液浆，应在洞圈周围布设 6~8 个注浆球阀。为了使注浆效果更佳，注浆球阀后端可连接一定长度的钢管深入至内道花纹钢板。盾构进洞封门后隧道内管片壁后注浆，此时注浆球阀还将起到泄压检验洞圈注浆效果的作用。

（三）洞圈清理

由于在洞圈内外侧需焊接洞门止水装置及封洞门的弧形插板等，因此洞圈必须清理干净，确保钢洞圈能与其他钢质装置牢固焊接。

七、设备检查

进洞前应对盾构机主要设备进行一次全面的检查，及时解决存在的问题，使设备保持良好的运行状态，确保在进洞时不致由于设备原因产生工程难点，并尽量缩短进洞时间。

八、联系条安装

盾构进洞处最后 10 环管片上安装纵向拉紧装置，以防盾尾在脱出管片后，管片环与环之间的间隙被拉大，造成漏水或漏泥。拉紧装置将进洞口的最后 10 环衬砌用 14b 槽钢沿隧道纵向拉紧，14b 槽钢设置在管片的起重螺母处，用 $\phi70$ 圆柱管螺纹加 M36 螺栓将 14b 槽钢可靠地栓紧在管片上，以防止洞口衬砌环缝松弛、张开并造成漏水。

九、进洞段掘进

盾构机推进离洞口约剩 10 环时，当班工长及盾构司机应密切注意刀盘马达的油压显示，如有升压趋势，即可认为切口已至地基加固边缘，此时应立即降低推进速度，同时适度调低密封仓压力，边向前仓边推进边注水，以润滑切削面，使削下来的土呈流动状态，能够顺利排出。

十、穿越加固区

由于盾构进洞口土体经过加固处理，强度高，为控制好推进轴线、保护刀盘，应注意以下事项。

（1）推进速度控制在 1 cm/min 以内。

（2）土压力设定值应略低于理论值，土压力逐渐降至最低。

（3）盾构坡度可略大于设计坡度。

（4）由于加固区土体强度较高，穿越时需密切注意刀盘扭矩、螺旋机扭矩等参数。必要时可利用加泥泵向刀盘正面适当压注膨润土浆或水来降低刀盘扭矩；通过接在螺旋机上的球阀，向螺旋机内注膨润土浆或水来降低螺旋机扭矩。

（5）盾构机鼻尖距封门 50 cm 时，可视土体情况开通盾构机壳体注浆孔，用盾构机配备的注浆设备向周边土体压注液浆，使之形成一个环箍，阻断水土流失的通道。

（6）安排专人密切观察洞门变形和水土情况，加快信息反馈速度，有异常情况应立即停止推进，并及时采取相应对策。

十一、盾构到达施工

根据盾构机的贯通姿态及掘进纠偏计划进行推进，纠偏要逐步完成，每一环纠偏量不能过大。

在盾构机距离端头墙 50 m 时，选择合理的掘进参数，逐渐放慢掘进速度，控制在 20 mm/min 以下，推力逐渐降低，缓慢均匀地切削洞口土体，以确保到达端墙的稳定和防止地层坍塌。盾构进入到达段后，加强地表沉降监测，及时反馈信息以指导盾构机掘进。

当盾构机刀盘距离贯通里程小于 10 m 时，在掘进过程中，应由专人负责观测出洞洞口的变化情况，始终保持与盾构机司机的联系，及时调整掘进参数。在拼装的管片进入加固范围后，浆液改为快硬性浆液，提前在加固范围内将泥水堵住在加固区外。当最后一环管片拼装完成后，通过管片的二次注浆孔，注入双液浆进行封堵。注浆过程中要密切关注洞门的情况，一旦发现有漏浆的现象应立即停止注浆并进行处理。

当盾构前体盾壳被推出洞门时，通过压板卡环上的钢丝绳调整折叶压板使其尽量压紧帘布橡胶板，以防止洞门泥土及浆液漏出。在管片拖出盾尾时再次拉紧钢丝绳，使压板能压紧橡胶帘布，让帘布一直发挥密封作用。

由于盾构到站时推力较小，致使洞门附近的管片环与环之间连接不够紧密。因此，做好后 20 环管片的螺栓紧固和复紧工作，并用槽钢沿隧道纵向拉紧后 20 环管片，使后 20 环管片连成整体，防止管片松弛而影响密封防水效果。

第三章　上软下硬复合地层盾构处理技术

上软下硬复合地层是软硬不均地层中最常见的一种地层，即隧道断面内存在两种或两种以上不同岩性的地层，且强度差异较大。这类地层主要分布于广州、深圳、厦门等地。

盾构在上软下硬复合地层施工过程中，易出现地表沉降过大、刀具磨损严重、隧道轴线偏离设计线路等问题。本章主要阐述地层特性与施工难点，提出盾构适应性选型设计相关要点，并结合典型工程案例，对盾构开挖面稳定控制技术、掘进技术进行分析和总结。

第一节　地层特性与施工难点

一、地层特性

（1）上软下硬复合地层的岩土力学性质及工程和水文地质特征差异较大。上部软岩层强度较低，自稳性差；下部硬岩层强度高，自稳性好。

（2）上软下硬复合地层中的软岩具有高含水量、高压缩性、高黏粒含量、低强度等特点，扰动后易触变，极不稳定。

（3）上软下硬复合地层因其上部软岩和下部硬岩强度差异大，且石英含量高，对设备的破岩能力、耐磨性和软硬不均适应性要求高。

二、施工难点

上软下硬复合地层由于其工作面地层岩土力学指标及地质特征差异大，盾构掘进过程中容易出现以下问题。

（一）地面沉降

上软下硬复合地层上部与下部围岩强度差异较大。在盾构法隧道施工过程中，掌子面上部和下部所需平衡的压力不一致，若仅考虑掌子面上部平衡，则下部可能出现超压；若仅考虑掌子面下部平衡，则掌子面上部出现欠压。同时，由于上软下硬复合地层岩性不均匀，盾构在施工过程中对周围地层扰动过大，土压以及出土量不易控制，容易造成地面较大沉降甚至坍塌。

（二）刀具磨损

盾构在上软下硬复合地层施工过程中，刀具磨损主要体现在两个方面：一方面，上部软土层处于黏性土层时，掘进参数设置不当很容易造成盾构刀盘"结泥饼"，从而导致滚刀偏磨；另一方面，上部软岩强度低，下部硬岩单轴抗压强度高，刀具在软硬不均岩面做周期性的碰撞，刀盘受到的冲击力较大，容易造成局部刀具受力超载，致使滚刀轴承或密封破坏，滚刀非正常磨损。由于开挖面上部软岩地层地质稳定性差，带压换刀风险极大。

（三）盾构姿态不易控制

在上软下硬复合地层施工时，盾构有向软岩方向偏移的惯性，盾构姿态容易发生偏移。当盾构姿态偏差过大时，管片拼装困难，易出现错台现象，且管片的受力不均匀，严重时管片出现破损，从而影响隧道防水效果。

（四）管片破损

盾构在上软下硬复合地层施工时，为保持掌子面上部和下部围岩掘进速度相协调，必须加大硬岩一侧推进油缸的推力，局部压力过大易造成管片错台、破损等问题。

第二节 盾构适应性选型设计

一、选型原则和依据

（1）具备开挖面稳定、掌子面压力精确调整和控制功能；

（2）具有在上软下硬复合地层直接掘进通过的能力，应充分考虑刀盘、主驱动、螺旋输送机／泥浆循环系统能力储备；

（3）应根据上软下硬复合地层硬岩的强度及分布情况，确定刀具的形状、材质和配置。

二、复合地层适应性设计

（一）刀盘及刀具

（1）刀盘结构宜采用复合式或面板式，滚刀和撕裂刀（先行刀）可互换或混装，满足软、硬及软硬不均等不同地层条件下刀具的合理配置和调整功能。

（2）刀具应具有很强的破岩能力，刀盘应有足够的强度和刚度。刀盘开口率建议为30%～45%，中间开口率适当增加，降低在泥岩条件下刀盘结泥饼的概率。

（3）刀盘驱动具备较大扭矩储备，满足恶劣工况条件下的脱困能力。

（4）刀盘整体耐磨设计要加强，尤其是周边区域建议设置焊接式撕裂刀，提高周边区域耐磨性能和保护边滚刀刀箱；刀盘周边环形区域建议安装合金耐磨环，提高周边耐磨性能。

（5）建议刀盘正面切刀和周边刮刀采用大块合金结构设计，以提高软硬不均地层的刀具抗冲击性能。

（6）刮刀螺栓连接强度宜适当提高，建议在刀具背后设置高耐磨性的保护块，防止刮刀在软硬不均地层受到冲击后掉落。

（二）土压平衡盾构

1. 螺旋输送机

土压平衡盾构螺旋输送机出土口建议设置双闸门，或预留膨润土和高分子聚合物注入接口，防止富水砂层条件下泥砂喷涌；合理设置检查孔，以便在复合地层掘进螺旋输送机被卡时进行检查或处理。

提高整体耐磨性能，在螺旋轴最前端叶片上加装复合耐磨合金块，以适应盾构在砂层、花岗岩等地层掘进；同时，螺旋输送机第一节筒体上建议设计有可更换的耐磨块，当筒体磨损后，可以在洞内快速更换，提高筒体使用寿命。

2. 渣土改良系统

为提高土压平衡盾构渣土改良效果，盾构配置泡沫和膨润土两种系统。泡沫系统建议采用单管单泵的方式，每路泡沫均可独立工作，不受土仓压力和管道阻力的影响，采用成熟的防堵塞设计。且渣土改良注入口采用整体背装式结构，便于洞内维修或更换。

（三）泥水平衡盾构

1. 泥浆循环系统

①泥水平衡盾构泥浆循环系统应具备较高的安全性和可靠性，与高压仓连接的泥浆管路宜设置为液压闸阀和气动球阀组合方式，防止长距离复杂地层盾构掘进过程中因球阀磨损关闭不严密，在更换盾构泥浆软管、检

修排浆泵站或冲刷系统泵站时气垫仓或刀盘仓泥浆外泄，导致掌子面压力波动。

②液压系统配置蓄能器，满足紧急条件下的快速关闭功能。

③泥浆循环系统的软连接外侧宜增设防护装置，周边不宜设置重要的电气系统，防止软连接爆裂时对电控系统造成较大影响。

2. 泥浆处理系统

在岩土复合地层应具备较高的泥浆处理能力，具有较高的地层变化应对能力；同时，结合不同工程地质概况，合理配置泥浆压滤或离心设备，满足在富含黏土和泥岩等复杂地层工况下的泥浆分离和达标排放能力。

（四）带压进仓系统

盾构需具备带压进仓功能，入仓设计和制造应符合国家或行业有关标准要求，还应配置与其相匹配的辅助系统或接口，如移动式有害气体检测系统、应急电源和气源、带压动火作业接口等，具备快速带压进仓换刀和修复作业功能。

第三节　盾构开挖面稳定控制技术

盾构掘进对周边地层的影响大体包括土体的应力释放、地层含水量和水压力的变化。在上软下硬复合地层或软土地层使用盾构施工时，软土层含水量高、灵敏度大、强度低、压缩性高，会使原本处于稳定状态的地层出现卸载或加载等复杂力学行为，土体的极限平衡被打破，从而对土体产生扰动，引起地表变形。因此，进行盾构掘进时，应分析和掌握地层变形、沉降规律、影响因素等相关内容，及时做好盾构施工过程安全控制。

一、地层变形机理

地表变形是指由于盾构施工而引起隧道周围土体的松动和沉陷，它直观表现为沉降或隆起。受其影响隧道附近地区的构筑物将产生变形、沉降或变位，以致构筑物机能遭受破损或破坏。地层变形主要分为地层损失和固结沉降。

（一）地层损失

隧道开挖过程中由于超挖或衬砌环与地层之间的间隙填充不及时等原因，使地层与衬砌之间产生空隙。在软土层中空隙会被周围土壤及时填充，引起地层运动，产生施工沉降（也称瞬时沉降），土的应力因此而发生变化，随之而形成"应变—变形—位移—地面沉降"。

所谓地层损失量（V），是指盾构施工中实际出渣量与理论出渣量之差。地层损失率以地层损失量占盾构理论出渣量的百分比（V_s，%）来表示。

地层损失量的计算公式为

$$V = V_{实} - V_0 \qquad\qquad （3-1）$$

式中：$V_{实}$——实际出渣量；

V_0——圆形盾构理论出渣量。

圆形盾构理论出渣量计算公式为

$$V_0 = \pi r_0^2 L \qquad\qquad （3-2）$$

式中：r_0——开挖半径；

L——推进长度。

地层损失率（V_s）的计算公式为

$$V_s = \frac{V}{V_0} \qquad\qquad （3-3）$$

（二）固结沉降

由于盾构推进过程中的挤压、超挖和尾盾注浆作用，对地层产生扰动，使隧道周围地层产生正、负超空隙水压力，从而引起地层沉降，称为固结沉降。固结沉降可分为主固结沉降和次固结沉降。

1. 主固结沉降

主固结沉降是指超空隙水压力消散引起的土层压密，与土层厚度有着密切的关系。土层越厚，主固结沉降占总沉降的比例越大。因此，在隧道埋深较大的工程中，施工沉降虽然很小，但主固结沉降的作用决不可忽视。

2. 次固结沉降

次固结沉降是指由于土层骨架蠕动引起的剪切变形沉降。在空隙率和灵敏度较大的软塑和流塑性土层中，次固结沉降往往要持续几个月，有的甚至要几年以上。其所占总沉降的比例可高达 35%。

从理论上讲，盾构施工引起隧道周围地表沉降是指地层损失造成的施工沉降、主固结沉降及次固结沉降三者之和。如果不考虑次固结沉降，总沉降应等于地层损失造成的施工沉降和由于地层扰动引起的主固结沉降之和。固结沉降是由于施工引起地层空隙水压消散造成的，不同地层固结沉降值占总沉降比例相差迥异，而次固结沉降是由于地层土体原有结构破坏引起的蠕变沉降，除流塑性软黏土地层外通常都较小，一般都不考虑。

二、地层隆沉过程分析

盾构掘进引起的地面沉降，按地表沉降变化规律可分为初期沉降、开挖面沉降或隆起、尾部沉降、尾部空隙沉降和固结沉降五个阶段，详见表3-1。

表 3-1　盾构施工引起位移的原因和机理

沉降类型	主要原因	应力扰动	变形机理
初期沉降	土体受挤压而压密	空隙水压力减小，有效应力增加	空隙率减小，固结
开挖面沉降或隆起	工作面处施压，过大隆起，过小沉降	空隙水压力增大，总应力增加	土体压缩产生弹塑性变形
尾部沉降	施工扰动，盾构与土体间剪切错动，出渣	应力释放	弹塑性变形
尾盾空隙沉降	土体失去盾构支撑，管片背后注浆不及时	应力释放	弹塑性变形
固结沉降	土体后续时效变形	应力释放	蠕变压缩

（一）初期沉降

初期沉降是在盾构开挖面前方一定范围内产生的沉降。因初期沉降的量较小，而且不是所有的盾构施工工程都会发生，所以一般不被觉察。据部分实测资料分析断定，初期沉降是由于固结沉降所引起的，其中包括盾构施工所引起的地下水或空隙水的下降。

（二）开挖面沉降或隆起

在盾构掘进过程中发生的地面沉降或隆起，是由于开挖面支护压力设置过大或过小，以及掘进速度、推力等掘进参数的影响，引起开挖面区域土层的土压增加或应力释放。

（三）尾部沉降

盾构通过时产生的地面沉降，主要是盾构对土体的扰动所致。

（四）尾部空隙沉降

在盾构尾部通过之后，引起沉降的原因是盾构尾部建筑空隙和隧道周围土层被扰动。这些"建筑空隙"如不及时地填充，就会被周围土体填充，最终引起地面沉降。

（五）固结沉降

盾构通过后在相当长一段时间内仍延续着沉降。黏土地基的长期延续沉降明显大于砂质地基。因此，这类沉降归结于地层的塑性变形。该阶段的沉降起因是土层本身的性质和隧道周围土体受扰动。它的滞后时间与盾构的种类、地质条件、施工质量等因素有关。

三、地面隆沉的影响因素

（一）掘进参数设置不合理

具体情况分为以下两种：

（1）当支护压力小于开挖面土体所需压力时，可能出现开挖面局部坍塌，引起地面沉降；当支护压力过大时，会引起地面隆起。

（2）掘进速度与出渣量不匹配，出渣量大于理论出渣量，引起超挖。

（二）注浆工艺不合理

由于注浆量不足、注浆压力过大或过小、注浆材料固结收缩率大等原因，均会引起地层损失，导致地面隆沉。

（三）盾构姿态变化

在推进过程中，盾构"姿态"的纠偏对沉降的影响是不容忽视的。盾构纠偏就意味着盾构轴线与隧道轴线产生一个偏角。当盾构以"仰头"或"磕头"方式推进时必然在其轨迹上留下一个空隙，引起地面扰动。

（四）螺旋输送机喷涌（仅指土压平衡盾构）

螺旋输送机喷涌导致开挖面土体流失、压力波动，引起地面沉降。

（五）尾盾密封失效

尾盾密封失效后，地层中的渣土通过尾盾密封区域流入盾构内部，导致地层土体损失，进而引起地面沉降。

四、盾构开挖面稳定机理

（一）泥水平衡盾构开挖面稳定机理

泥浆的作用之一是保证开挖面的稳定，不管是在掘进过程中还是停机状态下，泥水平衡盾构开挖面稳定的关键是泥浆在地层中渗透并形成泥膜。

1.泥膜形成过程

当泥水压力大于地下水压力，且两者之间的压力差保持稳定，泥水将按达西定律渗入开挖面土体中，在土壤间隙形成一定比例的悬浮颗粒，这些颗粒随泥水渗入土体颗粒间的空隙中，形成一层泥膜。随着时间推移，泥膜的厚度不断增加，渗透抵抗力逐渐增强，当泥膜渗透抵抗力大于正面土压力时，施加一定压力的泥水产生平衡效果。在开挖面无论是掘进阶段还是拼装阶段始终保持着一层泥膜，当刀盘刀具将泥膜包裹的土体切削后，新的泥膜很快形成，周而复始，即这层泥膜始终保持着开挖面的平衡。

2.泥膜生成条件

泥膜的形成既与泥浆质量有关，也与地层特性有关。泥浆质量包括泥浆最大粒径、泥浆配比、泥浆黏度、泥浆压力等，而地层特性包括土体类型、土体颗粒粒径和土体渗透性等。所以，泥膜的形成是泥浆质量与土层特性相互作用的结果。要形成泥膜必须满足以下四项基本条件：

（1）泥浆的最大颗粒粒径的选取与地层渗透系数、颗粒之间相互匹配，有利于泥膜的形成。

（2）泥浆配比对泥膜的形成也有较大的影响，最佳的泥浆配比需通过大量试验来确定。

（3）泥浆密度与泥浆配比密不可分。在黏性土中泥浆密度可小些，在砂性土（砂或沙砾等土层）中泥水密度则大些。掘进过程中泥浆密度不宜过高或过低，前者影响泥水的输送能力，后者影响开挖面的稳定。

（4）泥浆压力。选择最佳的泥浆压力对开挖面的稳定性至关重要。泥浆压力过小时，开挖面在围岩土压力、水压力的作用下就会发生破坏；而泥浆压力过大时，泥浆会通过地层间隙逃逸到地层中，甚至造成地面冒浆。

（二）土压平衡盾构开挖面稳定机理

开挖面稳定控制技术是盾构施工的关键技术之一。土压平衡盾构开挖面稳定是依靠开挖面稳定机构和控制系统保持土压仓的压力来实现的，稳定机构和控制系统包括刀盘、推进系统、渣土改良系统、搅拌机构、螺旋输送机、土压传感器和土压控制系统等。在盾构掘进过程中，通过控制盾构机的掘进速度和螺旋输送机的出渣量，可使土压仓保持一定的土压。

1. 土压设定

在土压平衡盾构施工中，合理设置土压力对控制地表沉降意义重大。土压设定应以维持刀盘前方围岩稳定为原则，若土仓内压力小于开挖面的水土压力，会使开挖面严重超挖，使土体松弛进而塌落，引起地表下沉；若土仓内压力大于开挖面的水土压力，会引起开挖面上部地层的隆起。盾构掘进过程中，需根据理论计算设定合适的土仓压力值，并根据现场施工监测数据随时调整其掘进参数。

2. 土压平衡控制

土压平衡盾构施工时，为实现土压仓内压力稳定，切削下来的渣土应具有一定的塑性和流动性，如果渣土塑性和流动性较差，需添加膨润土泥浆、泡沫剂等润滑材料进行渣土改良。在土仓内通过刀盘旋转和搅拌臂将刀盘切削下来的土、砂及润滑材料混合，使其形成具有一定塑性、流动性及低透水性的渣土，这些经过改良后的渣土充满土仓和螺旋输送机内以保持与开挖面的土压力相平衡。

第四节　上软下硬复合地层盾构掘进技术

一、主要技术措施

针对上软下硬复合地层的特点和难点，盾构掘进需采用以下施工措施：

（1）加强地质补勘，摸清复合地层的地层特性以及岩石分界线；对周围建（构）筑物进行详细调查和鉴定，若有必要可采取注浆加固或基础托换等措施。

（2）在工程施工前，应根据工程地质情况，在隧道沿线具备条件或加固后具备条件的地段预先设置盾构停机检修点，待盾构掘进至停机点时进行刀具检查和维修，同时进行盾构检查、修复。

（3）破岩刀具应采用全盘滚刀，在周边磨损严重的区域适当配置贝壳式撕裂刀，与滚刀形成立体切削，并对滚刀刀箱进行保护。

（4）在掘进过程中，当掘进速度、刀盘扭矩等主要参数发生突变或不在正常范围时，应立即停机分析原因，检查刀具情况，不可盲目掘进。

（5）应合理设置盾构掘进参数，减少对地层的扰动，避免造成上部软弱地层沉降塌陷。

（6）做好施工监测工作，及时反馈监测信息，并根据地表沉降和建（构）筑物沉降的监测数据，结合地质特性，及时调整土仓压力、推进速度等施工参数。

（7）当需进行带压开仓作业时，及时进行带压开仓检查和更换刀具作业。

二、主要参数设置

（一）掘进模式选择

1.土压平衡盾构

土压平衡盾构具有土压平衡模式、半敞开式、敞开式三种掘进模式。土压平衡模式适用于地层自稳性差、地表有建（构）筑物，以及地表沉降要求严格的区域；半敞开式适用于具有一定自稳能力的地层；敞开式适用于地层稳定性好，具备完全自稳能力的地层。

盾构在上软下硬复合地层施工过程中，因隧道穿越区域存在软弱不稳定地层，为保证开挖面稳定，需采取土压平衡模式掘进。

2.泥水平衡盾构

根据对泥浆压力控制方式的不同，泥水平衡盾构又分为直接控制型和间接控制型两大类。直接控制型泥水平衡盾构的泥水仓压力，可通过调节进排浆泵转速或调节控制阀的开关来实现；间接控制型泥水平衡盾构通过配置气压仓等压气设备，通过保持气压仓压力与开挖面周围的静水压力及土压力平衡，维持开挖仓内的压力来保证开挖面的稳定。与直接控制型相比，间接控制型其操作控制更为简化，泥水仓压力波动小，控制精度高，对开挖面土层支护更为稳定，对地表变形控制也更为有利。因此，上软下硬复合地层宜采用间接控制型泥水平衡盾构进行掘进施工。

（二）压力设置

盾构在上软下硬复合地层条件下施工时，不仅要考虑硬岩地层对刀盘的影响，而且必须重视软岩地层的稳定性，避免造成超挖现象和地表沉降。一般情况下，压力设定值应为理论计算值的105% ~ 115%，并根据地面沉降监测信息与盾构掘进诸要素进行对比分析，不断进行参数优化。

（三）掘进参数设置

盾构在上软下硬复合地层掘进时，刀盘扭矩随着刀盘转速的增加而增大，推进速度随刀盘转速和推力的增加也相应增大，而推进速度增加时刀盘扭矩也相应增大。为了避免刀具损坏，减少刀盘与刀具磨损，降低刀具与硬岩接触时的瞬时冲击力，掘进参数设置应遵循"低速度、低转速、低扭矩、小推力、低贯入"的原则。

三、盾构姿态控制

（一）盾构姿态的影响因素

1. 地质变化

由于隧道穿越的地层复杂多变，各层土层的特性和物理指标有较大差异，盾构姿态必定受到各土层物理性质的制约和影响，产生不均匀位移。当盾构在软硬不均地层掘进时，推力和扭矩变化较大，盾构主机有着向地层较软一侧偏移的惯性，易出现盾构姿态偏差。应根据隧道地层分布状况以及其地层分界面的变化情况，合理进行掘进参数设置，并根据掘进参数变化情况及时优化调整。

2. 掘进操作因素

盾构操作是影响盾构姿态的重要因素之一。在盾构掘进操作过程中，需根据盾构姿态的变化，通过合理控制推进系统各区域推进油缸的使用数量、推进油压及速度，正确选择刀盘正、反转模式等手段来调整盾构姿态。

（二）姿态控制和调整

盾构采用隧道自动导向系统和人工测量辅助进行盾构姿态监测。该系统配置了导向、自动定位、掘进程序软件和显示器等，能够全天候在盾构主控室动态显示盾构当前位置与隧道设计轴线的偏差以及趋势。

随着盾构推进，导向系统后视基准点需要调整位置，必须通过人工测量来进行精确定位。为保证推进方向的准确性和可靠性，根据掘进里程和姿态变化情况，及时进行人工测量，以校核自动导向系统的测量数据并复核盾构的位置、姿态，确保盾构掘进方向的正确。

1. 姿态调整

通过分区操作盾构的推进油缸来控制掘进方向：在上坡段掘进时，适当加大盾构下部油缸的推力；在下坡段掘进时，则适当加大上部油缸的推力；在左转弯曲线段掘进时，适当加大右部油缸推力；在右转弯曲线掘进时，适当加大左部油缸的推力；在直线平坡段掘进时，尽量使所有油缸的推力保持一致。

在相对均一地层掘进时，推进油缸的推力应基本保持一致；在软硬不均地层中掘进时，应根据不同地层在断面的具体分布情况，遵循硬岩地层一侧推进油缸的推力适当加大、软岩地层一侧油缸的推力适当减小的原则来操作。

2. 滚动纠偏

刀盘切削土体的扭矩主要是由盾构壳体与洞壁之间形成的摩擦力矩来平衡，当摩擦力矩无法平衡刀盘切削土体产生的扭矩时将引起盾构本体的滚动。盾构滚动偏差可通过转换刀盘旋转方向来实现。

盾构允许滚动偏差 ≤ 1.5°；当超过 1.5° 时，盾构操作系统报警，提示操纵者必须切换刀盘旋转方向，进行纠偏。

3. 竖直方向纠偏

当盾构姿态出现下俯时，可加大下侧推进油缸的推力；当盾构姿态出现上仰时，可加大上侧推进油缸的推力来进行纠偏。同时考虑刀盘前面地质因素的影响综合调节，从而达到一个比较理想的控制效果。

4. 水平方向纠偏

与竖直方向纠偏的原理一样，左偏时加大左侧推进油缸的推进压力，右偏时加大右侧推进油缸的推进压力，并兼顾地质因素。

（三）纠偏注意事项

（1）在切换刀盘转动方向时，保留适当的时间间隔，避免切换速度过快造成管片受力状态突变而使管片损坏。

（2）根据掌子面地层情况及时调整掘进参数，调整掘进方向时设置警戒值与限制值。当盾构姿态达到警戒值时则实行纠偏程序。

（3）同步注浆的质量、盾构自重以及掘进速度大小等因素，也是影响盾构姿态发生偏移的重要原因。当掘进方向发生较大偏移时，要遵循"少纠、勤纠"的原则，必要时可利用盾构的超挖刀和中盾与尾盾的铰接油缸来纠正盾构姿态，避免纠偏过猛，引起盾构蛇形前进，造成刀具磨损和管片拼装困难。

（4）加强对推进油缸油压的调整控制，否则可能造成管片局部破损甚至开裂。

（5）正确进行管片选型，确保拼装质量与精度，以使管片端面尽可能与掘进方向垂直。

（6）盾构始发、到达时的方向控制极其重要，按照始发、到达掘进的有关技术要求，做好测量定位工作。

（7）管片拼装时，要确保成环管片环面的平整度，使成环管片的轴线与隧道轴线重合，以免影响盾构姿态。

四、渣土改良

（一）目的

（1）使渣土具有较好的土压平衡效果，利于稳定开挖面，控制地表沉降。

（2）使渣土具有较好的止水性，以防止地下水流失。

（3）提高渣土的塑性和流动性，便于螺旋输送机顺利排出。

（4）可有效防止渣土黏结刀盘而产生泥饼。

（5）可防止或减轻螺旋输送机排渣时的喷涌。

（6）可有效降低刀盘扭矩及螺旋输送机扭矩，降低对刀具和螺旋输送机的磨损，提高盾构机掘进效率。

（二）主要外加剂及其作用

1.泡沫剂

盾构用泡沫剂是由多种表面活性剂、稳定剂、强化剂和渗透剂等复配而成的。载体为水。在工作过程中，泡沫剂与水混合后通过泡沫发生装置，经压缩空气作用，发出无数不同直径的气泡，通过管路注入刀盘仓，对渣土进行改良，提高渣土的塑性和流动性。

泡沫剂中90%为空气，另外10%中的90%～99%是水分，剩下的才是发泡剂。经过数小时后，渣土中泡沫里的大部分空气就会逃逸而恢复原来的黏结状态，以便运输。

（1）泡沫剂的适用范围。泡沫剂一般用于土压平衡盾构开挖过程中的渣土改良，在颗粒级配相对良好的砂土层，以及其他细颗粒地层的改良效果相对较好。

（2）泡沫剂的作用。具有良好的润滑作用和一定的强度，可降低土体的内摩擦力，提高渣土的流动性；可以防止可重塑的黏土形成泥饼，其原理是在黏土块外面形成薄膜，从而阻止块与块之间的黏结；泡沫能置换土颗粒间隙中的水，在工作面上形成一个不透水层，提高开挖面的止水性和稳定性，防止"喷涌"现象的发生。

（3）泡沫剂的用量。根据泡沫剂厂家提供的经验计算值，并结合特定的地质条件通过试验确定。

2. 膨润土

膨润土的主要成分是蒙脱石，由于其含钾、钙、钠元素的不同，其性质也略有不同。蒙脱石具有层状结构，易吸水膨胀，并具有润滑性，一般用于地层中细颗粒含量较少的土体改良，如粗砂层、沙砾层、卵石地层等。

在工程实际应用时，常用活性指数来区分不同的黏土矿物。活性指数是塑性指数（用百分比表示）与黏土含量（用百分比表示）的比值。比如，高岭土的活性指数为 0.5，伊利石的活性指数为 0.5 ～ 1.0，膨润土的活性指数为 1.0 ～ 7.0。

膨润土的功能为：

（1）可以在工作面上形成低渗透性的泥膜，这样有利于给工作面传递密封仓的压力，以便平衡更大的水土压力；

（2）可以提高仓内渣土的和易性、级配性，从而可以提高其止水性，以便于出渣，减少喷涌；

（3）盾壳周边充满膨润土，可以减小盾构与地层间的摩擦力，提高有效推力，同时能降低扭矩，节约能耗。

3. 聚合物

聚合物是一种长链分子的有机化合物。它可单独使用，也可以与膨润土及泡沫剂混合使用。当它与渣土混合时，其分子就会附着在渣土颗粒的表面，当这些渣土颗粒相互碰在一起时，聚合物分子就将渣土颗粒黏结在一起，减轻或防止喷涌。

五、同步注浆

同步注浆是在盾构向前推进的同时向管片背部建筑空隙注入注浆材料的一种注浆方法，其可及时有效填充管片与围岩之间空隙，保持一定的压力，从而使地面沉降控制在最小范围内。

（一）原则

同步注浆遵循"同步注入，快速凝结，信息反馈，适当补充"的原则。

（二）目的

在盾构掘进过程中，通过注浆系统将具有适当的早期及最终强度的材料注入管片背部建筑空隙内。其目的是：

（1）尽早填充地层，减少地表沉陷量，有效控制地表沉降；

（2）确保管片衬砌的早期稳定性和间隙的密实性；

（3）作为衬砌防水的第一道防线，具有长期、均质、稳定的防水功能；

（4）作为隧道衬砌结构的加强层，使其具有耐久性和一定的强度。

同步注浆是通过同步注浆系统及尾盾的注浆管，在盾构向前推进、管片背部建筑空隙形成的同时进行，浆液在空隙形成的瞬间及时填充，从而使周围土体及时获得支撑。其可有效地防止岩土的坍塌，控制地表的沉降。

（三）注浆材料及配比选择

同步注浆材料应考虑隧道地质条件和盾构形式等条件，具有不离析、不沉淀、不堵管、易压送等特点。

根据国内复合地层的施工经验，浆液配比及性能指标建议值见表3-2、表3-3。

表 3-2　同步注浆材料配比（每立方米浆液材料含量）

水泥 / kg	砂 / kg	粉煤灰 / kg	水 / kg	膨润土 / kg	缓凝剂 / %
180	700	440	400	40	5

表 3-3　同步注浆浆液性能指标

凝结时间 / h	1 d 抗压强度 / MPa	7 d 抗压强度 / MPa	28 d 抗压强度 / MPa
＜ 10	＞ 0.5	＞ 2	＞ 6

（四）施工工艺流程

同步注浆施工工艺流程如图 3-1 所示。

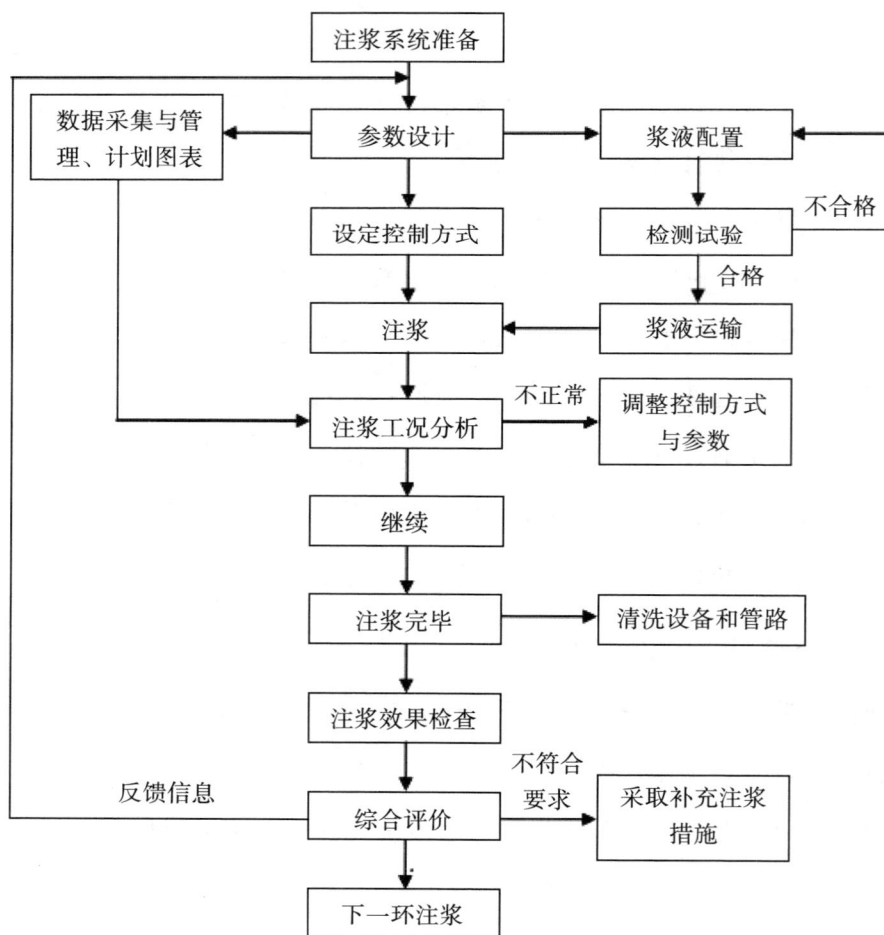

图 3-1　同步注浆施工工艺流程

（五）注浆参数选择

（1）注浆压力是注浆施工主要的控制指标。一般情况下，对于自稳性差的地层，注浆压力略大于注浆点的静止水土压力即可。

注浆压力应根据国内外成功案例积累的经验和理论的静水压力确定，在实际掘进中将不断调整，如果注浆压力过大，会导致地面隆起和管片变形，还易漏浆。一般注浆压力取 1.1 ～ 1.2 倍的静止水压力。

（2）理论注浆量根据盾构开挖直径、管片外径等参数进行计算，结合不同地层适当选择注浆填充系数。同时，在施工过程中注浆量可根据地表隆陷监测情况随时进行调整和动态管理。

（六）质量保证措施

（1）在施工前制定详细的注浆作业指导书，并进行详细的浆液材料配比试验，选定合适的注浆材料及浆液配比。

（2）严格按照注浆施工工艺流程进行控制，及时分析注浆速度与掘进速度的关系，评价注浆效果，反馈指导后续注浆。

（3）根据洞内管片衬砌变形和地面及周围建（构）筑物变形监测结果，及时进行信息反馈，修改注浆参数和施工工艺，发现情况及时解决。

（4）做好注浆设备的维修保养和注浆材料供应，定时对注浆管路及设备进行清洗，保证注浆作业顺利、连续、不中断进行。

（5）按照均匀布置的注浆孔同步压注，做好注浆压力和注浆量的监控，发现问题及时进行处理，保证对管片背后的注浆操作是对称均匀的。

（6）同步注浆在地层均匀和盾构姿态较好时，应均衡注入；盾构姿态较差时，应根据管片间隙调整各孔注浆压力，增大间隙较小侧的注浆压力，同时减小间隙较大侧的注浆压力。

六、二次注浆

二次注浆是指盾构同步注浆效果不理想时，需要通过二次注浆对前期注浆进行补充。一般在隧道发生偏移、地表沉降异常、渗漏水严重、盾尾漏浆严重或喷涌时使用，一些特殊地段如盾构始发、到达段和联络通道附近，也需要二次注浆。二次注浆可以反复进行，即多次注浆。

（一）原则

二次注浆一般是在管片与岩壁间的空隙填充密实性差，致使地表沉降得不到有效控制或管片衬砌出现较严重渗漏的情况下实施。施工时采用地表沉降监测信息反馈，结合洞内超声波探测管片衬砌背后有无空洞的方法，综合判断是否需要进行二次注浆。

（二）注浆材料及配比选择

1. 注浆材料与设备

注浆材料采用普通硅酸盐水泥和水玻璃组成的双液浆。注浆设备为双液注浆泵。双液浆是由水泥砂浆等搅拌成的 A 液与由水玻璃等组成的 B 液混合而成的浆液。

2. 浆液配比

结合工程地质、周边施工环境以及施工经验，确定合理的浆液配比。

（三）施工工艺流程

二次注浆施工工艺流程如图 3-2 所示。

（四）二次注浆效果评价

二次注浆一般情况下以压力控制，达到设计注浆压力则结束注浆，并结合地表监测数据，判断是否需再次进行注浆。

```
         ┌─────────────────────────┐
         │   监控测量、隧道内检测   │
         └─────────────────────────┘
                      │
                      ▼
         ┌─────────────────────────┐
         │     判断实施二次注浆     │
         └─────────────────────────┘
                      │
                      ▼
         ┌─────────────────────────┐        ┌─────────────────┐
         │        浆液拌制         │        │    检测试验     │
         └─────────────────────────┘        └─────────────────┘
                      │                               │
                      ▼                               ▼
┌─────────────┐  不合格 ┌─────────────────────────┐  ┌─────────────────┐
│  调整配比   │◄────────│   试验确定浆液凝固时间   │  │    浆液运输     │
└─────────────┘         └─────────────────────────┘  └─────────────────┘
                      │ 合格                          │
                      ▼                               ▼
         ┌─────────────────────────┐        ┌─────────────────┐
         │          注浆           │◄───────│   注浆孔开口     │
         └─────────────────────────┘        └─────────────────┘
                      │
                      ▼
         ┌─────────────────────────┐
         │      注浆效果检查       │
         └─────────────────────────┘
                      │
                      ▼
         ┌─────────────────────────┐
         │   拆卸管路、文明施工     │
         └─────────────────────────┘
```

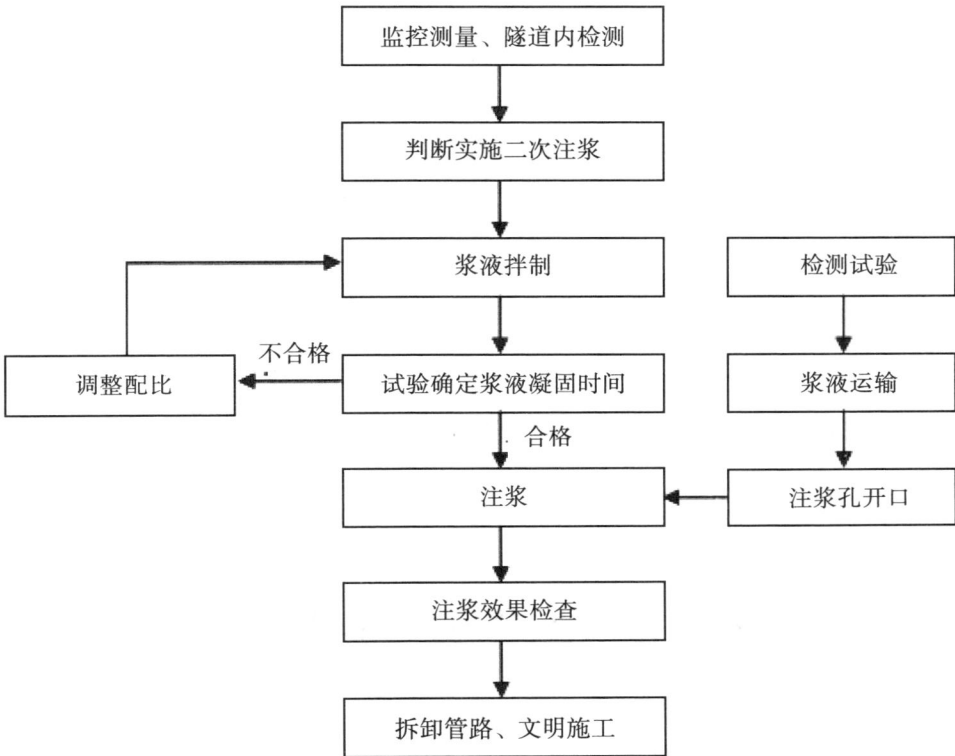

图 3-2 二次注浆施工工艺流程

第四章　大粒径卵石地层盾构处理技术

大粒径卵石地层主要分布于北京、成都、兰州等地，在盾构施工过程中存在很大的风险和困难，如掌子面前方大粒径卵石难以有效破碎、掌子面压力难以建立与欠压掘进、刀盘或螺旋输送机卡死、地层超挖明显及地表沉降难以控制等。

第一节　地层特性与施工难点

一、地层特性

（一）砂卵石地层的定义

广义上，所有以漂石（块石）、卵石（碎石）、砾石（角砾）为主，含有砂土及少量黏性土粒的粗碎屑堆积物，统称为砂卵石。天然的砂卵石由许多大小不等的颗粒组成。根据土力学相关规定，砂是指粒径为 0.075 ~ 2 mm 的颗粒，卵石是指粒径为 60 ~ 200 mm 的颗粒，砂卵石地层是指以砂和卵砾石为主的地层，并且卵石含量较高。

（二）工程特点

（1）大粒径砂卵石地层是一种典型的力学不稳定地层，卵石颗粒间空隙大，黏聚力低，具有明显的离散特点。

（2）卵石含量高、颗粒粒径大，卵石含量为 55% ~ 90%，局部富集大粒径卵石（直径＞200 mm），含量为50%～85%。

（3）卵石单轴抗压强度高，一般在65～200 MPa，平均值在100 MPa以上。卵石主要成分为花岗岩、玄武岩、闪长岩、石英岩和灰岩等。

（4）大粒径砂卵石地层由大粒径卵石、卵石、砂或黏性土等组成，局部有胶结层，地质条件复杂多变。

（5）砂卵石地层中，当卵砾石等粗集料的含量在70%以上时，工程特性主要由粗集料控制；含量在70%以下时，工程特性主要由细集料控制。一般而言，当地层中卵石、砾石含量越高时，其摩擦角越大，变形模量也越大，渣土的和易性和流动性也较差。

二、施工难点

砂卵石地层属于力学不稳定层，其主要特性是结构松散、无胶结、呈大小不等的颗粒状，且颗粒之间的空隙大、黏聚力为0，颗粒之间的传力方式为点对点，围岩整体强度较低，但单个卵石强度高，在地层中起骨架作用。在这种地层中盾构掘进所受到的不利影响主要表现在以下几个方面。

（一）刀盘卡死

在砂卵石地层条件下盾构施工时，大粒径卵石易松动、掉落，尤其在弱胶结高渗透性地区，在刀盘旋转、切削作用下，大粒径卵石随着刀盘一起转动，难以有效破碎和排出，极易出现刀盘卡死现象。

如某工程排出的最大卵石直径超过500 mm，掘进过程中刀盘贯入度和掘进速度较低，同时出土量较大，出现刀盘卡死，采用正反转、刀盘后退等常规方法无法得到有效解决，只能采取开仓方式进行处理。

（二）设备磨损严重

大粒径砂卵石地层卵石流动性差、石英含量高，局部有砂卵石胶结层，且大粒径卵石破碎难度大。在盾构掘进过程中，刀盘和刀具、螺旋输送机／泥浆循环系统磨损严重，同时由于卵石对刀具的撞击致使刀具出现非正常损坏，加剧了刀具的磨损和损坏。

（三）地面沉降控制难度大

大粒径卵石地层均一性、气密性和自稳性差，在盾构掘进过程中，大粒径卵石由于强度和硬度都很高，不易被破碎，在破碎过程对地层扰动大，导致砂卵石地层地表沉降具有突发性和随机性，在外界环境因素作用下出现地表沉降、坍塌。

在采用土压平衡盾构施工时，大粒径卵石容易在螺旋输送机中卡住，导致出土不畅，为了将卵石排出就需加大螺旋输送机转速，进而引起超挖及掌子面失稳。

在采用泥水平衡盾构施工时，大粒径卵石易堆积在泥浆门和破碎机区域，堵仓现象时有发生；长时间进行泥浆循环或冲刷时，掌子面压力波动大，极易发生掌子面失稳，造成地面沉降。

（四）带压作业风险大

大粒径卵石地层刀盘及刀具磨损严重，盾构掘进过程中势必要停机进行换刀作业，因砂卵石地层气密性和稳定性差，盾构停机带压换刀过程中掌子面安全性差，带压维修作业风险极大。

第二节 盾构适应性选型设计

一、选型原则和依据

（1）结合隧道穿越地层中大粒径卵石直径和含量，以及地层的密实程度，充分考虑盾构刀盘的结构形式和刀具配置。

（2）具有在大粒径卵石或大漂石地层直接掘进通过的能力，应充分考虑刀盘、主驱动、螺旋输送机／破碎机和泥浆循环系统的能力储备。

二、卵石地层适应性设计

（一）设备形式确定

按照盾构选型原则和依据，结合大粒径卵石地层特点，泥水平衡盾构和土压平衡盾构均可采用。在卵石粒径大、含量高及有大粒径漂石存在的地区，优先推荐采用土压平衡盾构施工。在细颗粒含量较多，且卵石层中有黏土存在，卵石粒径相对较小，出现大粒径漂石的可能性较少，同时具备较大的施工场地，可以采用泥水平衡盾构进行施工。

（二）地质适应性设计

盾构除具有开挖、管片安装、注浆、渣土改良／泥浆处理、测量导向等基本功能外，还应具有大粒径卵石地层掘进的地质适应能力。

（1）合理的刀盘结构设计，应具有足够的刚度和强度以及耐磨性能。在砂卵石地层掘进时受刀盘的扰动和地下水的作用，砂层很容易液化造成掌子面的自立性很差。辐条式刀盘有利于提高掘进效率，降低刀盘扭矩；面板式刀盘有利于掌子面压力控制和限制进入土仓的卵石粒径。结合砂卵石地层特性，建议采用辐条和小面板结构组合方式，即复合式刀盘。

（2）合理的刀盘开口率，在满足开挖面稳定的条件下，开口要足够大，这样才能使刀盘切削下来的渣土较快地进入刀盘后部，从而保证掘进速度。当地层中存在黏土层时，尽量加大中心开口率，保证中心开口率在40%以上，防止中心结泥饼。刀盘单个开口的大小将限制进入搅拌仓的颗粒或漂石的大小，其基本原则是进入搅拌仓的颗粒能够经过螺旋输送机排出／破碎机破碎后排出。

（3）刀具布置需考虑砂卵石地层的特性，因其单个卵石的抗压强度高，主切削刀具不能有效破碎，主要是起扰动作用，即把卵石从开挖面土体中先松动下来，再经过刀盘开口进入土仓。滚刀在砂土含量较多时易出现偏磨，因此，盾构刀具配置除滚刀外，还需布置适当数量的撕裂刀、贝壳刀，其不仅起到扰动卵石的作用，而且在含砂量较大时掘进效率相对更高。

（4）刀盘、刀具、螺旋输送机／破碎机等设计应充分考虑大漂石的处理能力，刀具结构设计和材料选用应具有较好的抗冲击性能；螺旋输送机／破碎机应具有较高的能力储备和耐磨设计。

（5）主驱动系统需要有足够的功率和扭矩，一般采用液压驱动。液压驱动具有耐冲击性、高扭矩等特性，能更好地适应砂卵石地层掘进。

（三）土压平衡盾构

（1）卵石以排为主，破碎为辅。建议刀盘采用中间支撑方式，辐条加小面板式结构，刀盘开口率在 35% 左右，同时加大刀盘中心部位的开口。

采用轴式螺旋输送机可以直接排放大部分的卵石。预留二级螺旋机接口，分段设置检查窗口，便于检修和维护。

（2）卵石不破碎，直接排放。建议采用辐条式刀盘，开口率在 65% 左右，带式螺旋机排渣方式。但地下水位较高的地区，带式螺旋机不易形成土塞效应，实际效果还有待于验证。

（四）泥水平衡盾构

（1）建议脱困扭矩大于 5 500 kN·m（常规地铁盾构），在发生掌子面局部坍塌堵塞泥水仓时，可以顺利脱困。尽量避免采用地表加固地层后人工清仓脱困的方法。

（2）采用工作面破碎和卵石分级的方式，盘形滚刀将卵石在刀盘前方破碎之后，利用在气垫仓与排泥管之间设置的旋转式分级器进行卵石分级处理，将粒径大于 50 mm 的卵石分离出来，用矿车等运输工具运至洞外。

（3）采用工作面破碎和破碎机破碎的方式，刀盘开口大小与破碎机处理能力相匹配，刀盘结构采用复合式刀盘，全盘配置滚刀，并设置足够数量的焊接撕裂刀，提高刀盘和刀具的破岩能力。首先将大粒径卵石在刀盘前方进行破碎，再依靠破碎机进行二次破碎后通过泥浆循环系统排出。

第三节　大粒径卵石地层处理技术

在盾构施工过程中，由于砂卵石地层空隙率大，盾构掘进扰动后易造成土体损失、地表沉降。同时，局部砂卵石地层夹砂层透镜体，其自稳能力比较差、透水性强，在开挖面上极容易出现涌砂、涌水等现象，使得卵石地层中细颗粒物随着涌水大量流失，从而引起开挖面失去稳定性、地面沉降严重甚至出现塌陷事故。此外，大量砂卵石地层中的细颗粒随着施工降水被排走，卵石之间形成大量的空洞，地层变得疏松，卵石颗粒之间形成的骨架在受到盾构施工扰动时极易垮塌。

一、砂卵石地层特性分析

（一）砂卵石地层盾构掘进的力学特征

从受力特点来看，砂卵石地层主要依靠卵石间点对点进行接触和传力。卵石之间填充细小颗粒和水分，颗粒之间存在一定咬合摩擦力。卵石之间的咬合摩擦力很容易受外界因素干扰而发生较大的变化，在极端受力的状况下变成完全的松散结构体，颗粒产生流动现象，因此，砂卵石地层属于典型的力学不稳定地层。其基本特征主要表现在结构松散、卵石粒径的大小不均匀且颗粒间无胶结力等，同时，卵石的空隙大多被中、粗砂填充，在无水的情况下，颗粒之间相互传力，地层灵敏度较高，受力敏感。当盾构刀盘旋转切削的时候，刀盘会与卵石层接触，而接触压力不均匀，由此可导致刀头不断振动。在推进油缸顶进力的作用下极容易破坏地层原有的平衡和稳定状态，最终导致坍塌。当坍塌发生，又会引起很大的围岩扰动，使开挖面与洞壁同时失去约束和稳定性，从而造成更大的地层变形，易诱发掌子面坍塌及地表沉降等问题。围岩中卵石的粒径越大，这种扰动的程度便会越大，特别是隧道顶部大块卵石坍落会引起上覆地层的突然沉陷。

（二）砂卵石地层盾构开挖面的失稳特征

通常情况下，砂卵石地层在没有外界动力扰动的情况下，颗粒间会依靠彼此相互嵌固咬合而保持稳定。盾构在对砂卵石地层进行开挖时，如果开挖面的压力不足或螺旋输送机的排土量大于刀盘切削土量，或者是大粒径的卵石被排出，位于刀盘前上方的开挖面便会产生较大的空洞区域。盾构开挖面失稳后，当土仓上部未填充满渣土时，开挖面前上方的松散颗粒由于重力作用向下运动，因此，当欠压掘进时，由于土仓渣土不饱满而使开挖面上部的土体出现临空面而脱落，涌入土仓，造成地层损失塌方。

当盾构位于富水砂卵石地层内掘进时，由于开挖面处的地下水、土压力比较大，往往使得被切削入土仓内的渣土流动性比较差。加之土仓内渣土搅拌不够均匀且渣土改良效果较差时，很难形成与开挖面地层压力相平衡的水土压力，从而导致开挖面地层稳定性难以控制。地层开挖面发生失稳后容易塌落，盾构实际出渣量大于理论出渣量而造成空洞。砂卵石地层之间往往夹杂软弱砂层，缺乏粒间黏聚力。由于盾构掘进对于开挖面属于卸载作用，不平衡的支护压力会导致砂土塌陷而涌入土仓，进而诱发地层内部出现空洞。

开挖面空洞的出现会使卵石与砾石不断松动，使开挖面和洞壁失去约束而发生失稳，随之出现快速的塌落，进一步加大上覆松散砂卵地层土层的松动范围。如果隧道的埋深较浅，上覆土层较薄，且盾构刀盘上方为砂层或单一级配的圆砾层时，则盾构推进过程中很容易出现局部地表下沉；如果上覆土体的抗剪强度很低，还会引起冒落的危险，诱发地面小范围坍塌或引起较大的地表沉降，如图4-1所示。

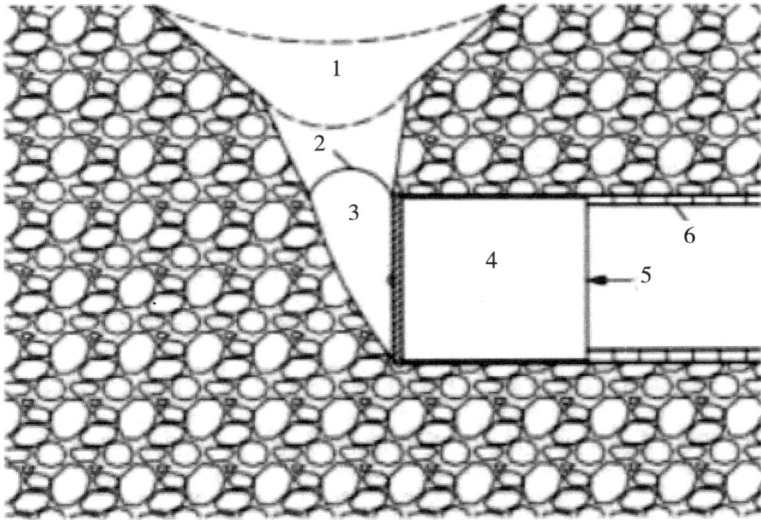

1—松动区；2—土拱示意线；3—坍塌区；4—盾构；5—掘进方向；6—衬砌管片

图4-1　盾构掘进造成砂卵石地层失稳示意图

二、大粒径卵石处理技术

我国在较为单一岩土地层中的隧道修建技术方面已经积累了丰富经验，相比之下，在卵石类地层中隧道的设计及施工经验相对缺乏。卵石类地层（砂卵石、卵砾石）作为一种特殊的岩土结构，其物理力学性质介于土与岩石之间，由于胶结不良、结构较松散、整体性差等，围岩结构受扰动易发生失稳破坏，遇水时细颗粒易流失，在施工中易发生较大的收敛沉降而出现坍塌甚至冒顶。一般通过加强超前预支护等措施加以克服，对于卵石类地层分布规模较大的隧道，可采取深孔注浆进行加固。盾构穿越卵砾石地层不但施工困难，施工进度慢，而且施工安全风险大。下面以常规地铁盾构为例介绍大粒径卵石处理技术。

（一）盾构直接掘进

盾构法作为区间隧道的主要施工方法，具有以下优势：掘进速度快，施工全过程可实现自动化作业，施工劳动强度低、安全系数高，不影响地面交通与设施，施工中不受季节、风雨等气候条件影响，施工中没有噪声和扰动，适合地层范围广、地质情况复杂的施工作业环境等。但因地质、水文等条件差异性大，在隧道施工中需解决盾构的适应性、施工辅助措施的有效性。

在进行隧道盾构施工时，砂卵石层由于其地质的特殊性，致使盾构掘进施工中遇到许多技术难题，例如：刀盘前方大粒径卵石难以有效破碎；掌子面平衡土压力难以建立与欠压掘进；渣土改良效果较差与螺旋机喷涌；地层超挖明显、隧道上方地层出现空腔以及地表沉降现象难以控制等。在卵石地层盾构施工的关键是掘进参数的合理选择。施工时，根据地质环境和施工条件的变化，严格控制和灵活调整盾构掘进参数，主要包括土仓压力、出渣量、刀盘转速和扭矩、掘进速度和推力、注浆压力和流量等。

1. 土仓压力

采用土压平衡模式掘进，刀盘极易"卡死"而造成推进困难，因而采取适量欠压模式掘进。土仓压力通过采取设定掘进速度、调整排土量的方法建立，并以维持切削土量与排土量的平衡为基准。在盾构掘进速度一定的情况下，主要通过调整螺旋输送机的转速来调整出土量，以维持土仓压力的相对平衡。

2. 出渣量

在砂卵石地层盾构掘进时，出渣超量会造成地面沉降超限，因此，必须将出渣量作为各项掘进参数的重点加以严格控制。出渣量采用体积与质量双重控制机制，螺旋输送机出土以保证土压值的稳定为前提，不能过大波动。

在施工中对渣斗车进行分格量化，从渣斗车顶往下每 10 cm 所对应的渣土数值进行精确计算，确保快速确定每环出渣量。掘进时采取渣土改良措施增加渣土的流动性和止水性，密切观察螺旋输送机的栓塞和出土情况并及时调整添加剂的掺入量。螺旋输送机转速一般控制在 7 ~ 10 r/min 为宜。

3. 刀盘转速及扭矩

因卵石地层自稳性差，如刀盘转速过高，将加大刀盘、刀具的磨损，同时对土体扰动也会加大，不利于土体自稳，因此，需适当降低刀盘转速。刀盘转速控制在 1.0 ~ 1.2 r/min 较为合适，刀盘扭矩控制在 3 000 ~ 4 600 kN·m 为宜。

4. 掘进速度和推力

理论上，只要有足够的推力就能获得足够的掘进速度，但在刀盘转速一定的情况下，掘进速度越大，刀盘贯入度也越大，在粒径大的密实卵石层中极易出现卡刀盘现象。

推力的大小依据掘进速度来调整，过大会引起刀盘向掌子面的正压力增大，对刀盘扭矩控制不利。另外，推力也易受到土压变化的影响，从盾构总推力的构成分析，除了要克服盾体前进时的摩擦力和刀盘正面破碎岩石的正压力外，还要克服土体对掌子面的正压力，一般情况下，盾构掘进速度与推力应分别控制在 45 ~ 55 mm/min、10 000 ~ 13 000 kN 范围内为宜。

5. 注浆压力和注浆量

注浆压力和注浆量是同步注浆的关键数据。

（1）注浆压力。同步注浆最大压力根据地层的水土压力大小来确定。从尾盾圆周上的四个点同时注浆，注浆压力根据隧道掌子面压力适当提高 $0.1 \sim 0.2$ MPa。

（2）注浆量。浆液注浆率按 15%~20% 计算，每环同步注浆量按 6 m³ 进行控制。注浆速度和推进速度保持同步。

6. 二次注浆参数

盾构欠压模式掘进过程中，易造成地面沉降，因此，二次注浆至关重要。

当盾构正常掘进时，在卵石地层同步注浆浆液终凝时间长，为防止浆液流动，利用管片吊装孔孔位对管片背后进行补充注双液浆，每隔 10 环封闭 1 圈。

当盾构掘进出现超挖时，通过管片吊装孔及时对管片上方进行注浆填充，以防止地面塌陷。

（二）超前注浆加固

1. 目的

由于砂卵石地层具有卵石颗粒间空隙大、黏聚力低等特点，为保证盾构施工安全，在盾构机到达施工风险点前进行超前注浆预加固，以提高地层稳定性，减少地面沉降，进而保护地面建（构）筑物和地下管线。

2. 超前钻机简介

超前钻机主要由驱动马达、钻杆制动、夹具、钻轴、钻头、旋转轴、止水装置等构成。

3. 超前注浆施工方法

超前注浆施工方法是指先将超前钻机固定在管片安装机上，通过管片安装机的旋转来调整超前钻机钻杆对应的超前注浆孔。然后在超前钻机上安装钻杆，通过超前注浆孔插入钻杆，斜向上方钻孔，外插角根据盾构设计注浆孔位置确定。然后插入注浆管，后退式分段注浆加固地层。

一般情况下，仅对上半断面进行加固，加固土层的厚度可视钻机打孔深度而定，并且根据加固效果，结合地表沉降监测结果来确定注浆加固的步距。超前注浆加固稳定后，合理地选择盾构掘进参数以通过砂卵石地层。

4.注浆参数设计

（1）浆液配比。

①普通水泥浆。水灰比为 0.8~1.0。

②惰性浆液。粉煤灰、膨润土、石灰、水用量比为 190 ： 260 ： 180 ： 1115。

（2）注浆参数。注浆压力、扩散半径、注入率根据地层特性和周边环境进行计算后确定。

第四节　盾构开挖面稳定控制技术

一、泥水平衡盾构控制技术

砂卵石地层颗粒松散、无黏结力，颗粒间通过接触点实现点对点传力，在富水条件下地层稳定性极差，泥水平衡盾构主要通过泥浆在开挖面的渗透作用形成泥膜，提高开挖面的稳定性。

（一）切口水压控制

盾构掘进时的切口泥水压力应介于理论计算值上、下限之间，并根据地表建（构）筑物的情况和地质条件适当调整。在逆洗过程中，由于泥水仓或盾构内的排泥管处于堵塞状态，因此逆洗时应提高排泥流量，但不能降低切口水压。盾构推进、逆洗和旁路三状态切换时的切口水压偏差值均控制在 ±20 kPa。

（二）泥浆参数控制

由于泥浆中的黏粒受到泥浆压力差作用在开挖面形成一层泥膜，对提高开挖面的稳定性起到极其重要的作用，尤其在均匀系数较小的砂层、沙砾和砂卵石（含大粒径卵石）中的稳定作用尤为显著。泥水的相对密度随土层的不同而变化。在黏性土中相对密度可小一些，取 1.03 ~ 1.05；在砂层或沙砾层中相对密度要大一些，取 1.05 ~ 1.10；在砂卵石地层中选取 1.08 ~ 1.25。其他泥浆指标如下：

（1）漏斗黏度 $\nu = 20 \sim 30\,\text{s}$；

（2）析水率 < 5%；

（3）pH 值为 8 ~ 9；

（4）API 失水量 < 30 mL/30 min。

（三）出渣量控制

盾构掘进实际掘削量 V_R 可由下式计算得到：

$$V_R = (Q_1 - Q_0)t \qquad (4-1)$$

式中：V_R——实际掘削量，m³/Ring；

Q_1——排泥流量，m³/min；

Q_0——送泥流量，m³/min；

t——掘削时间，min。

当发现掘削量过大时，应立即检查泥水密度、黏度和切口水压。此外，也可以利用探查装置，调查土体坍塌情况，在查明原因后应及时调整有关参数，确保开挖面稳定。

二、土压平衡盾构控制技术

（一）工作模式选择

在大粒径卵石地层段，多选择土压平衡模式掘进。在密实卵石段，地层稳定性好，大粒径卵石集聚时，为减小刀盘扭矩，加快渣土进入土仓，可根据地表建（构）筑物和沉降情况等，适当选择气压平衡模式。

（二）土压平衡掘进控制措施

（1）土仓内土压力值 P 应略大于静水压力和地层土压力之和 P_0，即 $P=KP_0$（K 值介于 1.5 ～ 3.0）；在地层松散时，由于受盾构掘进的扰动影响，前方 5 ～ 10 m 地层会出现 5 ～ 10 mm 的沉降，需要适当加大盾构掘进时的压力。

（2）土仓压力通过采取设定掘进速度、调整排土量或设定排土量、调整掘进速度等方法建立，并应维持切削土量与排土量的平衡，以使土仓内的压力稳定平衡。

（3）保持合理的贯入度，禁止刀盘空转，防止卵石间的镶嵌摩擦冲击造成的切削作用，从而造成掌子面坍塌。

（4）在实际掘进施工中根据地质条件、排出的渣土状态以及盾构的各项工作状态参数等动态地调整优化，此模式掘进时采取渣土改良措施增加渣土的流动性和止水性。

（三）盾构掘进渣土管理

在盾构施工中渣土的管理也是一个重要的内容，特别是在卵石土层中掘进时更应该做好渣土管理工作。渣土管理包括渣土改良、出渣量控制等内容。

（一）渣土改良

1.渣土改良的作用

在砂卵石地层中盾构施工时，进行渣土改良是保证盾构安全、顺利、快速施工的一项不可或缺的技术手段。其具有如下作用：

（1）保证渣土与添加介质充分拌和，以保证形成不透水流塑性的渣土，从而建立良好的土压平衡机理。只有渣土改良效果好才能从根本上保证掘进过程中地表的沉降控制，同时提高掘进效率，以保证预定的施工进度目标。

（2）使砂卵石土具有流塑性和较低的透水性，形成较好的土压平衡效果而稳定开挖面，控制地表沉降。

（3）降低砂卵石土的渗透系数，使之具有较好的止水性，以控制地下水流失及防止或减轻螺旋输送机排土时的喷涌现象。

（4）改善砂卵石土的流塑性，使切削下来的渣土顺利快速进入土仓，并利于螺旋输送机顺利排土。

（5）改善砂卵石土的流动性和减小其内摩擦角，有效降低刀盘扭矩、降低对刀具和螺旋输送机的磨损、降低掘进切削时的摩擦发热，提高掘进效率。

2.渣土改良的方法

渣土改良就是通过盾构的专用装置向刀盘面、土仓或螺旋输送机内注入添加剂，利用刀盘的旋转搅拌、土仓搅拌装置搅拌或螺旋输送机旋转搅拌使添加剂与渣土混合，其主要目的就是要使盾构切削下来的渣土具有良好的流塑性、合适的稠度、较低的透水性和较小的摩阻力，以满足在不同地质条件下掘进都可达到理想的工作状况的目的。添加剂主要有泡沫、膨润土以及聚合物。

3. 改良剂的确定及配比、掺量

根据成都地铁同类地层盾构施工工程案例，一般在正常推进阶段采用泡沫剂和水，局部采用膨润土的改良方法，可显著降低刀盘、螺旋输送机的油压及盾构推力，减小刀盘扭矩，减轻砂卵石地层对盾构的磨损，提高掘进速度和设备的使用寿命。

根据成都地质情况，正常推进阶段泡沫剂添加率为 20% ~ 35%。泡沫组成为 90% ~ 95% 的压缩空气和 5% ~ 10% 的泡沫溶液；泡沫溶液的组成为泡沫添加剂 2% ~ 4%、水 97% ~ 98%。所用泡沫剂黏度不低于 0.05 Pa·s。例如按添加率 25%（即切削 1 m³ 渣土需注入 250 L）计算，按照发泡倍率 10，土仓内土压力取 0.1 MPa，所需的起泡液的体积为 25 L、空气的体积为 450 L，按起泡剂、水的比例分别为 3%、97%，则起泡剂、水的体积分别为 0.75 L、24.25 L。

膨润土泥浆配比中水与膨润土的比例为 100 : 52，膨润土为优质的钠基膨润土。

4. 泡沫的作用机理

泡沫的作用机理主要表现在以下几个方面：

（1）通过注入泡沫，在刀盘前方形成一层膜，建立起泥土压力，为土体结构提供水平推力，有利于形成拱结构。

（2）泡沫使开挖面土体的强度和刚度得到加强，提高了开挖面土体的竖向抗力，对开挖面土体起到了支护作用，减小了开挖面土体失稳的可能。

（3）砂卵石地层颗粒松散，无黏聚力，颗粒之间的传力方式为点对点，向开挖面土体添加泡沫后，泡沫包围在颗粒周围，形成了一层膜，增加了颗粒之间的黏聚力，使得颗粒之间的传力得到扩散，改善了土体的受力状况。在空气和刀盘的搅拌下泡沫迅速渗透到土层中，将砂卵石颗粒包裹起来，降低了土体的密实度，改善了土体的流塑性。

（4）利用泡沫优良的润滑性能，改善土体粒状构造，同时吸附在颗粒之间的气泡可以减小土体颗粒与刀盘系统的直接摩擦，降低土体的渗透性，又因其相对密度小，搅拌负荷轻，容易将土体搅拌均匀，从而做到既能平衡开挖面土压，又能连续向外顺畅排土。同时泡沫具有可压缩性，对土压的稳定也有积极作用。

5. 渣土改良的主要技术措施

渣土和易性是判定渣土改良成效的重要标准。好的和易性，土水不分离且流动性较好。这从很大程度上提高了盾构推进效率。

在砂卵石地层，设置合适的泡沫参数、向刀盘前注入适量泡沫，在土仓偏上位置同步注入适量的水，形成流动性较好的土石混合物，降低了刀盘扭矩和对刀具、螺旋输送机的磨损，在螺旋输送机内形成土塞效应，防止喷涌。

在地下水发育或富水砂层地段，可在土仓下部靠近螺旋输送机部位注入空气，将土仓内和前方的土体空隙水疏干，从而防止喷涌。

对于土仓旋转主臂内结饼的预防措施：通过在回转单元增加一条注入管道，该管道将在靠近土仓的中间区域进行高压水注射，以防止渣土在中间部分阻塞。

（二）出渣量控制

出渣量管理是保证控制地层损失率的最直接、最有效的手段。

出渣量控制必须以渣土体积控制为主，质量复核为辅。隧道内值班人员对每一车渣土方量进行测量并进行记录，渣土运至井口进行垂直吊装时由龙门吊司机对每一箱渣土质量进行记录。

以推进 1.5 m 长度计算，掘进的土石方量 V 按下式计算：

$$V = \frac{\pi}{4} \times D^2 \times T \times K_1 = \frac{\pi}{4} \times 6.28^2 \times 1.5 \times 1.2 = 55.75 (\text{m}^2) \qquad （4-2）$$

式中：V——每环掘进的土石方量；

　　　D——刀盘外径，m；

　　　T——推进长度，m；

　　　K_1——松散系数 1.2。

环宽 1.2 m 的每环出土量控制在 45 m³ 为佳，上下偏差最大不超过 2 m³。以 45 m³ 为标准，每车出土量（15 m³）需与相应的推进距离（0.402 m）及时对比复核。

环宽 1.5 m 的每环出土量控制在 56 m³ 为佳，上下偏差最大不超过 2 m³。以 56 m³ 为标准，每车出土量（15 m³）需与相应的推进距离（0.402 m）及时对比复核。

盾构施工中，对掘进所排出的渣土样本进行分析，判断地质情况，根据不同地质情况，确定相应出土量。

盾构推进过程中，每天及时检查对应的地面是否存在异常；当出土量超标时，需加大检查频率，专人监控。严格保证土仓内满土状态及渣土和易性是出渣量管理的重要方面。

第五节　大粒径卵石地层盾构掘进技术

一、主要技术措施

（一）刀盘设计优化

（1）刀盘结构应具有较强的强度和刚度，刀盘面板和周边圆环区域均应进行耐磨设计，周边区域还应配置合金保护刀，以提高刀盘耐磨性能。

（2）主切削刀应具有较高的耐磨性能和耐冲击性能，提高刀具寿命。

合金类刀具应采用大块合金结构设计，刀具与刀盘连接螺栓应加强，防止卵石撞击致使刀具合金脱落或刀具掉落。

（3）刀盘驱动扭矩应有较大富余量，满足在特殊条件下的脱困能力。

（二）渣土改良

当采用土压平衡盾构施工时，必须做好渣土改良。土仓内渣土的流塑性主要取决于渣土的改良效果，而渣土的改良效果又主要取决于所用膨润土或泡沫剂的材料性能。一般情况下，良好的膨润土浆液可以很好地改善开挖面土体的物理和力学性质，其效果直接影响土仓内土体的流塑性与抗渗性，又会进一步影响螺旋输送机出土情况、盾构掘削面刀盘扭矩的大小，以及出现切削面土体的稳定性等问题。

砂卵石难以有效排出的主要原因为土仓内的砂卵石沉底，出现砂石分离的状况；只有让砂卵石"漂浮"起来，才能让其有效排出。实践证明，单纯使用一种改良剂将无法将土体调成理想的流塑状态，难以建立真正的土压平衡。因此，施工中应适当调整膨润土浆液的稠度、改善泡沫剂的发泡率，并将膨润土浆液与泡沫剂联合使用，增加渣土的流塑性。

（三）泥浆质量控制

当采用泥水平衡盾构施工时，必须严格按照关于泥浆参数的设置要求，并严密监视泥浆质量，及时进行泥浆质量调整，保证开挖面泥膜形成质量，提高掘进过程中和带压开仓期间掌子面的稳定性。

（四）盾构掘进参数设置

盾构掘进过程中，千斤顶推力、刀盘扭矩、刀盘转速、推进速度以及注浆压力是反映推进最直观的参数，它们是一个互相联系的整体。其设定的一般原则为：在满足注浆压力和出土不多的前提下，推进速度要尽可能快；在推进速度达到要求的前提下，千斤顶推力、刀盘扭矩和转速要尽可能小。

在盾构施工中保证盾构推进参数合理，对推力、扭矩、土压、出土量等盾构掘进参数进行控制与适时调整，及时观察掌子面土层变化情况，当土层变化大时调整掘进参数。

（五）其他技术措施

（1）在盾构施工的砂卵石地层中，地层超挖和地面沉降现象时有发生，应准确记录出渣量，掘进通过后应根据出渣及注浆量统计结果，对可能存在的空洞区域进行注浆加固，更应注意同步注浆的填充效果，改良浆液配比，缩短尾盾空隙内浆液初凝时间。

（2）根据地质变化、隧道埋深、地面载荷、地表沉降、盾构姿态、刀盘扭矩、千斤顶推力等各种勘探、测量数据信息，不断优化掘进参数，完善施工工艺，控制地面沉降。

（3）加强盾构姿态控制和地面的监控测量。

（4）在盾构掘进过程中不断对尾盾密封处注入油脂，防止地层泥水和注浆浆液进入盾体内损坏盾构密封刷。

二、主要参数设置

盾构掘进过程中，推力、刀盘扭矩、刀盘转速、推进速度以及注浆压力是反映推进最直观的参数，是互相联系的一个整体。其设定的一般原则是：在满足注浆压力和出渣量的前提下，推进速度要尽可能快；在推进速度达到要求的前提下，推力、刀盘扭矩和转速要尽可能小。下面以成都某砂卵石地层工程为例，介绍大粒径砂卵石地层盾构掘进过程中主要参数设置。

（一）压力设置

1. 泥水平衡盾构掘进

主要通过控制泥水仓压力实现泥水平衡掘进的富水砂卵石地层中，泥水压力是根据地质情况和隧道埋深情况，采取水土分算的经验公式计算并结合地表监测相结合的方法来确定的。

经验公式为

$$P_a = \frac{1}{2}\gamma_\pm H^2 K_a' + \frac{1}{2}\gamma_w H_水 \qquad （4-3）$$

式中：P_a——泥水压力；

K_a'——土的静止侧向压力系数；

$\gamma_\pm$——土体的平均重度，kN/m^3；

H——隧道埋深，m；

γ_w——水的重度，kN/m^3；

$H_水$——地下水位距隧道顶部的距离。

泥水平衡盾构在掘进施工中泥水压力的设定值，应根据盾构埋深、所在位置的土层状况以及监测数据进行不断地调整才能达到最佳。

2. 土压平衡盾构掘进

一般来说，土仓压力的调整应根据隧道沿线地质、埋深及地表沉降监测信息，通过维持开挖土量与排土量的平衡来实现。如土仓压力设置过大，则会引起盾构刀盘前方土体隆起；如土仓压力设置过小，又会引起盾构刀盘前方土体下沉、坍塌等。结合施工监测信息和掘进参数，进行不断优化和调整，考虑砂卵石透气性比较好，在掘进停机时，土仓内压力高于设定压力。

（二）始发和到达掘进参数设置

在富水大粒径卵石地层中施工时，洞门常采用玻璃纤维筋围护结构，在始发和到达时，盾构可直接掘进通过。具体参数设置见表4-1。

表4-1 盾构始发和到达主要掘进参数

土仓压力 / MPa	刀盘转速 / (r·min⁻¹)	推力 / kN	掘进速度 / (mm·min⁻¹)	刀具贯入量 / (mm·r⁻¹)	工程地质
根据地层埋深计算	1.0~1.2 0.6~0.8	< 10 000 < 8 000	< 20 < 10	< 11 < 6	砂卵石、粉细砂、原状地层、玻璃纤维筋围护桩

同时，加强始发段试掘进时的地面沉降监测，监测频率为 3 次 /d，沉降控制值为［+10，-30］mm，报警值为控制值的70%。

（三）正常段掘进参数

盾构正常段掘进主要掘进参数见表4-2。

表4-2 盾构正常段主要掘进参数

土仓压力 / MPa	刀盘转速 / (r·min⁻¹)	推力 / kN	掘进速度 / (mm·min⁻¹)	刀具贯入量 / (mm·r⁻¹)	工程地质
根据地层埋深计算	1.0~1.2	< 20 000	< 40	< 22	砂卵石、粉细砂、原状地层

（四）出渣量控制

1. 泥水平衡盾构掘进

掘进施工中，良好性能的泥浆有助于在掌子面形成泥膜，泥膜对维持掌子面地层的稳定性起着决定性的作用，泥浆性能应根据盾构穿越地层的工程地质做相应调整。施工过程中，主要通过控制泥浆的相对密度和黏度，合理控制盾构出渣量。

2. 土压平衡盾构掘进

对土压平衡盾构施工来说，盾构掘进过程中的每环出渣量可根据试掘进段所取得的参数进行控制。出渣量控制可通过推进速度与螺旋输送机转速来实现，在掘进过程中，为了使土仓压力波动较小，必须使挖土量和排土量保持一种平衡关系，以尽量减小盾构施工对地层的扰动，防止超挖的发生，从而减小地表沉降。土仓压力表现较为稳定，有利于地表沉降控制。

在卵石层中出渣量每环（环宽 1.5 m）拟控制在（58±1)m³，在泥岩中出渣量每环（环宽 1.5 m）拟控制在（64±1)m³。在控制出土体积的同时，通过出渣门吊电子秤对每环渣土进行称重，从而对渣土进行双重控制。一般来说，在同等条件下，出渣量大、出渣量异常的地段，其地表沉降相应也较大，反之则相对较小。

三、盾构姿态控制

盾构姿态控制应考虑出土量、覆土厚度、同步注浆量、开挖面地层情况、千斤顶作用力的分布情况等影响因素。

盾构前进的轨迹一般为蛇形，要保持盾构按设计轴线掘进，必须在推进过程中及时对盾构机姿态进行修正和纠偏。调整姿态遵循"量小、勤纠"原则，每环姿态调整量在 10 mm 以内。蛇形修正及纠偏时应缓慢进行，如修正过程过急，蛇形反而更加明显，同时在施工过程中要做到勤测勤纠，避免因纠偏量过大引起过多的超挖，影响周围土体的稳定，以便更好地控制地层位移。

盾构位于始发台上时尽量不要进行姿态调整，尾盾脱出始发台后根据实际姿态进行调整；在始发、到达掘进时，严格控制盾构的各组油缸压力不大于 7 MPa，盾构总推力小于 10 000 kN（常规地铁盾构）。

（一）同步注浆控制

盾构推进中的同步注浆是填充土体与管片圆环间的建筑间隙和控制地表沉降的主要手段，也是盾构推进施工中的一道重要工序。盾构推进施工中的注浆，选择具有和易性好、泌水性小，且具有一定强度的浆液进行及时、均匀、足量压注，确保建筑空隙得以及时和足量的填充。

在富水砂卵石地层中，地下水十分丰富，其实际填充系数为 1.5 ~ 1.8,

注浆压力控制在 0.3 ～ 0.4 MPa，注浆效果较好。

对注浆后的管片抽样检查管片背后注浆的情况，发现注浆不饱满，及时进行二次补充注浆。在始发、到达、通过建筑物和联络通道特殊地段，使用加强型砂浆，保证同步注浆效果。

（二）管片拼装质量控制

严格进场管片的检查，破损、裂缝的管片不得使用。将管片表面进行彻底清洁，确保止水条及软木衬垫粘贴牢固。吊装管片下井和隧道内运输时注意保护管片和止水条，以免损坏。

管片安装前确保安装区及管片接触面的清洁。管片安装时必须运用管片安装机的微调装置将待装的管片与已安装管片块的内弧面纵面调整到平顺相接以减小错台。调整时动作要平稳，避免管片碰撞破损。严禁非管片安装位置的推进油缸与管片安装位置的推进油缸同时收缩。

为防止已拼装管片错台，要做到第一块管片与前一环的管片接触紧密，两管片的弧面要横向水平，两个连接螺栓孔三角必须对齐；先顶紧油缸，再穿螺栓，最后松开管片安装机。

为防止已拼装管片破损，推进油缸推出的顺序为：先中间后两边，先单缸再双缸，待封顶块装好后，必须从 1 号到 20 号整体检查一遍所有油缸是否顶紧，确保管片均匀受力。

为防止已拼装管片漏水，止水条用专用胶水正确粘贴牢固，如发现已粘贴好的止水条不密实后需立即处理。为防止管片错台导致管片纵缝、环缝漏水，要求对管片连接螺栓进行两次紧固：第一次在封顶块装完后立刻紧固；第二次在下一环掘进 500 mm 时紧固。

四、渣土改良

兼顾大粒径砂卵石地层特性，根据掘进参数不断调整和优化。

（一）渣土改良工程应用

在北京、成都等地铁区间隧道盾构掘进中，根据不同的砂卵石地层地质条件，反复研究掘进参数，不断优化渣土改良方案，保证了盾构掘进安全、连续、快速。

1.北京地铁 10 号线西钓鱼台站—慈寿寺站区间

（1）泡沫剂＋钙基膨润土。区间 1 ～ 80 环掘进隧道范围内地质主要为卵石层，渣土改良采取 30 ～ 50 L 泡沫剂加 3 ～ 6 m³ 钙基膨润土模式，改良效果比较差，渣土离析严重，每节矿车有 500 mm 左右水，渣土中带出卵石比较少，且无法建压掘进，造成掘进推力大，掘进速度慢，出渣无法控制，导致部分路段管线沉降超标。

（2）泡沫剂＋水。区间 81 ～ 150 环掘进隧道范围内地质主要为粉质黏土层（黏土含量 50%）、卵石层（卵石小），因黏土含量大，渣土改良采取 30 ～ 50 L 泡沫剂加 3 ～ 7 m³ 水模式，改良效果相对比较好，渣土流塑性一般，扭矩仍然很大。

（3）泡沫剂＋钠基膨润土。区间 151 ～ 262 环掘进隧道范围内地质主要为粉质黏土层（黏土含量 10%）、卵石层（卵石密实），渣土改良采取 50 L 泡沫剂加 4 ～ 6 m³ 钠基膨润土模式，改良效果相对较好，有部分卵石带出，对掘进参数有一定的改善。

（4）泡沫剂＋聚合物。区间 263 ～ 432 环掘进隧道范围内地质主要为粉质黏土层（黏土含量 10%）、卵石层（卵石密实），因地下水含量大，渣土改良采取 50 L 泡沫剂加 6 ～ 10 m³ 聚合物模式，改良效果较好。

（5）泡沫剂＋聚合物＋钠基膨润土。区间 433～504 环掘进隧道范围内地质主要为卵石层（卵石密实），部分地方隧道顶部有粉细砂掘进难控制，渣土改良采取 50 L 泡沫剂加 5～6 m³ 聚合物再加 2～3 m³ 膨润土，刀盘前方添加泡沫剂，土仓内加聚合物和加入少量膨润土，改良效果相对较好。

2. 成都地铁

成都地铁 4 号线盾构在大粒径卵石地层中的渣土改良方式主要是泡沫＋水。通过判断仓内渣土的搅拌情况及螺旋输送机出渣情况来调整泡沫与水的配比，利用加入泡沫改善土体粒状构造，吸附在土体颗粒之间的气泡可以减小土体颗粒的摩擦，增大切削土体的黏聚力，同时降低土体渗透性，达到既能平衡开挖面土压，又能连续向外排土的目的，进而达到改良渣土的效果。

（二）渣土改良方式总结

在大粒径卵石地层掘进中，当盾构适应性较好时，采用膨润土加泡沫的改良效果较好。对于刀盘开口较小、土仓内渣土不能及时排出的盾构来说，保压时适当地添加膨润土可以起到改良渣土的效果，但是在掘进过程中渣土堆积等原因造成膨润土不能有效地对其进行改良，反而通过水与泡沫的浸泡可以使渣土流动性更好。因此，在特殊情况下，部分地段可以适当采用添加水与泡沫的形式进行改良。同时通过北京与成都地铁的经验证明，在砂卵石地层中正常的盾构掘进需要加入膨润土、泡沫与水三种添加剂，并随时对其比例进行调整，这样进行渣土改良的效果最佳。

五、同步注浆浆液配制及施工技术

（一）同步注浆

同步注浆是在盾构向前推进的同时向管片背部建筑空隙注入注浆材料

的一种注浆方法，其可及时有效填充管片与围岩之间空隙，保持一定的压力，从而使地面沉降控制在最小范围内。

1. 原则

同步注浆遵循"同步注入，快速凝结，信息反馈，适当补充"的原则。

2. 目的

在盾构掘进过程中，通过注浆系统将具有适当的早期及最终强度的材料注入管片背部建筑空隙内。其目的是：

（1）尽早填充地层，减少地表沉陷量，有效控制地表沉降；

（2）确保管片衬砌的早期稳定性和间隙的密实性；

（3）作为衬砌防水的第一道防线，具有长期、均质、稳定的防水功能；

（4）作为隧道衬砌结构的加强层，使其具有耐久性和一定的强度。

同步注浆是通过同步注浆系统及尾盾的注浆管，在盾构向前推进、管片背部建筑空隙形成的同时进行，浆液在空隙形成的瞬间及时填充，从而使周围土体及时获得支撑。其可有效地防止岩土的坍塌，控制地表的沉降。

3. 注浆材料及配比选择

同步注浆材料应考虑隧道地质条件和盾构形式等条件，具有不离析、不沉淀、不堵管、易压送、早强等特点。

4. 注浆参数选择

（1）注浆压力是注浆施工主要的控制指标。一般情况下，对于自稳性差的地层，注浆压力略大于注浆点的静止水土压力即可。

注浆压力应根据国内外成功案例积累的经验和理论的静水压力确定，在实际掘进中将不断调整，如果注浆压力过大，会导致地面隆起和管片变形，还易漏浆。一般注浆压力取 1.1~1.2 倍的静止水压力。

（2）理论注浆量根据盾构开挖直径、管片外径等参数进行计算，结合不同地层适当选择注浆填充系数。同时，在施工过程中注浆量可根据地表隆陷监测情况随时进行调整和动态管理。

5.质量保证措施

（1）在施工前制定详细的注浆作业指导书，并进行详细的浆液材料配比试验，选定合适的注浆材料及浆液配比。

（2）严格按照注浆施工工艺流程进行控制，及时分析注浆速度与掘进速度的关系，评价注浆效果，反馈指导后续注浆。

（3）根据洞内管片衬砌变形和地面及周围建（构）筑物变形监测结果，及时进行信息反馈，修改注浆参数和施工工艺，发现情况及时解决。

（4）做好注浆设备的维修保养和注浆材料供应，定时对注浆管路及设备进行清洗，保证注浆作业顺利、连续、不中断进行。

（5）按照均匀布置的注浆孔同步压注，做好注浆压力和注浆量的监控，发现问题及时进行处理，保证对管片背后的注浆操作是对称均匀的。

（6）同步注浆在地层均匀和盾构姿态较好时，应均衡注入；盾构姿态较差时，应根据管片间隙调整各孔注浆压力，增大间隙较小侧的注浆压力，同时减小间隙较大侧的注浆压力。

（二）同步注浆浆液配制

1.注浆配比

在盾构掘进隧道穿越大粒径卵石地层过程中，同步注浆采用水泥砂浆，注浆材料配比见表4-3。

表4-3　同步注浆材料配比

水泥/kg	粉煤灰/kg	膨润土/kg	砂/kg	水/kg	黄黏土/kg	外加剂
126	180	72	720	480	216	根据试验加入

2.浆液主要性能指标

（1）胶凝时间：一般为3～10 h，根据地层条件和掘进速度，通过现场试验加入促凝剂及调整配比来控制胶凝时间。

（2）固结体强度：1 d 不小于 0.2 MPa，28 d 不小于 2.5 MPa。

（3）浆液结石率：＞95%，即固结收缩率＜5%。

（4）浆液稠度：8 ~ 12 cm。

（5）浆液稳定性：倾析率（静置沉淀后上浮水体积与总体积之比）小于 5%。

同步注浆材料受地质条件、地下水状况、施工技术等多方面因素的影响，要充分考虑这些因素，在满足设计要求的前提下，有针对性地进行配比设计，并根据现场实际情况进行调整，使各项指标不但能满足施工要求，而且有良好的经济性，有利于降低施工成本。

3. 注浆量

注浆量的确定是以管片背部建筑空隙量为基础，并结合地层、线路线性及掘进方式等考虑适当的饱满系数，以保证达到填充密实的目的。注浆量与盾构掘进时扰动地层范围有关系，扰动范围是变量，一般情况下填充系数为 1.3 ~ 1.8；在裂隙水发育较好或地下水量大的岩层地段，填充系数一般取 1.5 ~ 2.5。

同步注浆量经验计算公式如下：

$$Q=V\lambda \tag{4-4}$$

式中：V——填充体积（盾构施工引起的空隙，m³）；

　　　λ——填充系数（宜取 1.3 ~ 2.5）。

其中

$$V=\pi\left(D^2-d^2\right)L/4 \tag{4-5}$$

式中：D——盾构切削外径；

　　　d——预制管片外径；

　　　L——回填注浆段长度，即预制管片衬砌每环长度。

在富水砂卵石地层中，地下水十分丰富，其实际填充系数为 1.5 ~ 1.8。

4．注浆时间及速度

根据盾构推进速度，以每循环达到预计总注浆量而均匀注入，从盾构推进开始的同时注浆，到盾构推进结束注浆完成，注浆速度由注浆泵的性能、单环注浆量确定，应与掘进速度相适应。

5．注浆结束标准

采用双指标标准，即注浆压力达到设计压力，或注浆压力未达到设计压力但注浆量达到设计注浆量，即可停止注入。

（三）同步注浆效果评价

1．同步注浆填充率对地表沉降的影响

在富水砂卵石地层盾构掘进时，由于建立了合理的泥水压力／土压力，注浆填充系数为 1.5 ～ 1.8，注浆压力根据隧道埋深计算值进行控制，注浆填充饱满，地表沉降控制在规范允许范围内。

一般在隧道轴线处的地表沉降值最大，土压平衡盾构施工引起的地表最大沉降量一般为 12 ～ 15 mm，而泥水平衡盾构施工引起的地表最大沉降量一般只有 8 ～ 11 mm。两者均能满足规范要求，但土压平衡盾构施工引起的地表最大沉降量明显要大于泥水平衡盾构施工引起的地表沉降量，特别是隧道埋深较浅时，土压平衡盾构施工的地表沉降控制相对困难。

2．联络通道开挖时验证同步注浆效果

在区间隧道联络通道开挖时，可以直观地看到同步注浆浆液凝固后的状况，从浆液凝固后强度和厚度上验证了同步注浆效果。

3．采用超声波检测同步注浆效果

超声波检测是通过注浆前后超声波波速提高幅度的方法来分析注浆质量和效果的，测试仪器可采用 SYC-2 型声波岩石参数测定仪和 FSS 型换能器。在检测注浆效果时，通过岩体声速变化规律和测孔注浆压力、注入量等情况进行分析，得出以下结论：

（1）若注浆后信号较弱，声速较低，说明岩层裂隙较多，注浆不足，岩层裂隙没有得到很好的填充；若注浆后波形信号明显，声速值较高，则说明随着注入浆液的填充、固结，形成了比较致密完整的岩体。

（2）在围岩松动圈范围内声速变化较大，而在松动圈范围外声速值、波幅值变化不大。这是因为：松动区域围岩较破碎，注浆时进浆量较多，注浆压力由小到大变化，故此区域声速提高幅度也大，这样可测出浆液的有效扩散距离。

超声波速度是岩体超声波测定的主要参数之一，也是衡量岩体结构的主要指标。用超声波检测注浆质量及效果，主要是将其声速测定的结果进行分析和研究。注浆后声速幅度值越大，说明裂隙被填充越密实，注浆质量和效果越好，从而达到了填充间隙和固结堵水的目的。

五、地表滞后坍塌控制

（一）坍塌机理

砂卵石地层在不受外力扰动的情况下能保持较好的稳定状态，特别是在无水的状态下。受到扰动后，在刀盘上方形成一松散带，坍塌过程如下：

刀盘前上方卵石变得松散，如图4-2（a）所示；

盾构掘进产生扰动或长时间换刀时，松散卵石进入土仓在刀盘前上方造成地层损失，形成空洞，如图4-2（b）所示；

由于砂卵石地层的内摩擦角（为35°～40°）较大，具有一定的拱效应，在拱效应的作用下，地层损失进一步向地表转移，如图4-2（c）～（e）所示，从而逐渐坍塌到地表。

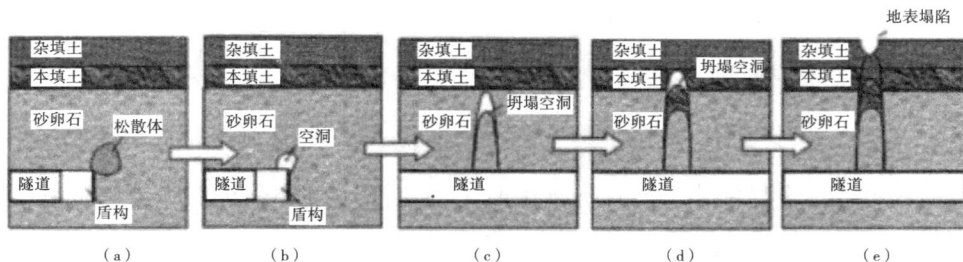

图 4-2　坍塌机理图

砂卵石地层地表坍塌的显著特点是：隧道上方形成空洞，砂卵石地层骨架效应较好，在一定时间内可自稳，在地面载荷作用下，逐步延伸至地表，造成地表塌陷，且表现为滞后性，短则一两个月，多则一年甚至两年以上，施工风险和隐患极大。

（二）坍塌主要成因

地表坍塌原因是多方面的，主要包括地质特性、设备选型和施工工艺三方面。

1. 地质特性

砂卵石地层空隙率大，盾构掘进扰动后地层逐渐密实，造成地层损失。

局部砂卵石地层夹透镜体砂层，自稳能力差，透水性强，开挖面容易产生涌水、涌砂，造成细颗粒物质大量流失，引起开挖面失稳、地面沉降甚至塌陷。

受到沿线周边建筑物、地铁车站施工降水影响，砂卵石地层中粉细砂等细颗粒随着降水排走，卵石之间形成孔洞，地层疏松，卵石骨架受到盾构施工扰动而垮塌。

2. 设备原因

（1）刀盘开口率小，且开口部分加焊隔栅，只允许 300 mm 以下粒径的卵石进入土仓，卵石在刀盘前多次破碎，对地层扰动大。

（2）刀盘中心部位没有开口，降低了卵石进入土仓的效率。

（3）选用轴式螺旋输送机，其渣土排送能力远低于带式螺旋输送机。

3．施工工艺原因

（1）压力设定不合理。隧道顶部覆土为人工填筑土、粉质黏性土或夹带粉细砂层，自稳能力差，盾构掘进时平衡土压力过小，可能引起地面坍塌。

穿越全断面砂卵石层，受砂卵石土层渗透率大的影响，不能建立土压平衡掘进模式；或土仓压力不稳定，容易造成地表发生沉降。

（2）出土量超标。掘进过程中出土量难以控制，造成实际出土量远大于理论出土量，地层损失过大。主要表现在以下方面：

①通过范围内为高强度、大粒径的卵石、漂石，盾构掘进时排渣困难；卵石堆积在刀盘前方反复破碎，对地层扰动大，容易造成超挖。

②局部砂卵石地层夹透镜体砂层，自稳能力差，透水性强，开挖面容易产生涌水、涌砂，出土量难以控制，造成细颗粒物质大量流失，引起地面沉降甚至塌陷。

（三）坍塌多发位置分析

1．端头

车站施工时长期降水，地层内细颗粒流失，形成空洞，受盾构掘进扰动影响，空洞扩展造成地表沉降或坍塌。

（1）始发端头。坍塌原因：一是始发时盾体未全部进入地层中，不能建立土压平衡模式，工作面失稳；二是始发时推力小，掘进进度慢，出渣控制困难，造成超挖。

（2）到达端头。盾构即将到达端头时，无法建立土压平衡。另外为防止损坏车站结构，有意识地降低掘进速度，对围岩扰动时间长。

2．城市主干道

盾构掘进扰动造成地层密实或盾构掘进出渣量超标都容易形成空洞，

由于砂卵石地层的自稳性能，地层维持稳定的假象，城市主干道交通流量大、超载车辆多，在地面载荷作用下，空洞逐步向地表扩展，最终形成坍塌。

3．换刀位置

常压换刀时采用降水等辅助措施，砂卵石地层可以维持一定时间的稳定，当换刀时间超过地层自稳时间，刀盘上方卵石逐渐掉落形成空洞。

带压换刀时反复加压减压，多次扰动地层，造成地层松弛进而形成空洞。

4．花坛绿化带

花坛绿化带的土体疏松不密实，长期受水浸泡，盾构掘进扰动后沉降尤其明显。

5．残留降水井

市政工程施工时大量降水，地层中的细小颗粒流失，造成空隙，盾构掘进时在残留降水井位置极易发生小范围坍塌。

6．电缆管沟

各类市政管沟众多，普遍存在管沟下部回填不密实，疏松，盾构掘进时扰动，造成管沟位置地表沉陷。

7．行车道辅道和人行道

行车道辅道和人行道回填要求比主干道低，车站施工进行交通改道后，辅道和人行道临时成为交通主干道，在庞大的车流量作用下，地层进一步密实造成地表沉陷。

（四）坍塌防控措施

1．加强盾构掘进参数控制，落实施工技术措施

严格控制每一循环的出渣量，进行体积、质量双重控制，保证数据真实性。

不同地层的松散系数和密度不同，渣土改良效果不同，含水量也不同，

体积和质量控制困难，必须加强数据反馈和报警制度管理，每环出渣质量由门吊司机统计后，及时反映到主机室，以便采取相应的措施。

2. 做好注浆量与出渣量的匹配，加大洞内同步注浆量

同步注浆主要控制注浆压力、注浆量和砂浆的质量。对于特殊地段（建筑物下、河底管线下）改变配比，增大水泥加入量，加快浆液凝固速度。

根据出渣量和地表监测数据，对出渣多的地方和建筑物下面，尾盾通过该处时加大注浆量；地表有条件时在地表钻孔注浆；盾构通过后，在隧道内通过管片吊装孔进行注浆加固。管片背后注浆流程如下：

（1）注浆管加工。注浆管采用 ϕ 50 mm、壁厚 4 mm 无缝钢管，每节长度初步定为 6 m，根据现场钻孔情况适当调整长度，在距离管底 4 m 范围内设泄浆孔，孔间距 10 ~ 15 cm、呈梅花形布置 4 mm 的溢浆孔，注浆管在下管之前将溢浆孔用贴片或者胶布粘贴封孔。

（2）开孔。采用隧道顶部开直孔，开孔位置避开封顶块和拼接缝，在邻接块吊装孔位置每环管片开一个孔，两孔之间距离不得小于 3 m。开孔采用 Z1Z200E 工程钻机钻孔施工，工程钻机先用 ϕ 100 mm 钻头在管片上钻深 10 cm，然后用 ϕ 75 mm 钻头再钻 10 cm，安装单向止水阀，用堵漏材料对周边进行封堵。

（3）钻孔及注浆管安装。采用潜孔钻机在已开孔的位置继续钻孔，把管片钻透，插入 ϕ 50 mm 注浆管进行跟管钻进，钻孔完成后保证管片外弧面以上 2 m 内注浆管不得有溢浆孔。

（4）注浆。预埋好注浆管后，采用单液浆进行二次补强注浆。

3. 加强特殊地层段的渣土改良，保证出渣顺畅

砂卵石地层泡沫用量在 30 ~ 35 L/ 环，泥岩地层 40 ~ 45 L/ 环，根据渣土改良的效果加入适量的水。

确保上述施工记录的真实性，建立强有力的技术管理制度，必须加强

施工管理，特别是数据及报警流程严格界定，落实责任，层层负责。

（五）特殊地段的措施

对始发、到达端头提前采取处理措施，从成都地铁 1 号线、2 号线的施工经验看，提前注浆加固的效果很不理想，采用跟踪注浆加固，效果较好，但有一定的滞后性。

换刀等停机时间长时，刀盘处卵石变得松散或局部坍塌，盾构恢复掘进时建立土压平衡模式，同时加大同步注浆量，补充地层损失。

第五章　大直径盾构连续穿越风井关键技术

盾构隧道施工改变了原地层的状态，不可避免地会对土体造成扰动从而引起地表沉降，对周围的环境造成一定的损害。一直以来，穿越建（构）筑物是盾构施工的一个重难点，前人对此进行了大量研究，但国内对于大直径盾构机穿越圆形风井的研究还处于真空阶段。因此，如何通过对盾构机进行适应性改进及对盾构机穿越风井时的施工过程控制，减少对风井结构的扰动，从而最终达到顺利穿越是个亟须解决的问题。

第一节　关键技术问题

为了实现盾构机微扰动掘进，选用盾构机时应对其高负荷条件下的可靠性及其具体施工工艺参数进行分析，提出具体的设备性能要求，以适应高难度穿越的技术条件。

南京纬三路过江通道梅子洲风井基坑施工阶段，梅子洲风井作为盾构施工的中间检修井，风井中心处盾构隧道埋深约 23.417 m，盾构穿越区地连墙设计采用玻璃纤维筋代替普通钢筋以便于盾构机直接切割；盾构穿越梅子洲风井时，在高水压下超深地层旋喷加固稳定技术、盾构直接切削玻璃纤维筋地连墙技术、进出洞技术等方面施工难度极大。

盾构机穿越过程中将依次经历软土—高压旋喷加固区—地下连续墙—井内素混凝土—地下连续墙—高压旋喷加固区—软土的多次切削转换，施工工况十分复杂。穿越风险主要体现在以下几个方面：

（1）盾构穿越过程中经历的不同强度的切削转换，对盾构设备及施工控制提出了极高的要求。尤其是盾构将对 10 幅地墙、8 处地下连续墙幅间接头进行切削，高强度的混凝土、高韧性的玻璃纤维筋及玻璃纤维板接头对刀盘刀具的性能提出了挑战。

（2）由于风井呈圆形，在刀盘刚接触地连墙的时候，仅盾构中心部分承受高强度的地下连续墙混凝土，其余部分仍处于高压旋喷加固体中；而当刀盘中心部分穿过地连墙开始切削风井中素混凝土时，刀盘两侧仍然处于高强度的地连墙范围。这样的受力状态极其容易引起刀盘受力不均，引起刀盘变形、刀具脆断、刀盘卡死等现象。

因此，如何对盾构机进行合理的适应性改造，并对盾构施工参数进行有效控制，将是盾构高效、安全穿越风井的重要因素。

第二节　盾构机适应性改进技术

一、纬三路过江通道盾构机简介

盾构选型必须与地质条件紧密结合，所选用盾构必须能适用于大部分地质条件的掘进。南京纬三路过江通道工程使用的两台气垫式泥水平衡复合盾构由中交天和机械设备制造有限公司根据纬三路过江通道工程地质条件专门设计。盾构刀盘开挖外径 15.02 m，采用复合式刀盘结构。刀盘结构形式为中心支撑、辐条 + 面板式，共设计 8 个辐条、16 个面板，其开口率为 25.7%、刀盘最大开口尺寸为 60 cm。

盾构前仓设有泥水仓与气垫仓，通过气垫仓气压的调节来实现开挖面压力的精确设定。盾构设有两个人闸，一个位于盾构中部，为常压换刀人闸，用于常压更换切削刀；另一个位于盾构上部，为带压换刀人闸，用于进入泥水仓或气垫仓。盾构在破碎机前端设置 200 mm×200 mm 格栅，在落石箱后端设置 150 mm×150 mm 格栅。

二、盾构机穿越梅子洲风井前刀盘刀具配置

根据工程地质情况，刀盘结构采用面板式，开挖直径为 15 020 mm、开口率为 25.7%，刀盘上主要配置切削刀和滚刀两种类型刀具共 717 把，其中先行切削刀和可推出式切削刀（可调）高度为 200 mm、滚刀为 160 mm、主切削刀为 100 mm。

针对工程地质特点刀盘设计采取如下措施：

（1）为了刀具检修更换方便，刀盘可以整体向后滑动 100 mm。

（2）刀盘面板上焊接了 312 把先行切削刀，主要用于砂层和软土层切削，刀具高度为 200 mm，在盾构机进入硬岩层之前对刀盘刀具保护。

（3）刀盘 NO 2、4、6、8 辐条安装了 80 把可更换式切削刀，主要用于砂层和软土层切削，在刀盘辐条内常压状态可以对刀具伸、缩及更换。

（4）盾构机共安装滚刀 89 把，其中固定滚刀 57 把，三联式可推出滚刀 1 组共 3 把、四联式可推出滚刀 6 组共 24 把、五联式可推出滚刀 1 组共 5 把。在刀盘面板和外周安装的可推出式滚刀，当固定滚刀磨损后，可以在同轨道上推出两次新的滚刀。刀具具体配置见表 5-1。

表 5-1　刀具配置

类型	数量 / 把
主切削刀	172
更换型切削刀	80
向导型削刀	15
先行切削刀	312
外周保护切削刀	32

类型		数量／把
推出式切削刀	单独的	5
	3 连推出式	12
	最外周	6
	5 连推出式	5
	4 连推出式	24
	3 连推出式	3
双刃滚刀（19"）		45
单刃滚刀（17"）（中心部）		6
仿形刀	形成 150 mm	1
	最大超挖量 120 mm	

三、盾构机穿越梅子洲风井前刀具优化

从盾构的地层适应性角度出发，对盾构刀盘结构进行改造，使刀盘结构能有效满足泥水盾构在穿越风井掘进时的要求。盾构机穿越风井前，将刀盘上正常配置 45 把 19″ 双刃滚刀更换为双刃撕裂刀（图 5-1）。

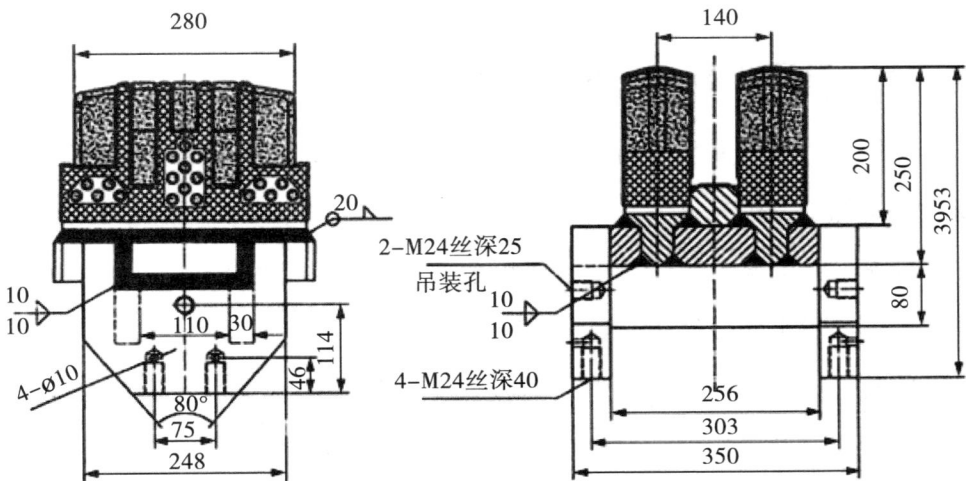

图 5-1 双刃撕裂刀（单位：mm）

双刃撕裂刀是随着刀盘转动而没有自转的破岩刀具，是在盾构机向前推进的同时刀具随刀盘向前旋转对开挖面土体产生轴向（沿隧道前进方向）的剪切力和径向（刀盘旋转切线方向）切削力，不断将开挖面前方土体切

削下来。

为增强双刃撕裂刀的耐磨性和整体性，在原有双刃撕裂刀的基础上进行改进，刀体材料采用40CrNiMo（锻造），合金材料选用KE13，合金的焊接方式采用中高频银基钎焊，合金抗弯强度大于或等于2 800 MPa，合金的硬度为HRA87-88，刀体堆焊耐磨层厚度为5 mm。刀体堆焊耐磨层厚度大于或等于HRC58。

第三节　盾构机穿越梅子洲风井施工方案比选

为了使盾构机能够一次性成功穿越梅子洲风井，工作人员拟定了多套施工方案，通过方案比选，对其中一套施工方案进行优化后采用，以下为原施工方案与优化后施工方案的步骤对比。

一、盾构机穿越梅子洲风井施工方案一

步骤一：将井内预留的盾构检修空间以密实砂进行回填，回填后砂的重度应不低于20 kN/m³。

步骤二：浇筑主体结构底板的剩余部分，并对底板上的孔洞用于主体结构底板混凝土标号的素混凝土进行临时封堵。

步骤三：盾构切削含玻璃纤维筋地连墙进入风井，在盾构进洞过程中需加强盾尾管片的同步注浆与二次注浆，必要时需进行补充注浆以充分堵塞盾尾后方的渗水通道。盾尾完全进入风井一定距离后，如有必要则停机对盾构刀盘进行检修。

步骤四：盾构检修完毕后切削风井大里程端含玻璃纤维筋地连墙出洞，出洞过程中需加强盾尾管片的同步注浆、二次注浆及补充注浆以充分堵塞盾尾后方的渗水通道。

步骤五：挖除主体结构底板上各孔洞处的临时封堵混凝土。挖除时应精确定位挖除区域并采用人工方式挖除，严禁采用爆破或机械开挖。临时封堵混凝土挖除完毕后，须对其表面进行清理、平整，并用水泥砂浆抹平，确保孔洞大小符合图纸要求。

（1）分层挖除新风孔与排风孔下方的附属结构范围内的坑内加固素混凝土及砂。挖除时应精确定位挖除区域并采用人工方式挖除，严禁采用爆破或机械开挖。挖除过程中，应及时观测开挖面上是否有地下水渗漏；如有渗漏，应及时采取注浆方式进行封堵，同时对开挖面至风井外侧 40 m 范围内的盾构管片通过预留注浆孔压注聚氨酯；经处理开挖面基本无渗漏后，方可进行后续开挖。

（2）开挖过程中需加强围护结构受力及变形监测；如有异常，应根据实际情况在素混凝土开挖面上及时架设钢支撑进行临时支护。

步骤七：对素混凝土开挖面进行整平，敷设附属结构防水层，浇筑风井两端环梁及侧墙；浇筑新风孔与排风孔下方的附属结构及车道板层。

步骤八：挖除 4 ~ 6 号管片上方的回填素混凝土；拆除 4 ~ 6 号管片；挖除管片下方附属结构底板范围内的素混凝土。

步骤九：对素混凝土开挖面进行整平，敷设附属结构防水层，浇筑附属结构底板、侧墙及车道板层；浇筑附属结构内部隔墙、排烟道顶板等。

二、盾构机穿越梅子洲风井施工方案二

步骤一：暂不进行砂回填，首先凿除部分 C20 回填素混凝土至原设计附属结构底板以下不小于 60 cm。

步骤二：敷设防水层，施作附属结构底板。

步骤三：施工盾构穿越区范围外的其他附属结构，并回填砂至标高 −13.152 m，回填后砂的重度应不低于 20 kN/m³。

步骤四：浇筑主体结构底板的剩余部分，并对底板上的孔洞用于主体结构底板混凝土标号的素混凝土进行临时封堵。

（1）分层挖除新风孔与排风孔下方的附属结构范围内的坑内加固素混凝土及砂。挖除时应精确定位挖除区域并采用人工方式挖除，严禁采用爆破或机械开挖。挖除过程中，应及时观测开挖面上是否有地下水渗漏；如有渗漏，应及时采取注浆方式进行封堵，同时对开挖面至风井外侧 40 m 范围内的盾构管片通过预留注浆孔压注聚氨酯；经处理开挖面基本无渗漏后，方可进行后续开挖。

（2）开挖过程中需加强围护结构受力及变形监测；如有异常，应根据实际情况在素混凝土开挖面上及时架设钢支撑进行临时支护。

步骤六：拆除管片至口型构件顶面位置。

步骤七：施作风井内其余盾构穿越段剩余结构。

三、盾构机穿越梅子洲风井施工方案对比分析

施工方案一中施工工序须在盾构穿越后拆除盾构下部的混凝土管片及口型构件等构件，不可避免地造成盾构隧道内部施工交通中断，进而无法进行盾构掘进、盾构段内部结构的施工。施工方案二对附属结构底板位置及施工顺序进行优化调整，进而在保证附属结构底板结构不变的同时，保证盾构穿越后可持续施工，避免盾构在软弱地层中长时间停机，同时避免了盾构机穿越上软下硬的"地层"，从而起到对刀盘刀具的保护作用。

第四节　盾构穿越素混凝土强度优化分析

素混凝土强度的选取考虑盾构穿越风井的施工过程。盾构穿越时，考虑施工的可行性，被开挖破除的素混凝土强度不能太大，且又须满足盾构

穿越开挖时风井的整体稳定性。为此，对风井建设回填的素混凝土材料强度进行计算对比，以提出能满足盾构施工要求的素混凝土材料。素混凝土分别采用 C20、C15、C10 三种强度，通过计算，对结果进行对比分析，各素混凝土的材料参数见表 5-2。

表 5-2　素混凝土材料参数

工况	素混凝土强度	重度 /（kN·m⁻³）	弹性模量 E / GPa	泊松比 μ
1	C20	24	25	0.2
2	C15	24	22	0.2
3	C10	24	17	0.2

表 5-3 至表 5-6 为工况 1 至工况 3 关于地连墙变形和受力、内衬墙、素混凝土的受力计算结果对比。从表 5-3 至表 5-6 可以看出：对于地连墙来说，工况 1 和工况 2 的内力计算结果相差较小，即采用 C15 和采用 C20 混凝土对地连墙影响相似，工况 3 的计算结果稍大；变形方面主要体现在地连墙的径向，C20 和 C15 混凝土产生的地连墙径向变形分别为 6.09 mm 和 6.12 mm，C10 混凝土的地连墙径向变形稍大，为 6.28 mm；对于内衬墙来说，3 种工况的环向轴力、竖向轴力、竖向弯矩和环向弯矩量值都较为接近，仅工况 3 的竖向弯矩稍大；素混凝土受力结果表明，3 种工况的最大压应力几乎一致，工况 3（C10）的最大拉应力偏大，为 1.15 MPa。

表 5-3　地连墙内力对比

工况	轴力 / kN				弯矩 /（kN·m）			
	环向		竖向		竖向		环向	
	最大正向	最大负向	最大正向	最大负向	最大正向	最大负向	最大正向	最大负向
1	454	6 444	111	5 369	1 105	901	693	1 121
2	456	6 615	112	5 379	1 115	925	702	1 137
3	460	6 947	115	5 444	1 136	976	715	1 163

表5-4　内衬墙内力对比

| 工况 | 轴力 / kN | | | | 弯矩 /（kN·m） | | | |
| | 环向 | | 竖向 | | 竖向 | | 环向 | |
	最大正向	最大负向	最大正向	最大负向	最大正向	最大负向	最大正向	最大负向
1	1 318	2 844	559	3 681	173	131	94	218
2	1 319	2 849	559	3 681	180	130	94	219
3	1 320	2 862	559	3 681	193	126	95	222

表5-5　地连墙变形对比分析

名称	工况 1	工况 2	工况 3
地连墙变形 / mm	6.09	6.12	6.28

表5-6　素混凝土受力对比分析

名称	工况 1	工况 2	工况 3
最大拉应力 / MPa	1.02	1.03	1.15
最大压应力 / MPa	5.80	5.80	5.80

基于以上分析，3 种工况结果相差均不大，但工况 3（C10）的变形和最大拉应力稍大，为减小盾构穿越施工难度，素混凝土采用 C15，既能保证受力构件的安全，又利于盾构施工开挖。

第五节　盾构机穿越梅子洲风井施工技术

一、盾构穿越梅子洲风井掘进作业工序

（1）盾构机到达加固区前，通过水位观测井观测加固区域的地下水位；如果水位较高，则对加固区进行注浆补强以增加固体的抗渗性。

（2）梅子洲风井地连墙外侧 40 cm 区域的提前加固，采用双液浆压注，将可能出现的渗漏水通道提前封堵。

（3）盾构掘进至距风井外侧地基加固区一定距离时，对盾构机姿态进行复核并及时纠偏，以确保盾构机切削至地下连续墙时，盾构姿态在预定的位置。

（4）对盾构刀盘抵达地连墙端面前的最后40环管片，同步注浆的浆液配合比中应适当增加水泥用量，同时增加同步注浆量，每环注浆要达到密实均匀，保证注浆量的同时也要保证盾尾密封的安全，在掘进过程中根据注浆压力和地面监测情况进行实时调整，以达到管片壁后同步注浆充填密实的效果。

（5）对盾构刀盘抵达地连墙端面时盾尾后部纵向30 m范围内的管片外侧土体，通过盾构管片上预留的二次注浆孔，实施整环二次注浆，注浆材料采用水泥浆。注浆完成后，打开注浆接头上的球阀，检查是否出现渗漏水现象；若出现漏水，则再次实施补充注浆。

（6）盾构机直接切削地连墙玻璃纤维筋混凝土，在切削过程中应控制好各项掘进参数以减少超挖。在盾构进洞过程中，进行同步注浆及二次注浆，并对此过程中脱出盾构尾部的管片压注聚氨酯，同时需通过水位观测井等密切关注周边的水土流失情况。

（7）盾构全部进入风井后，对风井外侧20 m至盾尾之间的所有管片，通过管片上预留的二次注浆孔再一次进行聚氨酯压注以截断盾构尾部可能存在的地下水通道、堵塞管片壁后的空隙。

盾构掘进作业工序流程图如图5-2所示。

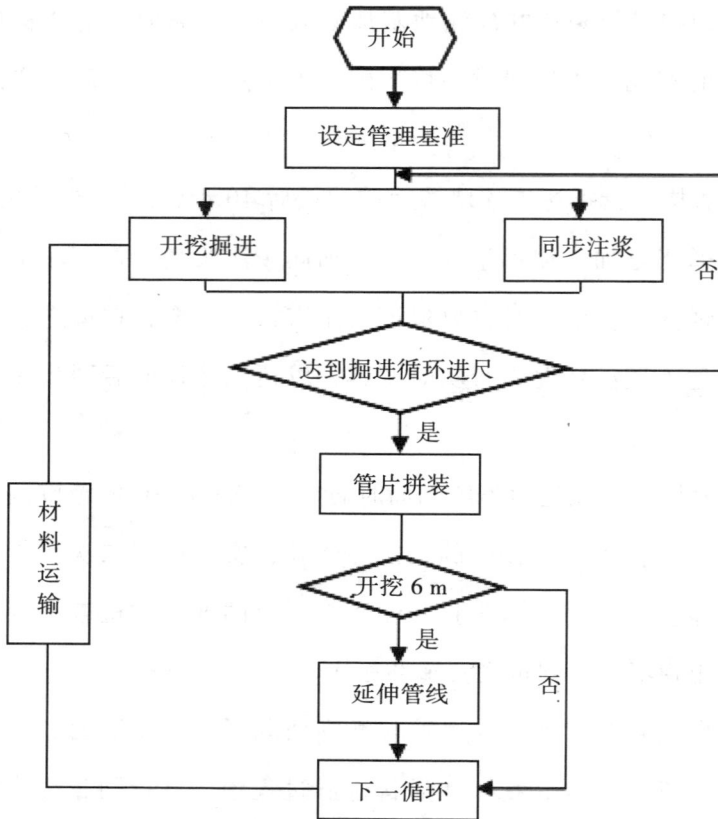

图 5-2　盾构掘进作业工序流程图

二、盾构穿越梅子洲风井关键控制技术

（一）切口水压控制

盾构切口泥水压力的设置准确与否对于盾构前方土体的稳定和地面沉降变化具有很大的影响，因此施工过程中应对切口水压做出准确的计算。

1. 切口水压上限值

$$P_上=P_1+P_2+P_3=\gamma_w \cdot h+K_0[(\gamma+\gamma_w)h+\gamma(H-h)]+20 \qquad （5-1）$$

式中：$P_上$——切口水压上限值，kPa；

　　　P_1——地下水压力，kPa；

P_2——静止土压力，kPa；

P_3——变动土压力，一般取 20 kPa；

γ_w——水的容重，kN/m³；

h——地下水位以下的隧道埋深（算至隧道中心），m；

K_0——静止土压力系数；

γ——土的容重，kN/m³；

H——隧道埋深（算至隧道中心），m。

2. 切口水压下限值

$$P_{\text{下}} = P_1 + P_2 + P_a = \gamma_w \cdot h + K_0 [(\gamma + \gamma_w) h + \gamma (H - h)] - 2C_u \sqrt{K_a} + 20 \qquad （5-2）$$

式中：$P_{\text{下}}$ 为切口水压下限值，kPa；

K_a——主动土压力，kPa；

P_a——主动土压力系数；

C_u——土的凝聚力，kPa。

（二）盾构推进速度控制

盾构进洞段施工时，推进速度应放慢，尽量做到均衡施工，减少对周围土体的扰动，避免在途中有较长时间耽搁。如果推得过快则刀盘开口断面对地层的挤压作用相对明显，在加固区前的推进速度在 20 ~ 30 mm/min，进入加固区以后推进速度控制在 10 mm/min。

盾构掘进 K6+720~750（防洪子堤）推进速度保持在 15~20 mm/min。

盾构掘进 K6+750~800（加固体及风井）加固体内推进速度保持在 5~10 mm/min，地连墙及风井内回填推进速度控制在 5 mm/min。

盾构推进 K6+800~950（地表民房）推进速度保持在 15~20 mm/min。

盾构推进速度设定时，注意以下几点：

（1）启动时，盾构司机需检查千斤顶是否顶实，开始推进和结束推进之前速度不宜过快。每环掘进开始后应逐步提高推进速度，防止启动速度过大冲击扰动地层。

（2）一环正常掘进过程中，推进速度值应尽量保持恒定，减少波动，以保证切口水压稳定和送、排泥管的畅通。在调整推进速度时应逐步调整，避免速度突变对地层造成冲击扰动和切口水压摆动过大。

（3）推进速度的快慢必须满足每环掘进注浆量的要求，保证同步注浆系统始终处于良好工作状态。

（4）推进速度选取时，必须注意与地质条件和地表建筑物条件匹配，避免速度选择不合适对盾构机刀盘、刀具造成非正常损坏和隧道周边土体扰动过大。

（三）盾构纠偏量的控制

在确保盾构正面沉降控制良好的情况下，使盾构均衡匀速施工，盾构姿态变化不可过大。每环检查管片的超前量，隧道轴线和折角变化不能超过 0.3%。推进时不急纠、不猛纠，注意观察管片与盾壳的间隙，相对区域油压的变化量随出土量和千斤顶行程逐渐变化。采用稳坡法、缓坡法推进，以减少盾构施工对地面的影响。在盾构进入加固区前应根据洞门中心调整好盾构进洞位置与姿态，避免在进入加固区以后再调整盾构姿态。

方向控制及纠偏注意事项：

（1）在切换刀盘转动方向时，应保留适当的时间间隔，推进油缸油压的调整不宜过快、过大，切换速度过快可能造成管片受力状态突变，而使管片损坏。

（2）根据掌子面地层情况应及时调整掘进参数，调整掘进方向时应设置警戒值与限制值。达到警戒值时应立即实行纠偏程序。

（3）严格控制纠偏力度，防止盾构机发生卡壳现象。

（4）盾构方向控制极其重要，应按照掘进的有关技术要求，做好测量定位工作。

（四）同步注浆量和浆液质量控制

同步注浆在盾构向前推进盾尾空隙形成的同时进行，通过同步注浆系统及盾尾的内置注浆管（图 5-3）。壁后注浆装置由注浆泵、清洗泵、储浆槽、管路、阀件等组成，安装在拖车上。当盾构掘进时，注浆泵将储浆槽中的浆液泵出，通过盾尾壳体内的 12 根同步注浆管，对管片外表面的环形空隙中进行同步注浆。

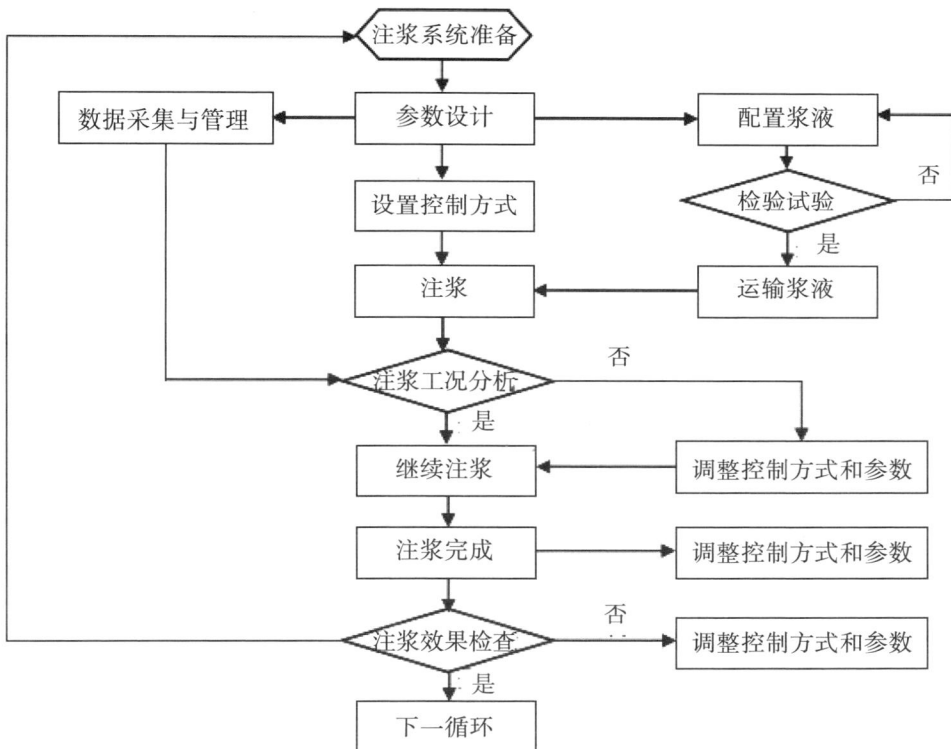

图 5-3 注浆工艺流程

对同步注浆量和浆液质量的控制，务必做到三点：

（1）保证每环注浆总量；

（2）保证每环推进时均匀合理地压注；

（3）浆液的配比和稠度必须符合质量标准。

通过同步注浆及时充填建筑空隙，减少施工过程中的土体变形。

盾构机穿越后考虑环境保护和隧道稳定因素，如发现同步注浆有不足的地方，通过管片的预留注浆孔进行二次补强注浆，补充同步注浆未填充部分和体积减少部分，从而减少盾构机通过后土体的后期沉降，减轻隧道的防水压力，提高止水效果。

根据穿越长江北岸大堤、保健村民房等施工经验，注浆量取环形间隙理论体积的 1.4 ～ 2.0 倍，其中 K6+720 ～ 750（防洪子堤）段每环注浆量应约 38 m³。加固体内注浆量约 35 m³，风井内回填掘进注浆量控制在 32 m³，切口压力一般控制在 0.6 ～ 1.0 MPa。目前注浆时注浆泵口压力控制在 18 MPa 以内，出口压力控制在 1 MPa 以内。目前注浆压力控制在当浆液压力高于盾尾密封的压力时，就会击穿盾尾密封而造成窜浆，因此在施工中必须严格控制浆液的配比，加大现场试验频率，浆液稠度控制在 8 ～ 12 cm，在注浆压力剧增时应立即停止注浆，查明原因或者更换孔位后再进行注浆。同时调整同步注浆的浆液配比，增加浆液中的水泥用量，以便增强同步注浆的强度。

本工程盾构机穿越梅子洲风井施工过程中，同步注浆各项参数见表 5-7。

表 5-7　穿越梅子洲风井注浆配合比及试验记录

样品名称		硬性浆液
每方浆液材料用量 /kg	水泥	50
	粉煤灰	300
	石灰	—
	沙	1160
	膨润土	80
	外加剂	3
	水	350

样品名称			硬性浆液
试拌记录	密度		1.95
	稠度 /cm	初始	10.4
		30 min	10.2
		3 h	7.5
	流动度 /cm	初始	29
		30 min	28
		3 h	27
	分层度 /mm		4
	泌水率 /%		1.5
	凝结时间（h：min）		17：30
抗压强度 /MPa	3 d		0.19
	7 d		1.35
	28 d		1.24

（五）盾尾油脂的压注

在同步注浆量充足的前提下，盾构机的盾尾密封功能就显得特别重要。为了顺利、安全地进洞，必须切实地做好盾尾油脂的压注工作。每班上班时检查并保证储桶内有充足的油脂。推进时油脂开关用自动挡根据压力情况自动补压（同时配备专人观察，需要时人工压注），杜绝因人为欠压造成的漏浆、漏水现象。盾尾油脂压注施工工艺流程如图 5-4 所示。

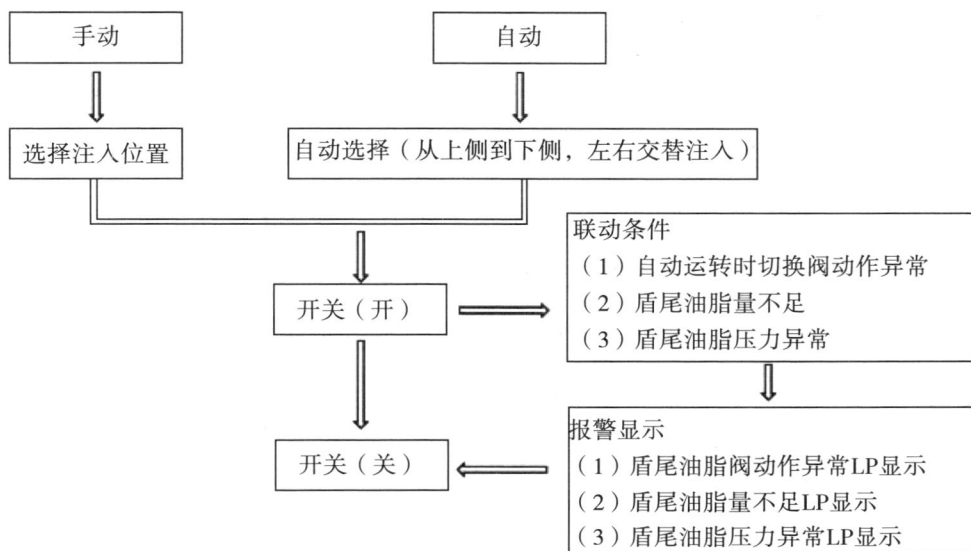

图 5-4　盾尾油脂压注施工工艺流程

（六）二次注浆施工控制

为了保证盾构掘进后，确保后续洞门环梁施工不致产生渗漏，故对风井前后采用全环二次注浆加固止水，加固范围在进入风井前 40 ~ 前 20 环，掘进至风井后的 20 ~ 40 环。盾构掘进后、口型构件安装前，把每环管片三个位于口字件和两侧混凝土回填下方的二次注浆孔全部压注完成，方可安装口型构件及施作两侧回填。其余注浆孔在盾构后续车架行驶过后再进行压注。

采用双液浆，注浆材料为 PO42.5 普通硅酸盐水泥和水玻璃根据现场搅拌罐体积，其施工材料配合比见表 5-8。

表 5-8 双液注浆材料配合比

材料	水泥 /kg	水 /L	水玻璃 /L
配合量	200	200	200

双液浆注入方式及工艺流程：利用管片预留的二次注浆孔作为注浆孔位，安装注浆单向逆止阀后，用电锤钻穿二次注浆孔保护层，接上三通及水泥浆管和水玻璃管。注双液浆时，先注纯水泥浆 1 min 后，打开水玻璃阀进行混合注入，终孔时应加大水玻璃的浓度。

在一个孔注浆完结后应等待 5 ~ 10 min 后将该注浆头打开疏通查看注入效果，如有水流出，应二次注浆压力控制在 3.5 ~ 4.0 MPa；超过4.0 MPa，停止注浆。每块管片注浆之前，在其后面一环管片临近的注浆孔上开一个观测孔，若双液浆从观测孔流出，则停止注浆。再次注入至无水流出时可终孔，并进行下一孔位注浆。

二次注浆双液浆流程如图 5-5 所示。

```
                ┌─────────────────┐
                │   注浆材料进场    │
                └────────┬────────┘
                         ↓
    ┌─────────────────┐       ┌─────────────────┐
    │   水泥浆拌制      │       │   水玻璃液拌制    │
    └────────┬────────┘       └────────┬────────┘
             ↓                         ↓
    ┌─────────────────┐       ┌─────────────────┐
    │   压入注浆泵      │       │   压力注浆泵      │
    └────────┬────────┘       └────────┬────────┘
             ↓                         │
    ┌─────────────────┐                │
    │  单项注浆逆止阀   │←──────────────┘
    └────────┬────────┘
             ↓
    ┌─────────────────┐
    │      注入        │
    └────────┬────────┘
             ↓
    ┌─────────────────┐
    │  是否达到注浆要求  │
    └────────┬────────┘
           是 ↓
    ┌─────────────────┐
    │      停止        │
    └─────────────────┘
```

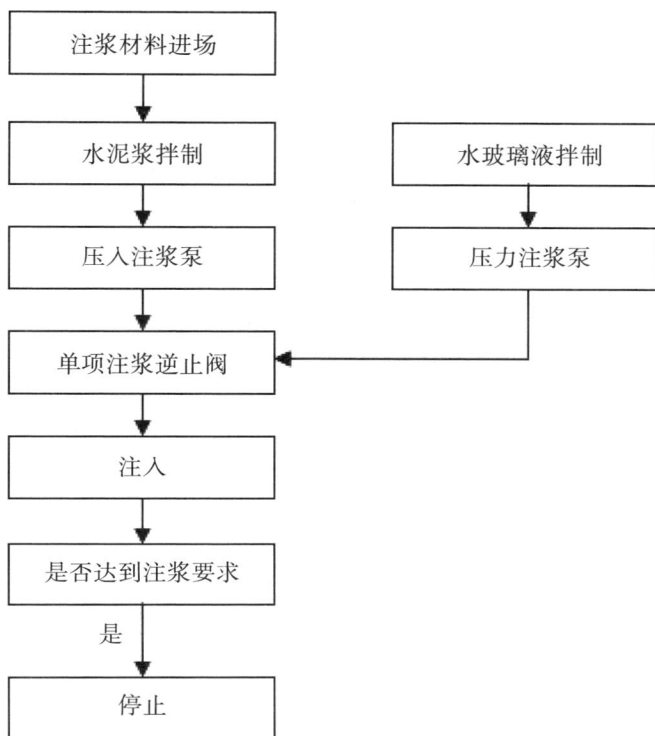

图 5-5　二次注浆双液浆流程

三、回填凿除及管片拆除

盾构掘进至 K6+950 时，即穿越周边建筑物，在地下四层结构底板处预留的排风井处，凿除风井内回填混凝土及砂浆。以待拆除的 3 号管片为中心，沿隧道轴线向两侧分台阶凿除，台阶高度以人工手持风镐适宜操作为主（1.5 ~ 2.0 m），沿隧道轴线宽度不小于 1.5 m。首先凿除部分混凝土，并拆除 3 号环管片最顶部一块，作为后续施工弃渣使用。

步骤一（图 5-6）：在通风井 5 m×5 m 预留排风口处凿除回填 C15 细石混凝土直至管片外弧面，凿除废渣通过预留排风口运出。沿隧道轴线方向凿除 3 号环管片上方回填凿除即可，垂直轴线方向凿除一块管片长度。利用管片预留的二次注浆孔穿过钢丝绳，拆除该块管片。

（a）横断面

（b）纵断面

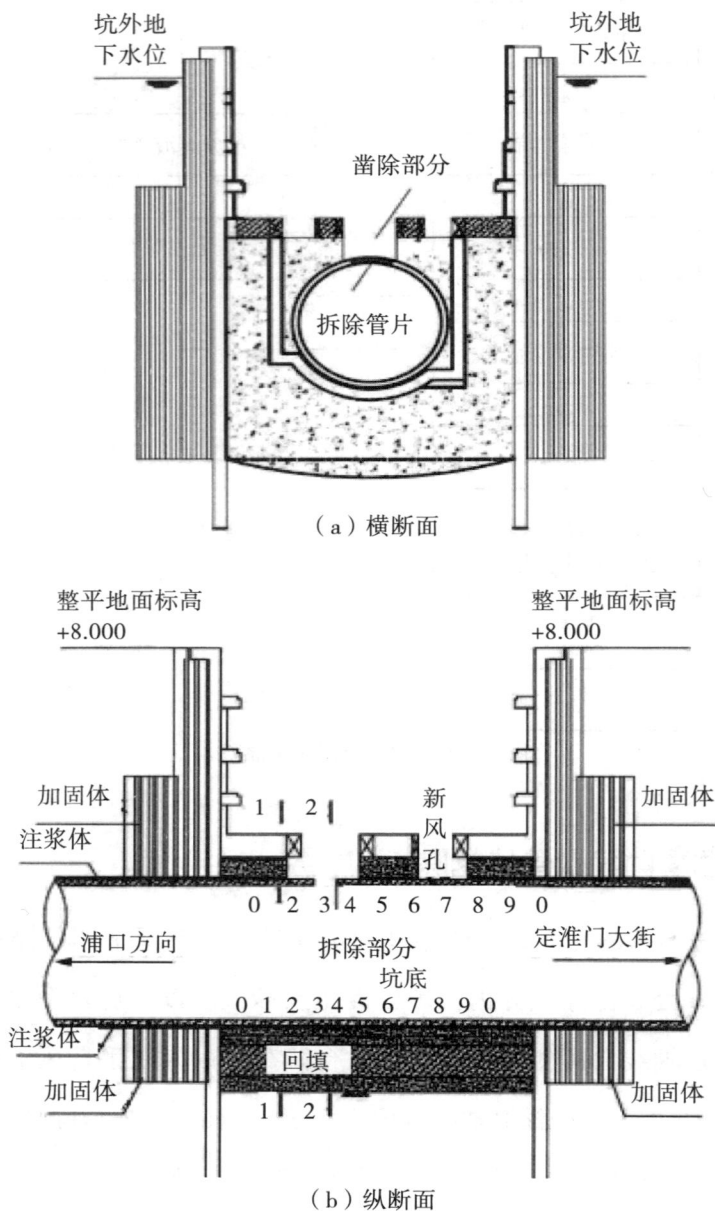

图 5-6　步骤一示意图

　　步骤二（图 5-7）：沿垂直隧道轴线方向凿除回填 C15 细石混凝土，凿除后的渣土从上一步拆除管片处利用溜槽弃至运渣车上，隧道下方设置长度为 20 m 可移动保护平台。凿除一块，拆除一块，重复以上步骤直至拆除

3 号管片至圆心位置，按照 3 号→4 号→5 号→6 号→7 号→8 号→2 号
→1 号→9 号顺序拆除至圆心位置，且在拆除 1 号和 9 号管片过程中，每
拆除一块施作一次洞门环梁。

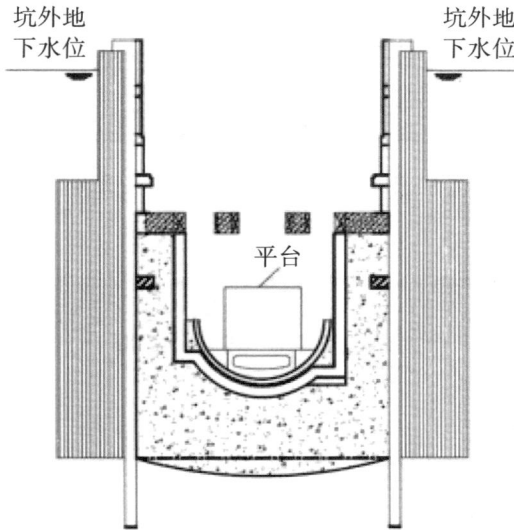

图 5-7　步骤二示意图

步骤三（图 5-8）：圆心以下位置采用人工手持风镐配合镐头机凿除管
片及回填混凝土。仍由中间向两侧逐步拆除，最后拆除 1 号和 9 号管片，
并逐块施作洞门环梁。完成后的环梁如图 5-8 所示。

在凿除风井内的混凝土时，应随时观察开挖面的渗水情况；如有渗漏
应立即停止凿除，采用注浆方式进行封堵。注浆对地连墙两侧以外 40 m 范
围内至开挖面间的管片通过二次注浆孔压注聚氨酯。待开挖面基本无渗漏
后，再进行凿除工作。

整平地面标高
+8.000

整平地面标高
+8.000

加固体

排风孔　新风孔

加固体

注浆体

0 1 2 3 4 5 6 7 8 0

浦口方向

坑底

定淮门大街

0 1 2 3 4 5 6 7 8 0

注浆体

回填

加固体

加固体

（a）横断面

坑外地下水位

坑外地下水位

（b）纵断面

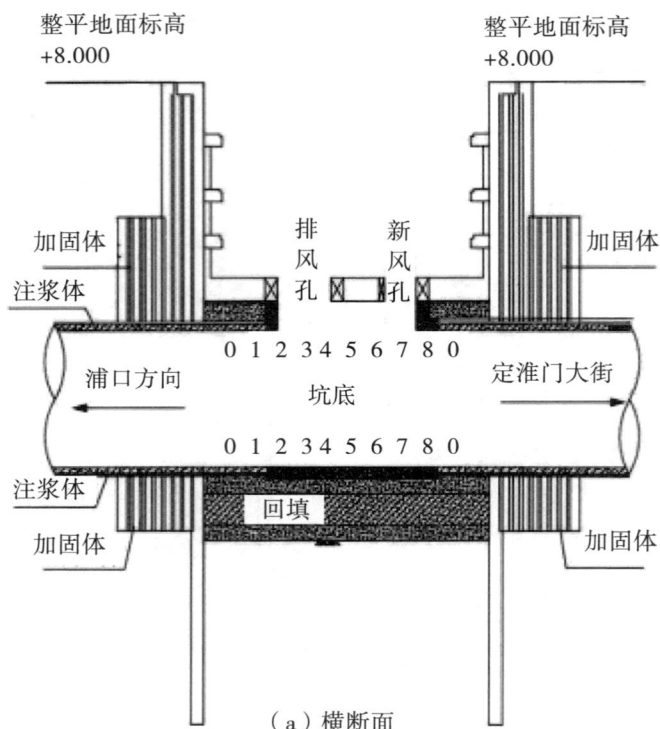

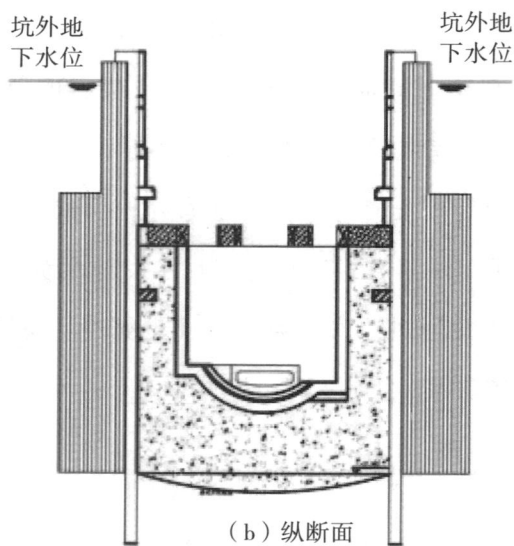

图 5-8　步骤三示意图

第六节　施工质量与安全保证措施

一、盾构掘进质量保证措施

（一）同步注浆保证措施

（1）石灰、粉煤灰及膨润土不可有结块现象。砂子细度模数满足配比要求无杂质，含泥量不大于 1%。

（2）原材料计量误差控制在配比允许范围内，其中石灰计量偏差不大于 1%，其余材料计量偏差不得大于 2%。

（3）各材料按照合理顺序投放，搅拌均匀。严禁注浆材料中有结块现象。在泵送至注浆箱之前，在输送泵受料口处放置晒网，防止结块、杂质进入。

（4）定期检查注浆压力传感器，确保压力控制准确。

（5）注浆与掘进同步进行，根据推进速度适时调整注浆速度，并严格按照方案要求压注，确保注浆量满足。

（6）在安装管片或停止掘进时应间歇性少量注入浆液，确保管路畅通，砂浆箱内搅拌器不得停止搅拌。

（7）注浆过程中应密切关注管片变化，如发现管片有错台变化等，及时停止掘进和注浆，处理后方可恢复。

（8）及时总结管片监测情况及地面变形监测情况，调整注浆数量、注入速度等，确保管片稳定及减小地面变形。

（9）严格控制同步注浆浆液黏稠度，加大浆液黏稠度检测频率。

（10）严格制度，确保"不注浆不掘进"。

（二）二次注浆质量保证措施

（1）加强现场材料管理，严格执行材料进场检验程序，保证水泥、水玻璃等原材料满足设计和规范要求。不合格材料严禁进场使用，所有材料合格证等应予存档。

（2）水、水泥及水玻璃应使用准确的计量工具，并按照配比施工。

（3）做好注浆记录，结合同步注浆记录及监控量测情况调整浆液压注数量。

（4）密切关注水泥浆及水玻璃注入速度，避免浆液单一压注。

（5）施工前检查好管路，做好施工准备工作，避免管路堵塞等造成的单孔注浆停止，应尽量做到一孔开始注浆直至压注完成不停止，一次注完为宜。

（6）水泥浆液的搅拌时间应大于 3 min，一次不宜搅拌过多，投料顺序先投水后投放水泥。浆液在使用前应过滤，浆液自制备到使用前不得超过初凝时间，且不大于 2 h。

（三）监控量测质量保证措施

（1）监控量测管理及监测实施过程纳入施工生产管理过程，作为一个重要的施工环节，每天量测时间及所得成果及时对照施工生产工序进行总结分析。

（2）监测所用仪器，定期检查，并保证按照国家计量部门要求进行标定。

（3）各量测项目人员要相对固定，保证数据资料的连续性。量测仪器专人使用，由专门机构进行检查保养。

（4）数据测量过程中，遵守测量制度，水准及全站仪的操作应经过换手测量确保数据的真实性和准确性。

（5）严格测点布置工艺、布点位置等，同时经常检查测点，尽早取得初始测量数值。加强日常巡视，确保测点不被损坏。

（四）盾构穿越堤坝、房屋质量保证措施

盾构穿越构筑物前由项目工程部制定详细的施工方案，并向各作业班组下发技术交底，安全环保部下发安全交底，明确各部门在施工过程中的职责和任务。在盾构推进前向盾构班组下达本班的指令单，明确各项作业参数的范围。

1. 盾构推进措施

（1）切口水压：原则上根据切口水压的计算值，实际施工中按照地面沉降监测结果进行调整。

（2）泥水质量指标：在施工期间采用高质量的泥水输送到切口，使其能很好地支护正面土体。泥水相对密度控制在 1.25 左右，黏度控制在 32 ~ 35 s，同时根据地层情况和刀盘前方土体稳定性进行调整。

（3）推进速度：此阶段推进速度不宜太快，控制在 20 ~ 30 mm/min。采用中速推进可以使土体被盾构推进所产生的应力充分释放，避免产生由于推进应力过大或过于集中而造成破坏，这样也有利于盾构纠偏。

2. 沉降控制

地面沉降控制分为两个方面：盾构切口前的沉降，由切口泥水压力、推进速度、土砂量控制，为使切口泥水能更好地支护正面土体，必须同时严格控制泥水指标；盾尾后的沉降由同步注浆进行控制。在盾构实际推进过程中同样要根据地面沉降情况，由当班技术人员分析判断后对压浆量、压浆部位和注浆压力进行调整，并根据实际施工情况，及时进行补注浆，必要时辅以地面跟踪注浆，以有效控制村民房屋后期沉降。

3. 通信联络

在盾构穿越期间，有专职人员昼夜对盾构影响范围内的村民房屋进行

沉降监测，及时观察结构的变形情况。采用先进的通信手段，将监测数据及时、准确地反馈给盾构控制室，使得盾构控制室能够根据地面所反映的情况，进行正确判断，及时组织各子系统调整施工参数。

二、盾构掘进安全保障措施

（1）在盾构推进过程中，由安全环保部对推进各班组进行安全教育，主要侧重点是针对本工程的盾构推进各道工序的危险源。

（2）在施工过程中由安全环保部对施工现场进行定期和不定期的安全检查，对于不合安全规定的立即进行教育和限期整改，情节严重的进行处罚。

（3）在盾构的推进中，根据控制地面变形要求在地面上沿盾构轴线和与轴线垂直的横断面上，布设地表位移测量标志点；在每环推进中跟踪测量地表隆沉变化，并通过调整推力、推进速度、盾构正面压力、注浆压力、注浆数量等施工参数，以使地面沉降位移尽量减少，从而为下一步盾构推进取得施工参数和施工操作经验。

（4）根据工程对隧道变形及地表变形的控制要求选用同步注浆、二次补强注浆甚至三次注浆的工艺，注入的浆液必须按地层性质、地面超载条件、变形控制要求合理选定。

（5）注浆安全要求：注浆人员必须经过专门培训，并熟练掌握有关作业规程；严禁在不停泵的情况下进行任何修理；注浆泵及管路内压力未降至零时，不准拆除管路或松开管路接头，以免浆液喷出伤人；注浆泵由专人负责操作，未经同意其他人不得操作；注浆人员在拆管路、操作注浆泵时戴防护眼镜，以防浆液溅入眼睛；保持机械及隧道内整洁，工作结束后必须对设备清洗保养，并清理周围环境。

第六章 盾构隧道施工管理研究

第一节 盾构隧道施工监测研究

一、盾构隧道施工施工监测的意义和目的

在软土地层的盾构法隧道工程中，由于盾构穿越地层的地质条件千变万化，岩土介质的物理力学性质也异常复杂，而工程地质勘查总是局部的和有限的，因而对地质条件和岩土介质的物理力学性质的认识总存在诸多不确定性和不完善性。由于软土盾构隧道是在这样的前提条件下设计和施工的，所以设计和施工方案总存在着某些不足，需要在施工中进行检验和改进。为保证盾构隧道工程安全、经济、顺利地进行，并在施工过程中积极改进施工工艺和工艺参数，需对盾构推进的全过程进行监测。在设计阶段要根据周围环境、地质条件、施工工艺特点，做出施工监测设计和预算；在施工阶段要按监测结果及时反馈，以合理调整施工参数和采取技术措施，最大限度地减少地层移动，以确保工程安全并保护周围环境。施工监测的主要目的是：

（1）认识各种因素对地表和土体变形等的影响，以便有针对性地改进施工工艺和修改施工参数，减少地表和土体的变形。

（2）预测下一步的地表和土体变形，根据变形发展趋势和周围建筑物情况，决定是否需要采取保护措施，并为确定经济合理的保护措施提供

依据。

（3）检查施工引起的地面沉降和隧道沉降是否控制在允许的范围内。

（4）控制地面沉降和水平位移及其对周围建筑物的影响，以减少工程保护费用。

（5）建立预警机制，保证工程安全。避免结构和环境安全事故造成工程总造价增加。

（6）为研究岩土性质、地下水条件、施工方法与地表沉降和土体变形的关系积累数据，为改进设计提供依据。

（7）为研究地表沉降和土体变形的分析计算方法等提供资料。

（8）发生工程环境责任事故时，为仲裁提供具有法律意义的数据。

二、盾构隧道施工监控系统

盾构电气监控系统是盾构设备的一个重要组成部分。随着电子技术的飞速发展，盾构电气监控技术发展较快。深入消化吸收国外先进盾构的电气监控技术，对开发国产土压平衡盾构电气监控系统具有十分重要的作用。

（一）土压平衡盾构电气监控系统

1.国产土压平衡盾构电气监控系统

（1）盾构监控系统总体设计方法。

第一，研究盾构施工工艺流程。系统地协调盾构电气系统与盾构机械功能，掘进施工参数的关系；系统地协调供配电、传感器、仪表、控制器、计算机的电量关系；系统地协调设备状态和数据信息流的关系；系统地协调软件和硬件的关系，在此基础上建立盾构控制模型，确定供配电器件、传感器、仪表、PLC、计算机基本配置；确定PLC的I/O口信息的性质、流向、数量；确定系统的逻辑和时序关系、数值变换关系。

第二，总结盾构施工经验。掌握盾构切口压力自动平衡 PID 控制参数的确定和调整方法，以稳定盾构切口压力；掌握同步注浆控制算法，实时控制注浆量，以减少地面沉降；掌握掘进分区油压控制特点，合理设计操作界面，以便操作和控制盾构掘进轴线。

（2）PLC 控制技术在盾构中的设计方法。

第一，PLC 在盾构应用中的三大设计原则：满足盾构控制功能原则；安全可靠原则；合理的性价比原则。

第二，PLC 在盾构应用中的质保措施：硬件设计阶段的抗干扰措施；软件设计阶段的可靠性措施；软件编程阶段的测试措施。

第三，综合考虑 PLC 在盾构中应用的下列因素：① I/O 容量，统计 PLC 开关量 I/O 和模拟量 I/O 的总数。② I/O 电气特性，考虑开关量 I/O 电压等级和输出功率，模拟量 I/O 的标准信号类型。③控制方式，根据设备布局，考虑采用集中控制方式或集散控制方式。④ PLC 选型，综合考虑 PLC 技术指标、PLC 价格、设计人员对所选 PLC 型号软硬件熟悉程度等因素。⑤通信问题，考虑通信距离、网络结构、上位机通信软件。⑥ I/O 分类划分，可按设备系统划分，按输入、输出功能划分，按模拟量和开关量划分。

（3）系统构成。

国产土压平衡盾构监控系统是由供配电设备、传感器仪表、PLC 控制器、计算机等组成的集散监控系统。地铁 10 号土压平衡盾构总装机容量 670 kW，10 kV 供电，380 V 配电。系统控制 25 台电动机、72 个电磁阀，通过液压系统实现对刀盘、推进千斤顶、螺旋机、拼装机等设备的控制。系统配置压力、转速、行程、姿态等各种传感器 23 套以检测盾构和施工的各种参数。

控制系统采用日本三菱公司 A 系列 PLC。系统配置 PLC 主控制器 1 套，

PLC 从控制器 2 套，PLC 的 D/I 模块 9 块、D/O 模块 8 块、AI 模块 5 块、A/O 模块 4 块。PLC 与计算机之间采用 RS232 标准接口，与所配制的工业控制计算机组成土压平衡盾构集散监控系统。

（4）PLC 控制模型。

第一，土压平衡控制。土压平衡自动控制是负反馈控制系统，以盾构正面土仓的土压力作为土压平衡盾构自动控制的对象。其技术关键是根据盾构机械传动状态、施工土质条件等实际情况，结合土压平衡盾构自动控制原理和施工经验，确定和调整合理的 PID 控制参数。

第二，同步注浆控制。掘进过程中，注浆量为 $Q(t)$，盾壳外径为 D_1，管片外径为 D_2，掘进相对长度为 L_1，注浆泵活塞外径为 d，注浆泵活塞长度为 L_2，推进速度为 $V(t)$，推进时间为 t，注浆次数为 n，注浆量比例设定参数为 K，则有：

$$Q(t) = \frac{D_1^2 - D_2^2}{4} \cdot K\pi \int_0^t V(t) \, \mathrm{d}t = \frac{d^2}{4}\pi \cdot nL_2 \qquad (6-1)$$

$$n = \frac{(D_1^2 - D_2^2) KL_1}{d^2 L_2} \qquad (6-2)$$

$$m = \frac{L_1}{n} = \frac{d^2 L_2}{(D_1^2 - D_2^2) K} \qquad (6-3)$$

上式中的 D_1、D_2、d、L_2 和 K 都是已知量，故 m 也是个常数。在编制程序时，只要计算出当前的行程相对值 L_1，即能实现同步实时控制要求。

第三，掘进分区油压控制。盾构千斤顶设 4 个控制区间，根据分区油压差值，可分别控制盾构的坡度和方位。PLC 设置 4 个分区油压的上下限控制值，用于报警显示。PLC 协调 4 个区间压力设定、控制输出、异常报警、状态显示等开环控制的全过程。

第四，拼装回转限位的控制。盾构拼装机设置正反转限位开关，PLC

控制程序设置位置状态记忆功能，防止误动作造成电缆和油管的损伤。

第五，电动机控制 PLC 控制。电动机的工作状态，采取过载、失压软件保护和报警措施，低起动电流措施。

第六，时序逻辑控制。①初始化：机械位置、温度、液压等状态的初始化；②状态选择：掘进或拼装状态选择；③掘进状态控制顺序：刀盘、皮带运输机、螺旋输送机、掘进机的正向和逆向控制顺序；④逻辑控制：控制状态判别、轻载启动、限值判别、电气保护、机械设备保护等。

第七，数值处理。模拟量输入信号标度：零点、增益、工程单位标度。模拟量输入信号运算：算术求和运算、微积分运算。

（5）施工管理系统。地铁 10 号土压平衡盾构计算机施工管理系统的实时信息来自 A 系列 PLC 的通信模块（21 个模拟量、189 个离散量）。其主要功能有：施工参数、控制参数设定；实时显示盾构设备状态和施工状态；设备故障报警查询；数据算术运算、数据统计；盾构掘进环报表数据处理；等等。

（6）应用效果。地铁 10 号土压平衡盾构应用于上海地铁 2 号线静安寺站至江苏路站区间隧道，效果如下：① PLC 控制可靠性高于传统继电器控制。盾构控制系统在地铁 2 号线施工中未发生任何故障。②采用网络通信方式，节省大量控制电缆。③应用灵活，根据施工需要可方便地修改控制方式。④土压平衡计算机施工管理系统的实时管理功能为盾构司机提供了良好的施工和设备操作界面，历史功能为施工管理部门提供了分析和决策依据。土压平衡控制精度为 +1%，轴线偏差控制在 ±50 mm 之内，地面沉降控制在 −30 mm~+10 mm。

2. 国外盾构电气监控系统的优化

（1） ϕ 7.65 m 铰接式土压平衡盾构（法国 FCB 公司产，二手盾构）。经改制和优化后的盾构用于上海外滩观光隧道工程，总装机容量

1 181 kW、10 kV 供电。系统配有压力、转速、行程、转角、倾角等各种传感器 34 套。系统控制 145 个电磁阀。控制系统硬件基本利用原设备，新配制一套计算机监控系统硬件。开发的土压平衡盾构 PLC 集散控制应用软件和计算机施工管理软件实现了盾构集散监控的功能。

第一，开发 TE 系列 PLC 土压平衡盾构控制系统。系统采取集散控制技术方案。控制系统硬件由一台 PLC 主站、六台就地站、一台远程站、一套 LOCAL 通信适配器和一套 REMOTE 通信适配器组成（图 6-1）。

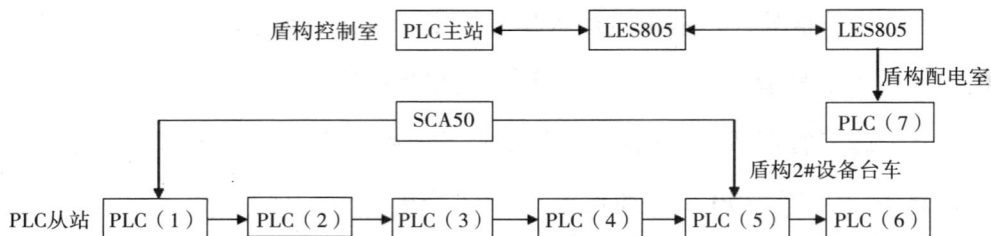

图 6-1 盾构 PLC 系统总体结构图

所编制的 PLC 应用软件特点：①采用集散控制方式，从站 PLC 具有 CPU 处理能力，提高了数据处理和状态控制的可靠性；②采用文本块直接通信方式，数据传送速率高；③ PLC 应用软件满足观光隧道土压平衡盾构的系统控制要求。

第二，开发土压平衡盾构计算机施工管理系统。开发的土压平衡盾构计算机施工管理系统，应用效果优于引进盾构的数据采集系统。其特点如下：①操作方式优化。由计算机触摸屏代替原专用键盘和法文显示屏，方便盾构司机辨识和操作。②操作界面优化。由菜单分别选择显示屏上九个页面，全中文显示信息，图文并茂。③能优化。根据施工管理模式，能实时显示盾构设备状态和盾构施工参数；及时记录和发布报警事件；方便施工参数设置和调整；自动生成环报表。历史数据统计结果便于分析施工情况，为做出正确判断、指导施工决策提供基础信息。

（2）ϕ 6.34 m 土压平衡盾构（日本青木公司产，二手盾构）。该盾构监控系统技术特点：具有三种土压的控制模式；数据采集系统采取计算机仿真技术。

（3）改制国外盾构电气监控系统技术路线。在缺少原盾构电气监控系统图纸和技术资料的情况下，技术人员深入盾构现场，仔细勘察、测试、分析引进国外二手盾构电气监控系统原始状态，掌握原盾构电气设备和元器件状态，掌握原盾构电气设计的基本思路，掌握原盾构集散监控系统的基本构成，为改造和优化引进国外二手盾构电气监控系统掌握第一手资料。

根据隧道施工工艺参数和盾构改造要求，优化原盾构电气系统，优化控制功能，优化管理功能，优化系统配置，优化操作界面，提出开发国产化土压平衡盾构监控系统应用软件的技术方案。

根据勘验结果确定改造目标，以尽可能利用原系统电气设备和元器件为原则。对于原系统已损坏或缺损的电气设备和元器件，按设备改造需求和可靠性要求调整和重新配置。

在分析盾构工艺流程、设备连锁保护、数据运算处理、数据传送、故障报警要求、操作显示要求的基础上，建立盾构的控制模型，作为 PLC 软件设计和程序编制的依据。

软件设计、程序编制、软件调试，设计与勘察、测试、制造、安装、施工密切结合，及时解决技术问题。

3. 盾构电气监控系统研制的可靠性技术

（1）设计阶段的可靠性措施。

第一，控制方案。采取"集中指挥，分散控制"的集散控制方案。如果现场发生异常突发事件，由局部控制器（PLC 从站）进行处理。即使局部控制器发生故障，主控制器（PLC 主站）亦能进行协调处理，使故障影响面减小。

第二，元器件选择。在满足使用要求的前提下，必须选择成熟产品，在目前市场条件下，选择引进技术生产的电气产品。

第三，耐环境设计。①元器件环境温度指标大于 50℃，环境湿度指标大于 85%；②安装在施工现场的传感器保护等级为 IP65，否则采取保护措施；③电气箱柜保护等级为 IP54。

第四，电气保护措施。电气绝缘指标符合国家标准，动力回路采取短路保护、漏电保护、失压保护、过载保护措施。

第五，抗干扰措施。盾构空间较小，电气元器件布置紧凑，电磁干扰主要以辐射感应或直接传送的形式对模拟信号产生影响。盾构监控系统应采取以下抗干扰措施：①信号导线屏蔽措施，屏蔽层单端接地，防止电磁辐射和感应干扰。②信号源隔离措施，防止直接传送和干扰。③软件处理措施，采取算术平均值滤波方法，以减少系统的随机干扰对采样结果的影响；采用一阶递推滤波方法，以减少低频噪声对系统的干扰；采用中位值滤波方法，以减少脉冲干扰的影响。

第六，盾构监控系统应用软件开发可靠性措施。监控系统硬件必须适应盾构施工恶劣环境，软件开发平台必须成熟可靠。采用软件工程方法，指导盾构监控系统应用软件的设计和编程。正确的软件设计方法和完备的软件文档，是确保应用软件可靠性的基本条件。要做到根据 I/O 变量和中间变量确定数据字典，根据监控信息流程确定数据流图，根据监控要求确定图控画面，根据监控信息关系确定数据库结构。编制 PLC 仿真调试程序，优化计算机应用软件的测试手段。从各种不同工矿条件测试盾构管理计算机系统的适用性、可靠性，检测是否发生时间冲突和空间竞争，确保所设计和编制的应用软件在实际应用中一次成功。

第七，落实技术方案和设计图纸的校对、审核措施。

（2）制造阶段的可靠性措施。

第一，加强器件质量检验，参照船用电气工艺标准制作和安装箱柜。

第二，落实盾构制造过程的三个阶段质量检验具体措施：①工厂检验，以检验制造工艺质量、接线准确性为主；②施工现场掘进前检验，以检验系统功能和调整技术参数为主；③试掘进检验，以检验总体效果为主。

（3）施工阶段的可靠性措施。

第一，根据施工工况条件，及时调整设定参数。例如，土压平衡控制的 PID 参数、报警限值等。

第二，避免误操作，避免在线开发和修改软件，切断病毒感染渠道。

第三，定期、正确地保养维护。

（二）泥水平衡盾构电气监控系统

盾构推进和管片拼装在盾构内操作，而分布在盾构、隧道和地面沿线的泥水输送设备、开挖面的泥水压力平衡控制，以及盾构的工作状态是在地面中央控制室通过计算机系统进行监视和控制的，该系统称为盾构监控系统。盾构监控系统是盾构施工的控制中心，也是实现盾构信息化施工的主要设施。

1. 系统组成

盾构监控系统是以计算机和网络通信技术为基础，配以传感器、仪器仪表和控制设备的实时远程计算机系统，基本的配置是由监控端的主机系统和若干个被监控制端的远方终端（RTU）所组成，形成一个二级分布式集散控制系统。

（1）主机系统。由大型 PLC 作为主控计算机，配备掘进管理计算机、打印机以及中央监视盘所组成。PLC 采用日本三菱 A3 系列，配备 DVDO 约 1 000 点、AI64 点和 AO48 点，负责泥水系统的控制。

（2）通信网络。为完成隧道施工时 PLC 主机和 RTU 之间的通信，选用了一种称为 ME 的信号传送装置来完成网络的通信。主 ME 和各分 ME 之间无编程的概念，只有 I/O 接口地址对应的关系，主 PLC 的控制命令信号通过 DO 和 AO 口送至主 ME 的 DI 和 AI，由主 ME 经通信线送至各 RTU 的分 ME 装置，由它将主机的控制命令信号转送到各分 PLC，或直接控制设备的工作（启动、停止）。而各设备的状态信号送到各 RTU 的 PLC 或分 ME 的 DI 和 AI，再由各分 ME 经过通信线路送至主 ME 和主 PLC。因而主 ME 也可看成主机系统的一部分。

通信网络为总线式结构，采用双绞线作为通信介质，最大距离可达 10 km，传输速率为 20.8 kbps。主 ME 信号传送装置配有一个 IFu，提供标准的 RS232 接口和通信规约，可与控制室内的掘进管理计算机相连，实现数据采集和处理功能。

（3）RTU。根据系统设备位置，配置了 16 套 RTU 和 10 台 PLC，每个 RTU 对应 1 个 ME 信号传送装置。其中：①泥水输送系统共有 15 套 RTU，只有 3 套配有 PLC 控制器，一套控制送泥泵 Pi-1 和 Ph，另两套控制排泥泵 P2-1 和 P2-2，控制 V1 ～ V5 阀的 PLC 作为 P2-1 泵 PLC 的远程站（RemotePLC），总计为 4 台 PLC；②盾构本体信号盘 1 套，内有 2 个 ME，分别与 3 台盾构 PLC 和 3 台同步注浆 PLC 相连，1 台盾构 PLC 位于盾构操作盘内作主站，位于磁粉盘和动力盘内的另 2 台 PLC 作远程站（Remote-PLC）；可使用的 I/O 总点数为 1 088 点；③同步注浆 PLC，共 3 台分别用于注浆操作盘、中继盘和清洗盘，以总线方式通信，可使用的 DI/DO 为 448 点，AI/AO 为 80 点。

（4）外围设备。监控系统的外围设备为监控系统必不可少的信号源，信号源分为开关量信号和模拟量信号。开关量信号取自设备状态，如泵的启停信号、阀的位置信号等。模拟量信号取自传感器、变送器，将各种设备运行参数转变为标准的 6~20 mA 电量信号。泥水盾构共配置了 23 类、50 台套的传感器和变送器，测量诸如千斤顶的位移量、泥水流量和压力、泥水密度、液压系统压力、盾构坡度和转角、盾构方位角、刀盘力矩等；同时，还配置了相应的检测仪器仪表，供计算机采集和操作人员监视。

2. 系统功能

（1）泥水系统的控制。中央控制室通过主机和各 RTU 完成对分布在施工现场各个设备（泵和阀）的时序和逻辑控制，达到在各种状态运行时和状态切换的动态过程中送排泥水压力的稳定和平稳过渡。

第一，泥水输送的控制。操作人员在地面控制室用中央操作盘上的开关按钮，完成下列操作：当选择开关处于"单独"状态时，可以对泵和阀门实现单个操作。当选择开关处于"连动"状态时，可分别实现泥水系统四种状态的操作（包括状态之间的切换操作）——旁路、掘进、逆洗和停止。在连动操作时，主 PLC 负责泥水输送系统的泵和阀门的时序和逻辑控制，打开和关闭阀门、启动和停止泵组的程序均存储在主 PLC 内，可允许操作人员在中央操作盘上根据实际施工工况对时序参数设定值进行修改。

第二，泥水压力平衡控制。泥水压力平衡控制的对象是切口泥水压力，切口泥水压力主要受进排泥水流量和密度、地层渗漏流量、掘进速度等诸多因素变化的影响，以及受泥水系统在状态转换时动态变化的影响，因而泥水压力的平衡控制远比土压平衡控制复杂得多。泥水压力平衡采用了将众多复杂因素的影响化为几个简单的相对独立的单变量过程控制系统，并由主 PLC 参与泥水平衡自动控制过程和泥水系统状态转换过渡期间的控制。例如，采取限值处理、数值比较、逻辑判断等功能，在时序和逻辑上把几个相对独立的过程控制有机地联系起来，形成一个完整的泥水平衡自动控制系统。系统硬件上配置了四台过程控制器，按 PID 调节规律分别控制两路排泥流量、送泥水压和切口泥水压，并根据设置的边界条件进行限值处理，表 6-1 是四台控制器在三种状态下的控制关系。

表 6-1　过程控制器关系

状态	控制器名称	设定值（SV）	测量值（PV）	输出（MV）控制对象
停止	切口水压控制器	切口泥水压	切口泥水压	CV1 开度
	切口水压控制器	切口泥水压	切口泥水压	CV1 开度
旁路	送泥水压控制器	送泥水压	送泥水压	P1-1 泵转速
	排泥流量控制器（2 只）	排泥流量（2 路）	排泥流量（2 路）	P2-1、P2-2 泵转速
掘进	切口水压控制器	切口泥水压	切口泥水压	送水泥压控制器
	送泥水压控制器	切口泥水压	切口泥水压	P1-1 泵转速
	排泥流量控制器（2 只）	排泥流量（2 路）	排泥流量（2 路）	P2-1、P2-2 泵转速

与土压平衡盾构土压平衡控制不同的还有：泥水压力平衡控制不是由模拟量直接参与控制的，即切口水压模拟量信号送到 ME 装置的 AI 接口，转换为数字量信号，由 ME 通信网络传送到中控室主 ME，再由 ME 的 AO 接口，经主 PLC 送过程控制器输入端作为 PV 值，再由过程控制器输出调节信号 MV，经主 PLC 和 ME，再经通信网络传回到 RTU 被控制端，由于泥水压力属慢变化过程，系统调节的滞后不会直接影响被控制对象的控制精度。

（2）掘进管理计算机的作用。掘进管理计算机与主 ME 的接口单元 IFU 以标准的 RS232 通信接口连接，将盾构掘进的状态参数、泥水系统参数和同步注浆系统参数采集到掘进计算机。

有数据显示功能：盾构掘进时以 2.5 s 采样周期采集模拟量信号和状态信号，并显示瞬时测量值，包括开关量信号 87 个、模拟量信号 53 个，基本覆盖了所有施工参数。

有数据存储功能：以每 25 mm 盾构掘进距离采样的平均值，将上述每个施工数据保存在硬盘内。

有数据处理功能：对保存的数据进行运算和统计处理，显示掘进量图表和瞬值管理图表，打印施工环报表和环间比较表等。

有数据设定功能：可对输入的模拟量信号设定上、下限值，设定计算数据，设定日期、时间和环号等。

有屏幕菜单：有10多幅画面供选择，人机界面友好，操作人员可观看实时施工数据和曲线，也能查看历史数据和曲线，可满足操作人员的需要。掘进管理计算机为施工进行实时监控、施工管理和技术总结提供了方便。

3. 在施工过程中盾构监控系统的完善和开发

在掌握了监控系统基本原理和设计思想的基础上，优化了泥水控制参数，改善了水力特性，开发了国产的掘进管理计算机系统。

（1）泥水控制参数调整：根据施工情况的不断变化，相应调整调节器的 PID 等参数，使切口泥水压力的波动控制在 0.01 MPa 之内。

（2）限值条件的修正：根据施工地层的变化，及时调整诸如切口泥水压力、排泥水流量等参数的限值，使系统程序协调运行，切口泥水压控制良好，为盾构顺利穿过江底浅覆土层发挥了良好的作用。

（3）开发新的掘进管理计算机，在以下 10 个方面优于原掘进计算机：①硬件选用 IBM486/DX2，主频 50 MHz，350 MB（HD），16 MBRAM，明显优于原来的 NEC 计算机 [80386CPU，40 MB（HD），4 MBRAM]。②选用优秀的图控软件 INTOUCH 作为应用程序的开发平台，因而应用软件功能齐全，具有良好的可维护性。③采用国家标准的汉字。④以每 10 mm 掘进距离的平均值为基本单元存储施工数据，精度优于原掘进计算机的以每 25 mm 掘进距离的平均值。⑤采用软件方法显示偏差流量和计算千沙量，替代了原来的硬件方法，实用性强。⑥在保留原有的以掘进距离为记录触发方式的基础上，又增加了非掘进状态以时间为记录触发方式，便于分析各种条件下的施工情况。⑦增加了实时通信管理功能，很容易检查各通信数据是否正常。⑧增加了环间多元线性回归图表功能，提供准确的施工数据统计分析的工具，有利于提高施工技术和管理水平。⑨增加了每环历史数据曲线的显示，使采集的历史数据能以直观的曲线形式表达出来。⑩数据共享。由于计算机硬件的通用性，因而可在任意一台安装软件环境相同的计算机上共享盾构施工数据，可提高施工管理的效率。

第二节　邻近施工及接近构造物的保护

一、施工方案的确定

在盾构工程的邻近施工中，首先掌握盾构机开挖所引起的周围围岩的变形状况及事先充分调查已有建筑物的结构、形状和老化程度，这是十分重要的，因为这些是制定整个施工措施的依据。

在邻近施工的设计、施工中，下面的几个事项是应当特别注意的：

第一，预想现象的假定。这里的假定不是凭空的假想，而是根据现场条件，估计盾构机掘进时围岩的变形状况和已有结构物的工况。

第二，变形预测及施工管理标准值的确定。按照现场条件和预想现象制作模型，通过对模型的试验研究，拟定合适的施工方法，同时确定施工管理标准值。

第三，盾构机通过前的测量。在邻近施工区段的附近具有相似地基条件的地段进行事先测量，用测量结果与预测结果相比较来检查并修正预测的准确性和施工方法。

第四，测量结果的反馈。在邻近施工中要采取这样的一种管理体制：经常监视已有结构物的工况，确保结构物的安全，同时将测量值反馈到下一个施工步骤中。

围绕上面四个事项，盾构工程邻近施工的调查、设计、施工组织方法如下:首先是对地基和已有结构物开展调查,调查的主要内容包括三个方面:地基调查、结构物调查、有关资料的收集。

地基调查主要弄清地形、地基的土层结构及各土层土体的性质,另外还需要调查地下水的状况。

结构物调查包括下面的八个方面:结构物的位置、尺寸及形状,结构材料及其强度,结构物的支撑条件,结构物的裂隙和已有的变形,用途,目前利用状况,结构物的变形和应力等允许值。

有关资料的收集主要包括下面的三类资料:结构物的设计图纸、结构物的竣工图纸。另外类似的工程实例也非常具有参考价值。

调查完成后,应对施工前提条件进行完整的整理,包括盾构工程的规划条件、地基条件和结构物条件这三个方面的整理。盾构工程的规划条件包括覆盖层的厚度、盾构的外形和盾构的平面线形;地基条件包括土层构成地下水位、土的物理特性、土的力学特性等;结构物条件主要是上述结构物调查的内容,另外还要考虑已有结构物与盾构的距离、相对位置。根据对施工前提条件的整理和过去的施工实例的经验,与已有结构物的管理者协商,判断施工的邻近程度。如果认为不会对已有建筑物造成不利的影响,则可当作一般施工来对待;如果施工可能对已有结构物造成不利的影响,则应当作邻近施工来处理。

确定为邻近施工后,就要进行施工前的研究分析。首先分析施工条件,包括盾构机型、辅助施工法、壁后注浆法,以及其他掘进管理项目。接下来就根据工程实际的经验,分析一旦施工开始,将会发生什么现象,归纳邻近施工中可能对结构物产生不利影响的现象,主要有两个方面:盾构机掘进时地基变位的发生形态和负载土压的发生形态、地基变形时结构物的变化形态(注重于变形、应力、支撑状态的变化)。

在分析完施工条件后,则要对结构物的变形问题进行预测分析,预测分析的方法有两种，一种是把地基和结构物分开来分析，另一种是把地基和结构物作为一个有机的整体来分析。根据分析结果，判断施工产生的影响是否会使结构物的变形、应力、倾斜等超过容许值。如果超出了结构物的容许范围，则应当根据实际条件采取可行的对策，如改进施工方法、加固地基、截留防护措施、加固已有结构物等，并对施工方法进行重新设计，直到满足结构物的容许值的要求。最后提出施工管理计划总汇，施工管理计划总汇的项目如表 6-2 所示。

表 6-2　施工管理计划汇总

施工方法的选择	测量计划的制订	施工管理标准值的确定
1. 设定土压力、水泥压力、压气压力、开口率等 2. 千斤顶推力 3. 掘进速度 4. 排土率、排土量 5. 壁后注浆方法等	1. 测量地基变位 2. 测量地基内应力 3. 测量结构物变形、倾斜、应力 4. 盾构运行操作状况的测量 5. 壁后注浆状况、状态的测量	1. 地基变位量 2. 地基内应力 3. 结构物的变形量 4. 结构物应力

提出施工管理计划后，与结构物管理者协商好，得到同意后即可开始施工。在开始施工前，应当预先在邻近施工区段附近进行通过前的测量，以确认预测分析的方法、施工方法是否合适。通过前测量的目的如下：

第一，对盾构机的特点、操作人员的熟练程度、地基条件的波动等研究过程中的不确定因素加以补充，确定最佳施工方法；

第二，定量把握地基变位，事先验证已有结构物的安全性；

第三，事先找出测量项目之间的关系，将通过时的测量限制在最小的必要程度。

通过前的测量选定的地点与邻近区段应具有相似的地基条件，选定地点后布置好地基变形测量仪器如变位计、倾斜计、土压计、空隙水压计，测量地基变形和施工状况，将测量的数据进行整理分析，包括校核地基变位、负载土压和检查施工操作记录。将分析的结果与施工管理标准值相比较，看是否满足施工管理标准值的要求，如果不满足，则需要修正施工措施；如果达到了要求，则确定施工管理计划。

按照通过前测量区间确定的施工方法，在邻近施工区间开始施工，为了随时把握施工状况，确保施工安全，应当在施工区域设置仪器进行通过时测量，并将观测值随时返回施工中去。通过时测量包括地基变位的测量和结构物变化的测量，如果测量值不满足容许值的要求，则需要修正施工方法直到满足为止。如此反复进行，保证施工时地基的变位和结构物的变形都满足施工管理标准，直到通过邻近施工区间。

通过邻近施工区间后，测量还不能停止，而应当继续监测结构物的变化，如变形、倾斜、应力等，观察变形的收敛性，观测频率可以逐步降低，直到结构物稳定为止。

二、邻近施工的影响

（一）邻近施工中可能出现的问题

在盾构机推进时，不可避免地会产生地基的变位。盾构机通过时产生的地基变位分成三部分：盾构机通过前的地基变位、盾构机通过时的地基变位、盾尾脱离时的地基变位。盾构机通过前的地基变位和盾构机的推力相关，推力大可能导致地基隆起，推力小则可能使地基凹陷；通过时的地基变位的原因在于盾构机与地层之间的摩擦以及超挖和弯曲导致地层损失；通过后的地基变位原因则在于盾尾的空腺和注浆等几方面的因素。

如果在施工期间隧道内出现涌水或者其他原因致使地下水位下降时，也会引起地面的大面积沉降。在软弱地基中，因土体的扰动而产生的影响可能会持续数月之久，其间也可能产生较大的后续降。对于已经存在的结构物而言，地基的变化也就相当于结构物的支撑条件发生变化，已有的结构物势必受到影响。而一旦结构的支撑发生变化，已有结构物可能出现沉降、倾斜、变形等一系列不利现象，导致结构物在功能上和结构上双方面受到损害。在功能上常见的影响包括比降变化、容量减少、渗漏；在结构上的常见损害有间隙扩大、接缝张开、破损、切断等。

已有结构物是否会在邻近施工中出现损害、出现多大的损害，与多方面的因素相关，其中主要的几个因素是结构物本身结构、施工组织设计、新建工程与原有结构物之间的土层性质。结构物本身结构因素包括结构物的刚度、材料、强度、连接形式和结构形状；施工组织设计因素也包括几个方面：已有结构物与盾构机的距离、邻近施工区间的长度、盾构机的路线线形等。在分析邻近施工的影响时应该综合考虑上面三方面的因素，建立合适的模型来分析。

下面简单分析在盾构施工过程中，常见的邻近工程及可能出现的影响。

第一，新旧隧道并列。既有隧道向接近的新隧道方向发生拉伸变形；因为并列隧道的施工，既有隧道周边围岩松弛，从而作用在既有隧道衬砌上的荷载增加，也可能产生偏压现象。

第二，新旧隧道的重叠。由于条件的限制，两条隧道近距离重叠修建，新建隧道在既有隧道的上方平行通过时，既有隧道随着开挖的进行不断向上方变形，围岩成拱作用受到破坏，从而使衬砌上的荷载增加；新建隧道在既有隧道的下方平行通过时，既有隧道随着开挖的进行不断发生下沉。

第三，新旧隧道交叉。上海地铁1号线中就出现了这类情况。新建隧道在既有隧道上方通过时，由于卸载作用，既有隧道向上方发生变形；新建隧道在既有隧道下部通过时，既有隧道可能发生向下的变形。

第四，盾构隧道对周围建筑物的影响。在盾构推进的过程中，对上部地层产生顶的作用，盾构过后地层又会下沉，因此引起周围建筑物的变形。上海、广州、深圳、南京等地铁中都遇到了这类问题。

随着地下工程的规模扩大，出现了同时新建两条近距离平行隧道或者上下两条隧道近距离重叠的工程。这些工程在施工过程中出现的问题比较复杂，施工产生的影响应做复合分析。

（二）邻近程度的判断

邻近程度的划分，要对许多的条件做出判断。这些条件包括邻近工程的种类、工程的规模，邻近工程的设计、施工方法，与既有隧道的位置关系，原来的地形、地质条件，既有结构物的力学健全度，对策的可行性等。在综合考虑这些条件的基础上，主要是根据既有结构物和新建工程的间距来划分工程的接近程度。这里的间距指的是盾构隧道衬砌到既有结构物的最小距离。

由于既有结构物及开挖的地基条件各不相同，所以不可能按照一个统一的标准来划分邻近度，而实际中经常按照工程的实际情况来考虑。

接近程度，应根据接近工程的总类和规模、地层条件等决定属于哪一个范围进行分类，视分类划分，分别实施相应的施工前调查、影响预测、对策、安全监视等。接近度一般划分为三个范围：无条件范围、要注意范围、限制范围。

在目前的条件下，一般的邻近度的判断方法有以下几种：

第一，根据以往的规范等进行判断；

第二，从盾构机下端画一条主动坍塌线（45°+ ϕ /2， ϕ 是土的内摩擦角），在该范围内存在已有结构物时即作为邻近施工处理；

第三，预先进行分析预测，根据分析的结果进行协商判断。

（三）对邻近构造物影响的预测

通过施工的邻近度判断，确定为邻近施工后，为了确定是否需要采取措施或者具体需要采取哪些施工措施，必须对邻近施工对既有结构物产生的影响做一个预测分析，从定量上掌握施工影响的范围、程度。接近施工影响预测分析的方法一般包括计算分析、经验类比、模型试验、现场监测。

计算分析即利用分析软件（如 ANSYS 等）或自己编写程序建立模型进行计算。这种方法比较经济、分析周期短、可行性好，是目前广泛采用的方法。计算分析的方法一般有以下两种：

第一，预测盾构机在掘进过程中对周围地层的影响，将预测的地层变位作为结构物的外界作用条件，对结构物进行分析。这类分析方法，又可以因工程条件不同而进一步细分。如果邻近施工的结构物的刚度小，那么当地基发生变位时，结构物可能随地基的变位而发生同步变形；如果结构物的刚度大，结构物的变形量会影响自身刚度和地基刚度时，一般做另外一种考虑，即将地基变位所产生的影响，折换成变位荷载，再将此变位荷载作用于结构物上，以此来分析结构物的变形，或者将盾构机施工时产生的负载土压直接施回在结构物上。结构的分析方法，一般采用弹性地基梁模型，即地基刚度表示为弹性弹簧的地基上支撑的梁模型。如果在建筑物的下部或者背面产生较大的地基变位时，上述所说的弹性地基模型需要进行一些修改，才能准确地模拟实际情况。通常的办法是在裂缝较大处去掉一些地基弹簧。

第二，有限单元法。这种方法将地基和结构物作为一个连续体来分析，即将梁置于地基之中，通过有限元分析直接求出梁截面的内力。这种方法同样具有一定的局限性，如有时候在地基远离结构物方向上的变位与实际情况相违背；它能较好地模拟不影响地基变位的小刚度结构物，一旦遇上刚度比较大的结构物时，如果直接使用这个模型去分析，则可能得到意想不到的结果，通常需要另外想办法，一般是对结构物和地基的边界条件做一些处理。

随着计算机技术的发展，在计算机平台上对工程模型进行分析，地基变位的预测所能考虑的因素也越来越全面，还能考虑施工时的实际操作步骤对地基变位的影响。在分析地基变形时，采用哪一种方法，不仅要考虑盾构机与结构物的距离，还要考虑结构物本身的结构特征、施工方法等。选择一个合理的分析方法才能得到与实际相近的分析结果。在地基变位分析过程中，重点要考虑盾构机开挖面接近结构物时、盾构机通过时以及盾尾脱离时的地基变位情况，这些对地基的隆起和沉降都要分析；分析结构物的变形，重点也是盾构机开挖面接近结构物时、盾构机通过时以及盾尾脱离时的变形情况。

除了计算分析方法之外，在实际工程中还用经验类比法来预测施工的影响。经验类比，即根据以往的工作经验进行总结分析。通过调查类似的工程实例，从而对将要进行的工程进行解释影响预测，解释的方法因边界条件和输入的常数不同，解释的结果会有很大的不同。因此收集和分析类似的实例，解释经验判断是必要的。评价和分析类似实例时，应注意：接近施工的种类；接近施工的工程规模；接近施工的设计、施工方法；与既有结构物的间隔、位置关系；原地形、地质情况；既有结构物的健全度；管理体制和管理基准；接近工程的工程概况；安全监视的测量结果；等等。

另外，模型试验也是预测分析的一种手段，但是模型试验的费用较高，周期也比较长，所以一般要看工程的重要程度选择使用。模型试验要求在模型上模拟围岩、隧道等结构的几何形状以及材料的某些物理学力性质，为了使模型上产生的物理现象与原型相似，模型材料、模型形状和荷载必须遵循相似原理。

现场的监测是目前保证地下工程施工安全顺利的重要手段。在进行安全监测时，应当以施工前调查为基础，制订合理可行的测量计划，保证既有结构物的安全。测量计划应当根据围岩级别、设计参数、施工方法和施工管理等条件来制订。现场监测首先要确定测量的目的、项目和手段，然后选定测量断面、布置测点和确定测量频率，将测量数据进行分析，预测接近施工的影响，并将分析结构反馈到施工中去，指导施工。现场监测对施工的指导性好，但是费用比较高，周期长，一般考虑工程的重要程度选择使用。

（四）邻近结构物可承受的损伤的容许值

邻近施工必须尽量避免对既有的结构物造成损害，容许值定量地表示了结构物对损伤的承受限度。一般来说，结构物的损伤容许值主要是参照结构物的管理维护来确定。如果既有结构物存在一个确定的容许值标准，则应当尽量予以满足。对没有确定容许值的结构物，在确定其容许值时一般考虑两方面的因素。

1.结构物的功能

首先要维持结构物的基本使用功能，这是最基本的要求，比如公路的行驶功能、建筑物的居住功能、水渠的过水功能等；结构物的使用舒适性也是参与结构物功能评价的一个指标，比如说公路的平整度差虽然不影响它的基本功能，但是其行驶的舒适性就会因此而大打折扣。

2.确保结构物的安全性

确定容许值的目的就是用以指导施工，确保结构物的安全性。建筑物的裂隙、倾斜、偏移等都在容许值考虑的范围之中。

在确定结构物的损伤容许值时，既要保证结构物功能，又要保证结构物的安全性。在实际施工的过程中，应当考虑施工控制中的偏差，确保结构物的安全，施工中的容许值控制应略小于确定的容许值。

三、处理措施及效果的确认

邻近施工的处理措施，按照措施的对象上可以分为三种。

（一）在盾构机侧旁采取措施

在盾构机旁边采取的措施主要与施工方法有关，其目的就是从影响产生的根源入手，在盾构机开挖推进时减少施工的影响，如在盾构机转弯的时候尽量减少超开挖，因为超开挖直接导致地层损失，从而产生地基的沉降；由于盾构机的板壳有一定的厚度，盾构机的外径比管片的直径大2%

左右，针对其间的建筑空隙，采用盾构机的同步壁后注浆可以有效地填充盾构机的建筑空隙，减少地层的变位值。

（二）对已有的结构物采取措施

接近工程中通常可以对既有结构物进行加固处理，增强结构物本身抵抗变形的能力。如在既有隧道的侧旁修建新隧道时，需要对老隧道的衬砌进行加固，使之允许邻近施工。对结构物的加固措施又有两种：一种是直接对结构物进行加固，增大变形阻力，具体又可分为：结构内部加固和对下部基础结构进行加固两种方式。结构内部加固有加劲、加固墙体、增加支撑等方式；对下部基础结构的加固有加固桩、网状桩和锚杆等方式。另外一种就是采用基础托换的方法，比如当隧道影响既有房屋的基础时，需要从隧道的内部对基础进行托换，并且把隧道的衬砌作为托换结构的一部分，如图6-2所示。

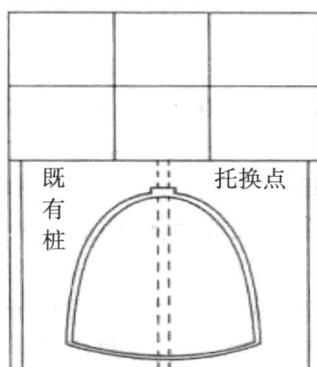

图 6-2　基础托换

（三）在盾构机和既有结构物之间的地基上采取措施

有些时候即使施工方法掌握得很好，施工上也没有什么纰漏，但盾构施工对周围环境的影响几乎是不可避免的，因此即使在盾构机侧旁采取了处理措施，仍然可能使既有结构物的变形超出容许值的范围。为了进一步减轻盾构机掘进时的影响，可以在盾构机和结构物之间的地基上采取处理措施，中间地基处理方法有以下四类：①加固盾构机周围的地基；②加固已有结构物的承载地基；③阻断盾构机掘进时产生的地基变位；④加固中间地基。

加固盾构机周围的地基，其目的就是增大盾构机周围的土体强度，减轻盾构机掘进时周围土体的松弛和扰动，使地基变形不至于太大。具体的操作方法多采用化学注浆喷射搅拌等地基回固施工方法，如图 6-3 所示。

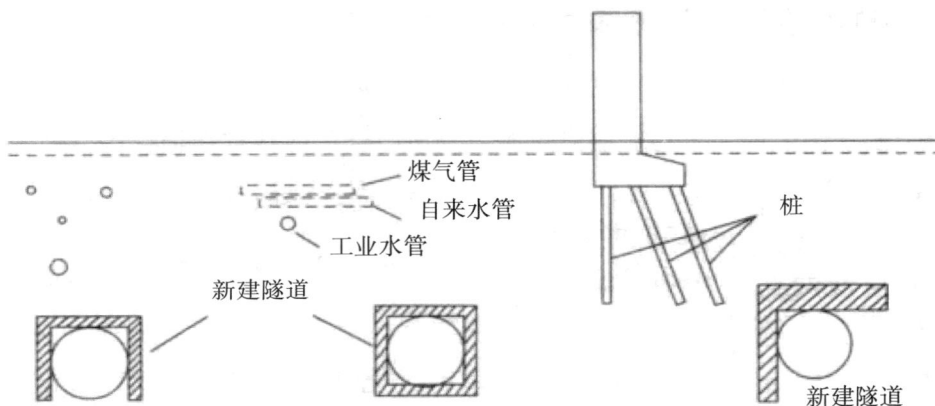

图 6-3 通过加固盾构机周围的地基来控制邻近施工的变形

如果遇到的结构物本身地基承载力不足，那么小的扰动也可能导致较大的沉降出现，这时则可以有针对性地加固结构物的地基，通过提高结构物地基承载力来控制结构物的沉降量。上海的隧道工程建设中，很多地方都对邻近的结构物地基进行加固，如延安东路隧道中对某建筑的地基进行注浆加固，施工期间，对地基进行加固之前的沉降为 20 mm/d，而注浆加固后的沉降速度为 2 mm/d，加固的效果相当显著。

阻断盾构机产生的地基变位，顾名思义，就是在盾构机与结构物之间建立一道屏障，使地基变位被阻挡在影响结构物变位之外，通常的方法就是在盾构机与结构物之间打入排柱桩或者建立排柱墙。值得注意的是，上面所说的地基加固工程本身就是邻近工程施工，故施工时要充分注意到这一点。

如果两个隧道之间的间隔非常近，那么中间地层受到的压力将会非常大，则很可能在施工过程中出现破坏，这时可以通过从既有隧道侧向新建隧道侧施作锚杆或者锚索，从而起到对中间地基的加固作用。

接近施工的对策是多样的，应当根据实际情况和经济指标进行优化选择。一般情况下，第一种处理措施主动控制沉降的产生，从根本上消除不利影响，易于掌握，可行性好，是应当优先考虑的；然后是第二种方法；第三种方法的成本较高且工程量较大，最后才考虑。

第三节　地铁隧道盾构施工的风险管理

一、地铁施工风险管理概述

（一）风险

1. 风险的含义

A. H. Mowbray 认为风险的不确定性包含风险发生的不确定性与风险产生后果的不确定性两类。其中风险发生的不确定性主要是风险是否会发生、风险将在何时何地发生等。

J. S. Rosen Bloom 认为风险的不确定性主要是指风险损失的不确定性。其范围包括风险发生与否的不确定性、风险发生时间的不确定性、风险发生程度的不确定性与风险发生造成损失大小的不确定性。虽然不同的学者对风险的理解不同，但大家都普遍认可风险的内涵为不确定性。本书认为风险是指在项目实施过程中，不同阶段的各类潜在风险因素发生的可能性与一旦发生带来的损失程度的综合。

2. 风险的特征

风险在现代社会产生的影响越来越大，要对风险进行深刻认识并尽可能减轻风险带来的危害，还需要了解风险的特征。

（1）风险的不确定性。风险的不确定性包括的范围比较广，一般认为主要有风险发生的不确定、风险何时发生的不确定与损失程度的不确定。在当今社会，风险的重要性是不言而喻的，针对风险的不确定性，人们只能利用概率理论或模糊理论去讨论风险的大小程度。但预测结果也只能作为参考，因为小概率事件也有发生的可能，风险可能现在发生，也可能以后发生，风险发生的结果有可能还导致产生新的风险，这些都是不确定的。

（2）风险的客观性。风险的客观性是指风险是客观存在的，取决于主体的客观结构与状态，而不随人的主观变化而改变。人们可以研究风险，通过改变主体状态或客观环境尽量将风险控制在可承受的水平，而不能完全消除风险，任何事物都不能做到零风险。

（3）风险的动态性。风险具有动态性，工程建设项目风险的动态性尤其普遍。有的风险会贯穿整个工程的始终，也有风险在工程建设的过程中逐渐显现，风险的重要程度也会随着工程进度而不断改变。针对风险的这一特征，需要在工程前期就要尽可能地识别出所有风险，并在施工过程中逐渐加入所识别的新风险，建立一个尽可能全面的风险清单。对于风险清单中的每一个风险因素都要有相应的应对策略，并在施工过程中不断对照检查清单中的风险，分析是否有发生的可能性，坚持动态风险管理的理念。

（4）多样性和复杂性。地铁工程施工技术的多样性与施工环境的多样性也决定了施工风险的多样性，地铁工程受环境的制约影响很大，环境风险是不容忽视的。同时，地铁施工风险也是复杂多变的，风险是可以相互影响、相互组合的，大多事故的发生都不是由单一风险因素引起的，而是多种风险共同作用的结果。

此外，风险还具有普遍性、偶然性、发展性等特征。

（二）地铁施工风险管理

1. 地铁施工风险管理的定义

地铁施工风险管理就是为了达到地铁施工投资、工期、质量和安全的总目标，管理人员在地铁工程项目实施阶段从风险辨识、风险评估、制定风险应对措施三个方面严格监控盾构法地铁施工过程中存在的风险。

2. 地铁施工风险管理的目标

风险管理具有系统性，其最终目的是投入最少而取得最满意的结果，所以只要确定了风险管理的目标，才有可能在风险管理过程中达到预期结果。因此，在地铁工程项目施工过程中必须首先明确风险管理的目标，即风险事件发生之前进行有效预防，风险事件发生之后积极减少风险损失，从而使项目管理绩效实现最大化。根据风险事件的发生时间，风险管理的目标可以分为两种：风险事件发生前目标和风险事件发生后目标。

（1）风险事件发生前目标。风险事件发生前目标是指为了预防风险事件发生，应用风险管理的技术方法预先防范，将存在的风险掌控在可以接受的范围内，其重点监控对象是发生概率较大且可能导致严重后果的风险因素。

（2）风险事件发生后目标。风险管理计划是采用一系列有效处理方法来预防风险事件的发生，然而，无论施工企业的风险管理体系有多么完善，也不可能将风险事件完全解除。由此来看，制定风险事件发生以后的风险损失调控目标有其必要性。制定风险事件发生后损失目标，可以将风险事件造成的损失及影响程度有效控制在一定范围内，并且能够最大限度地缩短施工企业的恢复时间。

3. 地铁施工风险管理的程序

地铁工程项目风险管理具有动态性、系统性，管理人员在管理过程中首先必须全面关注项目的实时状态，然后应用科学的管理方法进行风险管理，将地铁施工过程中存在的风险控制在可以接受的范围内。地铁工程项目风险管理基本过程有风险识别、风险评估、风险分析、风险评价、风险控制五个环节，如图 6-4 所示。

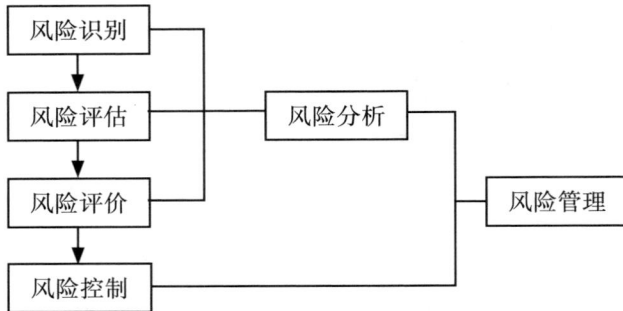

图 6-4　风险管理流程图

（1）风险识别。风险识别是指借助相关历史资料和实际经验或者采用一定手段方法辨识项目中的潜在风险。风险识别具有动态性，在这一过程中要随着工程项目进展实时辨识、汇总存在的风险，不断修正风险清单，杜绝发生突发事件或忽略部分风险。地铁施工过程中有建设周期长、工种多、施工风险大、高要求的项目质量等特点，施工阶段在整个工程建设中占据重要位置，必须重视这个阶段的风险识别。风险识别的方法如表 6-3 所示。

表 6-3　风险识别的方法

内容		通过分析不同风险的性质，识别风险的主要因素与带来的危害
方案	专家调查法	主要包含访谈法、德尔菲法与头脑风暴法
	检查表法	通过对目标进行系统性分析，找出所有产生风险的因素，并将其安装提问的方式列成表格的形式
	流程图法	流程图法是按照项目的进程，在不同环节识别不同的风险源。这种方法可以使风险识别得更加细致全面，但是无法分析出风险发生损失的概率与损失程度
	事件树法	简称"ETA"，按照推理的方式从时间发生开始逐渐辨识风险源，一直到实践的结束，识别全过程的风险，用这样的方式可以加深对事故发展的动态走势，同时也可以计算出在不同事故状态下的概率值，使风险辨识更加完善
	事故树法	简称"ATA"，与事件数的方法正好相反。该方法是从事故的结果开始，也即顶层实践，逐渐分析原因，一直到事故的基本层，也即底层事件。这是按照演绎的方式进行风险分析，通过这种方式不仅可以更加全面地识别风险，还能了解风险之间的动态关系，可以对风险本质识别得更加透彻彻底
成果		风险的识别是风险评估与分析的基础，通过风险识别可以得到最初的风险辨识清单

地铁盾构施工风险的辨识不仅需要合适的方法，也要遵循一定的原则。风险识别主要有系统性、独立性、全面性等原则。地铁盾构施工是一个复杂的项目，要按照系统性的原则去识别，从不同的施工环节去探寻风险的内在联系，同时在选取指标的时候要按照一定的标准，以防止指标的重复或漏项。只有尽可能广泛地掌握各项施工风险的实际情况，才有可能对工程项目认识更加全面，进而为项目决策者提供依据。在风险辨识过程中要遵循客观性，不能过于主观，当然还要考虑辨识成本的问题，进行风险分析必然会耗费一定的人力、物力、财力，要选取那种对工程影响大的风险因素进行辨识，而没有必要识别得过于详细，所以要找到风险细致程度与耗费成本的平衡点。工程项目具有持续性的特点，新的风险也会在其持续过程中不断产生，因此也要遵循动态性的原则。风险识别的原则如图6-5所示。

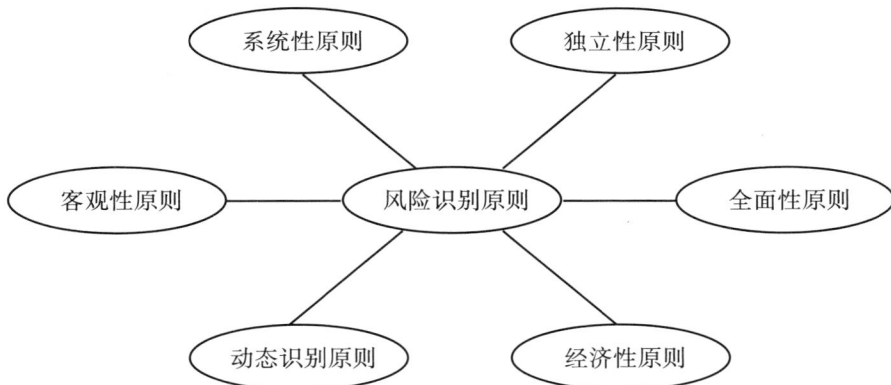

图6-5 风险识别原则

（2）风险评估与分析。风险评估与分析是指运用一定的数学方法，分别从风险发生的可能性与风险发生后带来的损失大小两个方面进行评估与分析，以获得对风险因素更为深刻的认识。风险评估的前提是充分考虑主要风险因素的影响程度，在此基础上预计各个风险概率分布的规律，然后探讨风险与风险之间的联系。在风险管理过程中，风险评估与分析起着非常重要的作用，这一阶段可以帮助风险管理者更好地了解风险的来源、大小等级，为后期风险决策提供依据。

地铁工程项目风险评估与分析要建立在相关历史资料的基础上，收集汇总相似工程项目的数据资料，有助于提高风险评估的准确性，同时在风险评估过程中结合工程项目实际情况、综合考虑项目所处的环境、施工中采用的施工方法等对风险进行全面分析。风险评估与分析一般从定性和定量两个方面进行，而仅从某一方面进行评估和分析会存在缺陷，因此，只有定性与定量相结合进行评估和分析才会取得更好的效果。风险评估与分析的流程如图6-6所示。

| 搜集资料
（1）类似工程资料
（2）结合实际情况 | 风险度量
（1）风险发生概率
（2）风险后果严重性 | 估计风险潜在后果：
确定风险量大小 | 风险评价与分析
（1）确定项目整体风险水平
（2）与评价标准比较
（3）分析采取哪些措施 |

图6-6　风险评估与分析流程

风险的大小主要受风险发生概率和风险后果的严重性这两个方面影响。要严格控制发生概率较高的风险，一般这种风险发生后果的严重性比较大。同时，也要重点关注发生概率较低而后果严重程度较高或发生概率高但后果严重程度低的风险。一般用风险量函数 $R=f(p,q)$ 来表达风险量的大小，该函数具有以下特点：假如两种风险后果严重程度一样，那么发生概率高的风险相对发生概率低的风险其风险量会比较大点。风险量 $R=f(p,q)=p \times q$，即地铁施工风险量大小关键在于风险发生概率与风险损失程度。

（3）风险评价。风险评价是指运用合适的方法评价项目中所存在的风险。风险评价的目标是衡量工程的危险程度，将得到的结果与已有的评价标准相对比，从而为风险应对策略的制定奠定基础。风险评价标准，指在项目规定的时间内项目主体可接受、不可接受风险的等级水平，它直接决定了工程中各项风险的控制对策，在进行风险分析时需预先制定。

（4）风险控制。风险控制是基于风险评价的结果，确定风险应对策略，并实时监控风险的发展。实施风险控制的主要方法有风险预防、风险转移、风险缓解和风险自留等。风险控制的重点在于及时合理地实施应对措施。在地铁建设过程中会有各种风险因素出现，因此制定应对策略要针对不同的风险因素而言，不可能同一应对策略适合所有的风险因素，要严格防止因为应对策略不合适而导致损失增加。

为了达到安全、工期、质量以及费用的要求，必须明确施工中风险控制的目标。在盾构法地铁施工过程中的风险控制目标是将风险因素控制在可接受范围内，致力于维护良好的施工氛围，圆满完成工程。根据风险事件发生的时间，将风险控制分为以下两类：

第一，发生损失前的目标，是风险发生前的预防。主要工作有科学论证工程项目的可行性，制定技术路线，确定施工工艺；为了使施工工期与施工费用最优，合理修正施工计划等。

第二，发生损失后的目标，主要是风险发生后控制损失。包括评估风险程度以确定合适的应对策略、修改施工方案、启动应急预案、分派应急资源等。

二、地铁隧道盾构施工风险的动态管理模式

所谓动态管理，是指根据事物及周边的变化情况，实时实地地进行控制。地铁隧道盾构施工风险动态管理是一个动态循环过程，其工作程序如图 6-7 所示。地铁隧道盾构法施工过程中的风险种类繁多，刚开始，根据资源的投入，计划各类风险源，随着盾构线路深度的进展，项目按照计划有序进行，但是风险在不断发展和变化，而且各参建单位的经验、管理水平参差不齐以及对风险的要求也不一样。在这个过程中，有专门人员陆续收集各个阶段的动态实际数据，实际数据经过搜集、整理、加工和分析之后，与

计划的情况进行比较。如果两者没有偏差，则按照预先制订的计划继续执行；如果产生偏差，就要分析其原因，采取必要的控制措施，以确保项目按计划正常进行。下一阶段工作开展过程中，按照此工作程序动态循环跟踪。地铁隧道盾构施工风险动态管理模式，主要包括管理模型、运作机制以及与之相对应的一套管理组织和各成员的职责。

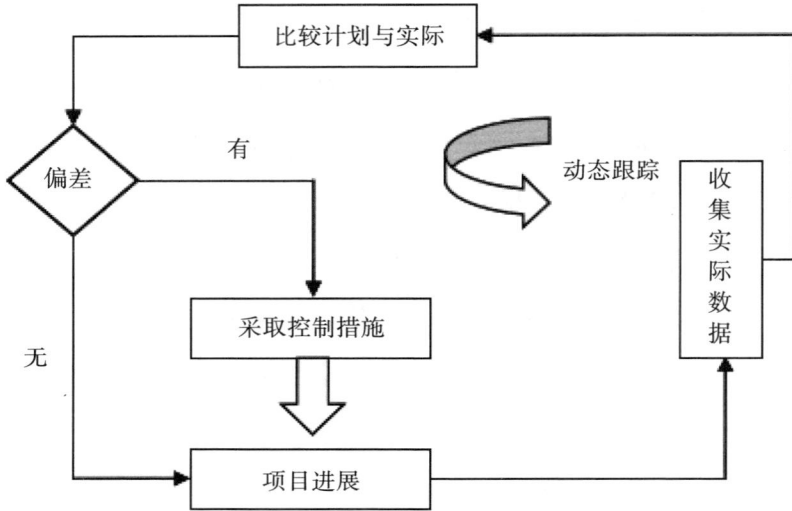

图 6-7　动态控制原理图

（一）PDCI 循环管理模型

本节通过地铁工程隧道风险管理的基础理论，以及美国数理统计学家戴明博士提出的 PDCA 循环原理，结合地铁隧道盾构施工的建设环境，提出一种新的运作模型，简称 PDCI（Plan Do Check Improve），如图 6-8 所示。

在风险动态管理模式中，构建一套合理适用的 PDCI 地铁隧道盾构施工风险管理模式，以便能够全过程动态地管理地铁隧道盾构施工中的风险，增强管理因素在人、机、环境、管理系统中的主要作用；同时通过建立 PDCI 风险管理动态模式研究，分析管理因素与人、机、环境三个因素的关系，建立实施 PDCI 风险管理的分析模式。

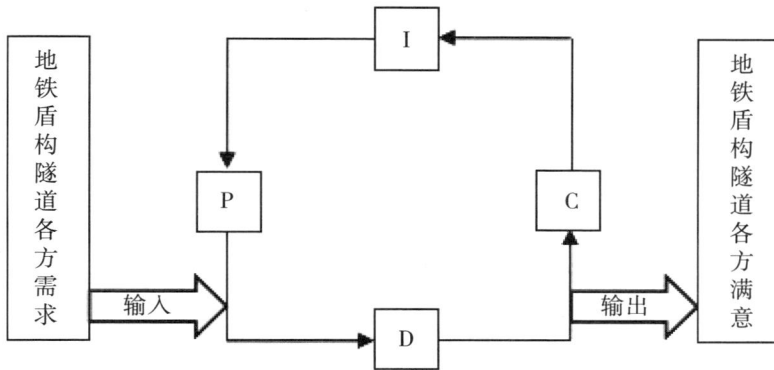

图 6-8　地铁隧道盾构施工风险动态管理 PDCI 模型

1. 策划

在策划（Plan，P）阶段，风险管理人员要制订地铁隧道盾构施工风险管理计划，并且要对地铁盾构隧道施工的风险进行辨识和评价，包括首次和再次的辨识和评价，并提出相应的控制措施。这是 PDCI 动态风险管理循环工作的首要步骤。

2. 实施

PDCI 动态风险管理循环工作的第二步即实施（Do，D）。风险管理实施层各相关人员根据各自的职责，以及风险管理人员制订的风险管理计划，逐步实施各项风险管理工作；同时，该阶段为 PDCI 的循环提供数据支持。

3. 检查

检查（Check，C）阶段是 PDCI 动态风险管理循环工作的核心。检查是指对计划实施过程进行各类检查。主要是检查各项风险记录数据和实施情况，并根据实际情况给出相关的改进建议，同时安排下一步的风险管理工作。

4. 改进

PDCI 循环的改进（Improve，I）阶段，是针对上一步检查中所发现的问题，一方面要分析为什么会产生这样的情况，另一方面还要采取必要的措施。同时组织相关专家或是一些相关的咨询机构召开会议或是别的方式，通过大家的力量进行讨论和改进新发现的风险、风险偏差和管理现状，同时对这次所做的工作进行总结，这样就可以顺利地进入下一阶段的工作循环，持续改进 PDCI 的有效性。本阶段是风险管理水平改进与提高的基础。

（二）动态管理运作机制

建设单位（通常为地铁集团或城市轨道交通公司）风险管理决策层主要是组织制订各种风险管理计划，这时候需要邀请地铁隧道盾构施工单位以及其他参建各方，根据国家地下工程风险管理各类规范和实际施工环境，编写适合于各地的各个隧道的特定的风险管理工作指南。建设单位风险管理办公室向各参建单位下发风险工作指南，提供各类纪要模板。

各单位风险管理实施层在建设单位或第三方的组织下，以每月四次的频率，即一周一次，组织风险管理成员召开风险管理周例会，进行上周的风险管理工作的检查和总结，并加强相关业务和理论培训，做好会议纪要，提交至施工单位及建设单位风险管理层进行讨论决策。在无特殊情况时，风险管理决策层定期召开例会审核各标段提交的材料并对各单位的执行情况进行总结分析，部署下一个月的风险管理工作，各单位互相学习，加强配合，共同将该项工作执行完善，减少风险的发生。

（三）管理组织研究

地铁隧道盾构法施工过程中，应该成立风险管理组织，并明确规定各组织成员的职责分担。

1. 管理组织形式

地铁隧道盾构法施工风险管理组织机构在 PDCI 动态风险管理模型的基础上建立，采用管理层、实施层垂直式管理，专业机构进行辅助。管理层由建设单位承担，设立第一管理者、风险管理领导小组、风险管理办公室；

实施层包括以标段为区段划分，包括标段内设计单位、施工单位、监理单位、监测单位等。另外设立一个技术支持专家组和一个顾问专家组。技术支持专家组由各标段预警管理单位承担，参与专项风险的评估、控制方案的制定以及重大专项风险等级的确定；顾问专家组由相关方面的专家组成，一般为5或7人组成，参与对治理方案的审核、防灾先进技术实施的指导给予支撑。

2. 组织成员职责

（1）风险管理决策层职责。

①把握全局，保证各项资源的投入；②针对地铁隧道盾构施工高级别风险进行决策；③针对地铁隧道盾构施工高级别风险的控制措施进行决策。

（2）风险管理办公室职责。

①风险管理办公室的一般性工作；②在风险决策层的领导下，编写各阶段中的风险管理计划与目标；③定期主持召开风险办公室工作会议，组织各单位专家评审风险评估报并形成书面决议；④主持召开各项目风险管理例会，根据各监测数据的预警状况和各单位的分析成果、现场巡视情况及时审核，会同预警单位技术专家和顾问专家组分析并确认风险预警级别，采取有效的风险处理措施。

（3）预警管理单位的主要职责。

①参与专项风险的评估、控制方案的制定以及重大专项风险等级的确定；②定期对工程施工现场进行巡查，及时了解现场风险状况；③每天对各单位上传至预警系统的监测数据及施工进度等信息进行分析，确定预警等级，必要时提出处理措施或应急措施；④每周向风险管理层上报安全风险预警周报。

（4）设计单位的主要职责。

①设计阶段就要做好风险评估工作，将可能的风险在设计阶段就降到

最低；②做好有关风险，特别是重点部位风险的技术交底工作；③参与施工期间的风险评估；④对施工期间遇到的风险进行协助解释。

（5）施工单位的主要职责。

①制定施工阶段风险管理工作实施细则以及相应的应急预案。②确保施工阶段动态风险管理工作的积极开展。③一旦发生突发事故则立即启动相应的风险应急预案。④每天有专人在预警系统中填写现场施工情况以及是否存在风险；对施工监测单位进行管理，督促其实时做好各项监测工作，及时反馈，遇到问题及时与相关单位沟通；根据各项监测数据与原因分析结果，采取相应的风险处理措施。

（6）监理单位的主要职责。

①监督施工单位的风险管理工作，并做好安全风险检查工作；②监督和检查施工单位对安全风险隐患处理措施的落实情况；③在预警系统中每天对施工单位上报的施工情况及安全风险状况进行审核。

（7）监测单位的主要职责。

①制定施工阶段重点风险点的专项监测方案；②在施工期间对风险进行实时监测，及时将监测数据信息反馈至预警管理单位，上传预警系统，随时与相关单位沟通；③根据风险监测结果，调整各项监测频率。

三、地铁隧道盾构施工监测信息预警管理

监测信息的预警管理是一个核心工作，是在将监测信息与预测期望信息对比、分析的基础上所进行的积极、能动的行为。本阶段工作包括监测信息分析与发布预警。

（一）监测信息分析

1. 监测数据的处理

施工监测单位和第三方监测单位主要进行这项工作。监测数据的处理

工作十分重要，主要工作是要将监测获得的数据进行原始处理。直接测得的数据归类做文档；需要换算的数据及时进行计算，得出最后的结果。这些数据都进行加工处理之后，还要整理每天测得的信息数据，整理出日变形量和变形速率等。绘制累计沉降量、变形速率曲线，综合分析，判断发展趋势。同时及时上传至安全预警系统，查看系统中的监测数据的变化趋势是否跟自己分析的一致。

2. 监测数据的反馈制度

根据地铁隧道盾构施工的工程特点，隧道盾构施工过程中的监测应该采用人工监测和自动监测相结合的方法。对关键项目进行 24 h 不间断监测，一般项目采用人工监测，一天一测，全部监测数据全部由计算机管理。如监测数据的累计变化量或当次日变化率出现大幅度变化，要及时通知施工、设计监理、安全预警单位及建设单位，积极进行判断分析，采取对应措施，确保隧道施工安全。

3. 监测信息动态反馈的分级管理

综合分析施工过程的监测数据，就是为了充分利用监测数据，为变更设计、调整施工方法提供科学的依据。同时可以正确选择盾构参数和掘进速度，对隧道施工和长期使用提供安全信息。另外还可以积累资料，为以后同类施工提供类比依据，并确保隧道结构、周边建筑物及地下管线的安全。同时各监测项目的监测值可以相互核对，确保监测数据的可靠性。根据本书实际情况，结合笔者所做的城市轨道交通安全监控预警的工程经验，同时为了防止单一的管理目标值到达预警时的频繁预警（如地表沉降累计值到达预警值，但沉降速率一直很稳定，实际上还处于稳定状态），根据本部分的工作，建立三级预警管理制度并进行判定，如表 6-4 所示。

表6-4　三级预警管理制度

管理阶段	管理警戒值	管理措施
正常阶段	实测值＜一级预警值	正常施工
提醒阶段	一级预警值≤实测值＜三级预警值	①施工监测和第三方检测单位应引起注意，加强监测频率，及时上报相关单位；②施工单位要根据监测数据及时商讨并采取防止变形继续发展的措施；③安全预警单位应及时上报地铁集团并召开专家会议分析数据出现异常的原因
危险阶段	测值≥三级预警值	①各单位加强执行第二阶段的任务；②建设单位要邀请相关专家组联合各参建单位召开紧急会议，讨论处理措施；③人员队伍、材料进入待命状态，随时准备启动紧急预案

（二）发布预警

1. 监测预警分级

根据《中华人民共和国突发事件应对法》中对一般需要预警的自然灾害、事故灾难和公共卫生事件的预警级别的规定，可以分为一级、二级、三级和四级，依据突发事件是否紧急、发展趋势以及可能带来的后果及危害程度分别用红色、橙色、黄色和蓝色标示，最高级别是一级。全国各地铁建设城市也根据当地的气候条件和地质环境，研究了符合各地区的安全监测预警级别体系。例如，北京、上海将安全监测预警分为三个级别，分别用黄色、橙色和红色来表示；沈阳将监测预警分为正常区（测值＜警戒值，绿色）、隐患区（警戒值变形＜临界值，黄色）和危险区（变形临界值，红色）三区；香港将工程监测预警分为预警值、告警值和管理值；武汉将工程安全预警分为一级（黄色）、二级（橙色）和三级（红色）预警，三级为最高级。

本书根据城市地铁工程及隧道工程及其建设管理的特点，按照城市地铁工程的风险等级、安全状况、危害程度及发展趋势等，将地铁盾构隧道安全监测预警从低到高分为一级、二级和三级，分别用黄色、橙色和红色表示，三级（红色）为最高警级。

2. 监测预警分类

地铁隧道安全监测预警通常可分为以下三类：监测数据预警、监测综合预警和工程监测预警。

（1）监测数据预警。监测数据预警是根据地铁隧道盾构施工过程中的监测，对某个监测项目的某个或某些监测点的实测数据与预先设计的预警值进行比较，如果实测值超出预警值就会进行预警，根据超出极限值的具体状况，分别进行一级、二级和三级预警。监测数据预警是一切预警的基础，由于针对具体监测项目的监测数据因超标而进行的单一数据预警，所以不能完全反映监测项目或监测对象的安全状况。

对监测数据进行分析处理是监测数据预警的基础工作，现在各地随着技术的不断发展，依据自己的工程经验，将科学的分析技术和手段与之结合起来，如远程监控信息系统，促进该项工作的正常进行。在武汉，对监测数据的预警工作，采用累计变化量和日变化速率两项指标进行，其中一项或者两项，或者两项共同出现异常，都需要进行预警，具体解释如下。

黄色预警：累计变化量和日变化速率之一超过规定控制值的 70% 时，或双项指标均超过控制值的 70% 时。

橙色预警：累计变化量和日变化速率之一超过规定控制值的 80% 时，或双项指标均超过控制值的 80% 时。

红色预警：累计变化量和日变化速率之一超过控制值，或双项指标均超过控制值，或实测变化速率出现急剧增长，偏离正常变化趋势时。

各地控制指标值略有不同，建议各地可根据各自实际情况、地铁隧道盾构施工的工程特点、建设管理经验等进行合理确定预警值。

（2）监测综合预警。监测综合预警是在单个监测数据预警的基础上，综合考虑某一监测项目的监测点数量、监测数据预警点数量、预警点位置分布及各预警点的预警等级情况等进行的预警。相比单个数据的预警，监测综合预警可以更真实地反映每一个监测项目因系列数据超标的危害程度及严重程度，从这个意义上说，该监测预警可靠度较高，从而很多问题可以规避，比如监测数据有多个预警点，但是无法判断真正预警或不安全状态是否真实存在，从而给相关风险管理决策和解决工程实际问题造成不便。

（3）工程监测预警。工程监测预警是指在分析监测综合预警的基础上，结合现场安全预警巡视结果，对现场各项目，包括工程监测对象以及整个工程的不安全程度进行的警情预测判定。工程监测预警是一种综合性的预警，是在各种监测数据以及巡视结果的基础上，更加广义的、高层次的，从而确保工程本身以及周边原有项目安全的复合型工程预警，它从完整意义上对工程安全隐患或不安全状态做了真正考量。工程监测预警是实施工程预警管理的主要依据，监测预警的黄、橙、红三警级也主要是以此来进行预警管理的。

另外，安全巡视预警是工程监测预警的辅助手段，主要是依据现场安全检查内容，结合地区经验制定相应的预警等级。现场安全巡视往往能够更迅速地发现问题，从而及时采取措施，是工程安全监测预警不可分割的重要辅助手段。现场安全巡视一般需要巡视人员进行观察、拍照、量测、记录和摄像等工作，重点对出现预警的监测对象进行现场安全风险状况的检查，如周边建（构）筑物的开裂、剥落情况，地下室的渗水情况与附属设备状态等；地下管线及接口的破损、渗漏情况，周边地面的沉降和开裂等；对地铁隧道盾构法施工，重点观察管片衬砌的状况，如管片变形、开裂、错台、拼装缝、掉块以及漏水状况、盾构机出土情况等。可以根据现场巡查内容的严重程度，分成相应预警等级来辅助监测预警。

（三）监测预警的信息上报和处置

目前来讲，监测预警信息上报一般有以下几种方式：书面报送、电话报送、短信报送和远程安全预警系统报送等。当现场巡视预警发现重大风险事故隐患或监测数据出现红色警情时必须以电话形式第一时间上报。监测预警实施层应根据警情采取加强监测、巡视和必要的先期风险处置。远程监控安全预警中心收到预警信息后，应及时组织专家分析，判定监测预警等级，并进行发布和反馈。

黄色预警应于确定时起 4 h 内报送施工、设计、监理、安全预警单位和建设单位业主代表。施工单位和第三方监测单位应加大监测频率，监理和现场业主代表加强监督，安全预警单位要做初步风险分析。

橙色预警应于确定时起 1 h 内上报施工、设计、监理、安全预警单位和地铁集团（或轨道交通公司）。地铁集团相关负责人组织参建单位进行讨论处理，并参考监理、安全预警单位或相关专家的预警处理意见，及时准确地制定解决方案，监督预警处理。

红色监测预警应于确定时起立即以电话形式以最快速度上报相关单位。由建设单位邀请相关方面资深专家、建设政府主管部门负责人，组织相关参建单位进行讨论处理，制定解决方案，监督预警处理。

当发生工程重大突发风险事件时，施工单位应立即采取应急预案进行处理，并以最快速度上报地铁集团和工程各个参建单位负责人，必要时越级上报社会救援机构等。

（四）监测预警的消警

当监测预警期间没有发生工程自身或环境风险事故，也没有次生灾害发生，且监测预警已经处理结束时，施工单位负责人可提出消警申请，监理和安全预警单位综合评定后确定是否消警。

消警需要谨慎，对于状况不明、没有分析支撑、条件模糊、目前技术不能确定的监测预警不建议消警。监测预警消除后，仍然应继续跟踪相应的监测项目以及重点关注工程安全状态。对于高级别工程风险和红色预警的消警，还应组织专家论证确定。

四、地铁隧道盾构施工不同阶段的风险控制对策

（一）盾构始发作业风险控制措施

1. 始发基座安装

始发基座安装前需进行平面位置和高程的精确测量定位，避免由于始发基座安装位置的偏差引起安全隐患。

2. 反力架施工

反力架是提供盾构机始发反力的重大构件，其应根据现场使用受力状态进行受理和变形计算，核算安全合格后方可使用。

3. 洞口密封施工

洞口密封是盾构施工进出洞防止流沙流水的关键设施，对始发安全非常重要。洞口密封的安装应严格按设计的技术要求和质量进行施工。

4. 始发推进

始发推进时，由于受以上各因素的影响，同时施工操作人员对地层也需适应过程，盾构机的姿态往往不稳，盾构的合理参数尚需摸索。这个阶段是盾构施工的关键环节，其安全性至关重要。

（二）盾构掘进风险控制措施

盾构掘进过程中的各个阶段都会发生风险事故，根据国内盾构风险事故的经验，结合自己的项目经验，只对以下几项风险高发的阶段的控制措施进行研究。

1. 同步注浆

盾构施工过程中，在盾构开挖外径与盾构机外壳之间一般有20～40 cm的间隙，它是盾构施工中地层损失的主要组成部分，在掘进过程中尚需对管片外侧的环形空隙进行注浆。同步注浆是控制地表沉降的关

键工序，其控制措施如下：

（1）设计和优化浆液的配合比，使其与地层状况和推进参数相匹配。

（2）严格按设计和施工方案确定的同步注浆压力、注浆量等参数进行施工，并根据洞内管片衬砌变形和地面及周围构筑物变形监测结果，及时进行信息反馈，修正注浆参数和施工方法，发现情况及时解决，保证施工质量。

（3）需有专人维护注浆设备及仪器仪表的正常运转。

（4）检查注浆压力表准确、有效。

（5）由于背后注浆不到位、掘进过程中地层局部沉降形成地层内局部空洞等原因，在盾构通过一定距离后，可能会产生地面沉降过大甚至坍塌的情况，因此，宜在盾构通过地段进行地层空洞的探测和处理。

2.纠偏、线型控制及曲线段推进控制

由于各种条件的限值，盾构隧道不总是直线型，常需要盾构机在曲线上推进。同时，施工过程中由于盾构推进受低层、液压系统、管片拼装误差等各种因素影响，会使隧道的线型在一定程度上偏离隧道设计轴线。所以，需要严格控制推进线型，通过纠偏来控制推进线路，特别是曲线段。盾构线形控制主要靠控制测量、推进、管片拼装等作业的精度及纠偏来实现。线形控制及曲线推进控制措施如下：

（1）建立一套严密的人工测量和自动测量控制系统，严格控制测量精度。

（2）合理设计洞内的测量控制点及导线。

（3）在掘进过程中严格控制千斤顶的行程、油压和油量，根据测量结果及时调整盾构机和管片的位置和姿态。

（4）通过计算合理选择和控制各千斤顶的行程量，使盾构机和隧道轴线沿设计轴线，在容许偏差范围内平缓推进，切不可纠偏幅度过大。

（5）盾构机进入曲线段前，不可通过在外侧超挖来实现转弯施工，否则易造成盾构机偏出外侧曲线。

（6）在曲线段施工时，尽量利用盾构机自身的千斤顶的纠偏能力进行纠偏，只有在小半径曲线下才允许使用仿形刀进行超挖纠偏。

（7）在曲线段施掘进时，管片单侧偏压受力易变形，因此应及时进行同步注浆，可用早强快凝浆液。

3.防喷涌

喷涌发生后，一方面会造成盾构机前方泄压，使前方工作面不稳定，可能引发掘进面上方塌方；另一方面，喷涌发生后在管片拼装区淤积大量的泥渣，清理工作量极大，往往需要较长时间，而长时间无法恢复管片拼装和正常推进，会引发注浆系统堵塞等其他问题，故应采取以下措施防止喷涌发生。

（1）在盾构机选型和制造时，应注意防喷涌装置的设置。

（2）选择适当的土体改良添加剂，调整土体的可塑状态，防止渣土含水量过大增加喷涌的风险。

（3）控制推进质量，防止强推猛推使前方工作面压力过大而产生喷涌的风险。

（4）操作螺旋输送机等渣土输送设备时，开口速率应稳定而平缓地增加，不能猛开猛关。

（5）开启螺旋输送机时，在渣土出口处应有专人监督，发现喷涌预兆时，及时发信号给操作室，要求立即关闭螺旋输送机。

（6）发生喷涌时，应立即关闭螺旋输送机，及时清理喷涌渣土，尽快回复推进。

4.地表过大沉降风险的控制措施

地铁隧道盾构施工不可避免地对土体产生扰动，造成隧道附近地表发生沉降或隆起，如果发生过大的沉降，就会危及周围地面建筑设施、道路和地下管线的安全，所以盾构施工中要制定相应的措施控制沉降过大的风险。

（1）在盾构掘进过程中，应加强对周围道路、管线和建（构）筑物的沉降监测，并对监测数据及时分析处理并反馈，不断调整和优化盾构推进参数，做到信息化施工。

（2）在盾构掘进过程中，若发生沉降或沉陷，应派专人巡视，严密观察周围建筑物的沉降变化。

（3）通过同步注浆以及二次注浆及时充填盾尾建筑空隙和因原有浆液固结收缩所产生的空隙。注浆时应严格控制注浆量和注浆压力，减少施工过程土体变形。

（4）如果沉降过大，可在沉陷区域内用钻机进行地表注浆加固来增加地基的强度，防止沉降扩大化。

（三）盾构到达风险控制措施

盾构接收施工主要包括接收端土体加固、接收机座安装、接收洞门密封和止水设施安装、洞门装凿除和接收段推进施工。在整个接收过程中应加强对各参数的观察与控制，发现异常及时汇报，待确认安全后再继续施工。

在接收端土体的加固经检验达到设计强度合格后，才能开始进行此段的掘进施工；接收施工阶段实行地面隆沉的 24 h 监控，并应尽快将结果送达项目经理及总工，确保及时调整施工参数，接收基座在盾构到达前要提前安装好；接收洞门密封和止水设施的安装经验收合格后，方可进行盾构接收作业；盾构刀盘距接收洞门 5 m 前搭好洞门凿桩的脚手架，将洞门松动物清凿干净，并确认防水物件已做好保护，盾构刀盘距接收洞门小于 5 m 以后须确保接收洞门四周 5 m 范围内不能有人。

第四节　地铁盾构施工设备的管理

一、施工机械设备维护及管理现状

（一）维护及管理制度不健全

尽管我国的城市建设由国家进行统筹，相关管理制度的设立也比较充分，但总的来说，工程建设管理制度大多涉及的层面为施工效率与质量检查环节，对相关施工设备的机械管理缺乏足够的重视，对设备的维护与保养缺少制度保障。相关单位在具体的机械维护过程中，由于职能与责任分配不清，相应的管理制度在不能得到有关部门执行的情况下变成了理论层面上的泛泛而谈。在机械设备的维护与管理过程中，各部门之间相互推脱责任，对因设备未能得到及时维护而出现的施工事故记录和上报刻意隐瞒或作假，严重影响我国的城市建设。同时要看到，在具体施工过程中，相关机械设备的保养与修复记录不够完善，保修档案处于一种形式化模式中，档案数据缺乏足够的真实性、完整性与时效性。

在具体施工过程中，相关建设部门为适应城市建设节奏，降低建设成本而过分强调建设进度。由于建设施工是一项高投入的产业，而机械设备普遍价格较高，新设备不能及时添加往往会导致原有设备在面对工作量庞大的施工任务时超负荷运行。机器的过载很容易导致设备零件和性能的损伤。同时，在过分强调建设进度的工程施工中，机械的保养难免会出现保养不及时的情况，在机械某个环节出现问题而得不到检修的情况下，机械因故障而出现问题，严重影响了机器的使用寿命与安全保障。设备自身的过载运作与维修的不及时所引发的一系列"蝴蝶效应"，最终会影响施工部门的施工效率。

（二）设备采购缺乏建档管理，信息不准确

在过度重视项目具体进度的过程中，相关施工单位在忽视设备检修的同时，还往往会忽视施工设备在采购过程中的信息建档。设备在入库建档的过程中，产品信息完整性存在严重问题，设备档案记录呈现"流水账"模式，档案记录与管理存在严重问题，甚至出现在设备出现问题后，设备型号和使用说明书都无法进行资料查找的现象。

二、加强对机械设备维护管理的措施

（一）建立和健全完善的管理体制

在健全施工设备维护与管理体制的建立中，要设置专门的机械管理小组并明确小组职能划分，以完善的体制来确保相关规章制度的具体落实。在人员的设置与管理中，明确相关设备管理人员的岗亭责任，将其工资支出与机械的维护相挂钩，在建立完善的激励制度中保证机械设备的维护与管理。

（二）做好施工设备的维护与管理工作

延长工程机械的使用寿命是施工单位开展设备维护与管理工作的核心，加强对机械设备保养的投入力度，按期进行设备清洁、检修、加固、涂防腐层与润滑油等维护作业，避免出现应设备老化和维修不及时造成的事故损失。

（三）建设完善的设备档案建档制度

对技术设备建立完善的档案资料数据库，对其进行保养具有重要意义。档案的具体记录内容应该包括设备购买记录、修理记录、保养规划、数据录入人员记录等项目。建立相应的标号查询体系，对出现问题的设备及时上报，总结各型号设备的维护经验，实现档案数据信息化管理。

参考文献

[1] 陈建军，项斌，王云江．城市轨道交通工程盾构施工与管理 [M].2 版．北京：化学工业出版社， 2023.

[2] 仲建平．超大断面盾构下穿运营轨道交通风险管控研究与实践 [M].北京：中国建筑工业出版社， 2023.

[3] 朱建才，金小荣，张磊，等．复合地层盾构隧道理论及应用 [M].北京：中国建筑工业出版社， 2022.

[4] 韩晓明，李聪，杨钊．孟加拉湾出海口大直径水下盾构隧道施工技术创新与实践 [M].北京：人民交通出版社， 2022.

[5] 王如路，梁发云，李家平，等．软土盾构隧道上方加卸载影响分析及控制技术 [M].上海：上海科学技术出版社， 2022.

[6] 张旭东，黄明，王更峰，等．特殊地段盾构法隧道施工技术 [M].北京：人民交通出版社股份有限公司，2021.

[7] 詹胜文，王学军，刘广仁，等．特长距离高水压油气管道盾构隧道设计与施工 [M].北京：中国石化出版社， 2022.

[8] 程海云，张洪江．盾构施工事故预警与卡控 [M].北京：中国建筑工业出版社， 2022.

[9] 黄力平，孙波，龙宏德．盾构下穿运营隧道与建筑施工技术及应急管理指南 [M].北京：中国铁道出版社， 2022.

[10] 胡如盛，程思齐，顾靖，等．软土含浅层气地层盾构隧道施工关键技术研究 [M].北京：中国建筑工业出版社， 2022.

[11] 李志刚，龚秋明，吴帆作.土压平衡与 TBM 双模盾构隧道施工技术 [M].北京：中国建筑工业出版社， 2022.

[12] 何况，严文荣，郭春.郑州轨道交通环线盾构施工关键技术 [M].成都：西南交通大学出版社， 2022.

[13] 陈健，闵凡路.盾构隧道刀具更换技术（英文版）[M].上海：上海科学技术出版社， 2022.

[14] 马铭骏，潘泓，骆冠勇，等.基于 DNN 的盾构施工地层横向水平变形预测 [J].河南理工大学学报（自然科学版）， 2023， 42（1）：201–208.

[15] 许国标.新疆某盾构工程刀具地质适应性选型设计 [J].建筑机械化， 2023， 44（4）：11–14.

[16] 何博，周杰，张李玥，等.盾构刀盘力学参数预测分析及运用研究 [J].工程机械， 2023， 54（2）：37–46，7.

[17] 黄国亮，谢燕升，龚斌.珠江三角洲水资源配置工程盾构下穿大金山工效分析 [J].广东水利水电， 2023（3）：63–67.

[18] 陈集威.双仓泥水盾构在复合软弱地层中常压开仓技术研究 [J].市政技术， 2023， 41（1）：128–133.

[19] 吕延豪，孙雪兵，张海涛.超软土盾构隧道接缝防水机理及优化措施 [J].城市轨道交通研究， 2023， 26（1）：17–21.

[20] 干聪豫，方应冉，刘泓志，等.复杂多变地层泥水盾构排浆管路振动特性分析 [J].噪声与振动控制， 2023， 43（1）：275–280.

[21] 徐昕，田雨，张晓行.大直径盾构隧道管片智能化生产应用研究 [J].工程建设与设计， 2023（2）：110–112.

[22] 江杰，龙逸航，欧孝夺，等.新建曲线地铁盾构隧道下穿施工引起的既有隧道沉降分析 [J].工程科学与技术， 2023， 55（1）：313–324.

[23] 严明，匡星晨．临近隧道盾构施工对地表沉降的影响 [J]．四川建材，2022，48（7）：166–167.

[24] 张宏飞，王召辉，权西宏，等．小曲率盾构隧道管片施工附加内力计算模型研究 [J]．齐齐哈尔大学学报（自然科学版），2023，39（2）：64–69.

[25] 王娇．地铁盾构区间施工沉降处理技术 [J]．工程技术研究，2023，8（4）：82–84.

[26] 周中，张俊杰，丁昊晖，等．基于 GA-Bi-LSTM 的盾构隧道下穿既有隧道沉降预测模型 [J]．岩石力学与工程学报，2023，42（1）：224–234.

[27] 谢欣．某盾构隧道施工对周边建筑物影响分析 [J]．城市道桥与防洪，2023（2）：157–160.

[28] 朱伟，钱勇进，王璐，等．长距离盾构隧道掘进的主要问题及发展趋势 [J]．河海大学学报（自然科学版），2023，51（1）：138–149.

[29] 贾少东，孟庆军，肖鹏飞，等．富水圆砾地层盾构隧道地表沉陷分析及处理 [J]．建筑机械化，2023，44（1）：15–18.